高职高专**物流管理**专业系列教材

GAOZHI GAOZHUAN WULIU GUANLI ZHUANYE XILIE JIAOCAI

第三方物流管理

（第二版）

主　编　田红英　黄远新

副主编　潘迎宪

参　编　（按姓氏拼音排序）

窦　宇　梁　川　秦了了

王素珍　赵弈林

四川大学出版社

责任编辑:李思莹
责任校对:王　平
封面设计:墨创文化
责任印制:王　炜

图书在版编目(CIP)数据

第三方物流管理 / 田红英，黄远新主编. —2版.
—成都：四川大学出版社，2015.2
高职高专物流管理专业系列教材 / 李安华主编
ISBN 978-7-5614-8366-4

Ⅰ.①第… Ⅱ.①田… ②黄… Ⅲ.①物流-物资管理-高等职业教育-教材 Ⅳ.①F252

中国版本图书馆CIP数据核字（2015）第027966号

书名　**第三方物流管理（第二版）**

主　编　田红英　黄远新
出　版　四川大学出版社
地　址　成都市一环路南一段24号(610065)
发　行　四川大学出版社
书　号　ISBN 978-7-5614-8366-4
印　刷　郫县犀浦印刷厂
成品尺寸　170 mm×240 mm
印　张　17.75
字　数　354千字
版　次　2015年2月第2版
印　次　2015年2月第1次印刷
定　价　36.00元

◆读者邮购本书,请与本社发行科联系。
电话:(028)85408408/(028)85401670/
(028)85408023　邮政编码:610065
◆本社图书如有印装质量问题,请寄回出版社调换。
◆网址:http://www.scup.cn

大力培养一线物流操作型人才（代序）

西方发达国家经济的发展，有许多值得借鉴的地方。其中之一，就是重视职业技术人员的培养与培训。德国就是一个典型的例子，在生产和服务过程中的任何环节，都能做到相对完善。如今，职业教育与在职培训已成为教育兴国、人才兴国的重要组成部分，受到各国的重视。

由全国人大通过的“十一五”规划纲要明确提出：大力发展现代物流业。其目标：“推广现代物流管理技术，促进企业内部物流社会化，实现企业物资采购、生产组织、产品销售和再生资源回收的系列化运作。培育专业化物流企业，积极发展第三方物流。建立物流标准化体系，加强物流的技术开发利用，推进物流信息化。加强物流基础设施整合，建设大型物流枢纽，发展区域物流中心”。这一历史性战略任务的完成，不仅要靠相关部门、相关行业的通力合作，更需要不同职业群体的协同作战。现代物流业是一个复合型产业，物流讲的是物品从供应地到消费地的一个复杂的过程，是由物流服务商整合社会资源实行一体化运作的先进模式。流程的优化、操作的优质、装备与技术的优良，要靠多层次的优秀人才。而一线操作人员的量最大，从某种意义上说，他们决定着物流服务的水准。

《物流运输管理》《物流配送管理》《第三方物流管理》等教材，是适应蓬勃发展的高职高等物流教育而产生的，是由物流企业家与大学物流教育家联合编写的，具有很强的实践应用性特点，我相信它能对高职高等物流教学起到积极的推动作用。

中国物流与采购联合会常务副会长、中国物流学会常务副会长

丁俊发

二〇〇六年八月十八日

前言

随着国际贸易的发展、全球经济的一体化、市场竞争的日趋加剧，物流作为企业的“第三利润源泉”在国民经济建设与发展中越来越重要。企业将主要精力放于关键业务上，而将非核心业务外包给其他专业企业，第三方物流便应运而生了。与发达国家相比，我国在企业的物流管理、第三方物流管理及服务质量和水平方面均存在着一定差距，因此提高意识，摆脱“大而全、小而全”的思维方式，加快推进我国物流现代化，优化供应链，不仅能提高企业的竞争力，还能提高整个国家经济的运行效率。

在加强高层次物流经营与管理人才培养的同时，大力发展物流职业技术教育，培养和造就一大批物流作业一线技术操作与运作管理的应用型人才尤为重要。该教材精辟地阐述了第三方物流基础理论，强调培养学生的职业技能，突出实用性技能，充分体现了物流领域的新知识、新技术、新思维和新方法；注重遵循理论与实际相结合原则，利用案例教学加深对理论的理解；遵循学以致用原则，引入具有代表性的企业文书、范本来提高学生对第三方物流运作的感性认识，培育实际操作能力，体现了职业教育培养应用型人才的特点。该教材不仅适用于高职高专物流管理专业的学生学习，而且适用于从事实际工作的人员参考。与本专业其他同类书籍相比，本书具有以下特点：

1. 内容比较全面。本书系统地介绍了第三方物流的基本理论和实务，阐述了第三方物流客户服务、第三方物流服务的市场开发及第三方物流的发展趋势，同时结合物流行业的特点做了深化，介绍了第三方物流的方案设计、合同管理、业务管理、绩效管理及信息管理，最后叙述了电子商务环境下的第三方物流企业经营及金融创新等内容。

2. 实务操作性较强。本书以培养学生高等职业技能为导向，侧重实务，同时又涉及第三方物流中各个环节的现状和发展。每章后有案例分析及操作练习，力求理论与实践相结合。

3. 资料新颖翔实。本书与职业技能鉴定相结合组织教材内容，适当采纳了为多数研究者所认同的新的第三方物流理论、观点和方法。

4. 适用面较为广泛。本书系统地介绍了第三方物流管理所必须具备的知识和技术，第三方物流企业的业务流程及监控内容，对于提高从事物流行业人员的素质、业务水平和能力十分重要。本书既可以作为高职高专院校相关专业的教材，也可以作为物流行业的培训教材。对于物流企业的业务人员，本书也不失为一本有价值的业务参考书籍。

在本书编写过程中，我们参考了大量的相关书籍和国内外物流网站资料，并引用了其中的有关概念和论点，在此对所引用书籍、论文以及网上有关资料的作者表示衷心的感谢。同时，本书的编写和出版得到了中国物流学会、远成集团有限公司、四川大学出版社等单位的大力支持和帮助，远成集团提供了大量的物流案例，在此一并致谢。

本书由田红英、黄远新任主编，潘迎宪任副主编，田红英负责拟订编写大纲、统稿、定稿工作，黄远新参与编写大纲的修订和部分物流企业案例的编写工作。各章的编写分工如下：第一章由田红英、黄远新、潘迎宪编写，第二章由梁川编写，第三章由黄远新、梁川编写，第四章由赵弈林、田红英编写，第五章由秦了了、田红英编写，第六章由王素珍、黄远新编写，第七章由寔宇、赵弈林编写，第八章由潘迎宪、王素珍编写。

需要说明的是，第三方物流运作的实践性很强，整个行业又处于不断发展变化之中，我们虽然力求使本书完整翔实，但限于时间仓促，编者水平有限，疏漏之处在所难免，恳请同行专家和广大读者批评指正。

编　者

2007 年 12 月

目 录

Logistics

第三方物流概述

学习目标

1. 了解第三方物流的来源及特征。
2. 掌握第三方物流的定义、利润源泉及价值创造。
3. 掌握第三方物流的实施关键。
4. 深刻理解第三方物流与供应链管理关系的重大意义。
5. 了解发达国家和我国第三方物流发展现状。

关键词 第三方物流

第一节　第三方物流的概念

随着经济水平的提高，人类物质生活需求多样化，生产方式趋向多品种、小批量的形态，生产规模大型化、分工专业化，商品的经济圈越来越大，物流的发展趋向专业化、社会化。其中，社会化是主要的趋势，社会化的物流服务变成了一个专门的行业。从当前社会经济发展的水平来看，能为物流需求承担完整服务的物流服务商——第三方物流便承担此殊任。第三方物流是物流专业化的重要形式，第三方物流的占有率与物流业的水平之间有着非常紧密的相关性。西方国家的物流业分析证明，当独立的第三方物流至少占社会的50%时，物流产业才能形成。因此，第三方物流的发展程度反映和体现着一个国家物流业发展的整体水平。

资料链接

美国福特汽车公司的创始人亨利·福特一直有一个梦想，就是要成为一个完全自给自足的行业巨头。于是，除了规模庞大的汽车制造产业，他还在底特律建造了内陆港口和错综复杂的铁路、公路网络。为了确保原材料供给，福特还投资了煤矿、铁矿、森林、玻璃厂，甚至买地种植制造油漆的大豆。他还在巴西购买了250万英亩（约1万平方公里）的土地，建起了一座橡胶种植园，以满足他的汽车王国对橡胶的巨大需求。此外，他还想投资于铁路、运货卡车、内河运输和远洋运输，这样整个原材料供应、制造、运输、销售等都被纳入他所控制的范围。

这是他要建立世界上第一个垂直一体化的公司辛迪加的一部分，本来还有很多很多。但日久天长，福特发现在自己系统控制之外的独立专业化公司有些工作比福特公司自己的机构干得更好。随着政治、经济环境的不断变化，福特公司的金融资源都被转移去开发和维持自己的核心主力——汽车制造、销售、运输等，制造之外的工作都交给独立的专业化公司去做。

福特在此方面的转变表明，在社会分工日益专业化的现代经济中，没有哪一家厂商能够完全做到自给自足；只有将企业有限的资源投入到加强自身核心竞争力上，才能够成为赢家。同样，如果企业自己不是物流公司，那么最好将企业的物流业务交给一个独立的专业化的物流公司去做。

一、第三方物流的兴起

20世纪70年代，由于经济从高增长转为低增长，市场竞争加剧，产品需求向多品种小批量方向发展，给企业带来了时间、空间及费用管理方面的难度。在时间上，为了满足准时交货的要求，只有采用缩短商品流通时间的方法，将部分服务工作转向中介企业；在空间上，为了满足库存存储的需要，在现有仓库基础上，企业采用了租用外部公司仓储空间的方法；在费用上，为了适应多品种小批量的运输特点，只有采用小批量集成运输，即将不同货主所委托运输的不同货物集成在一起，由运输企业发运，以减少运输费用。

企业之所以采用以上种种外购物流来补充其自身能力的不足，主要原因是它们认识到每个企业都有其专长，有其特别强的竞争优势，但不可能精通所有业务，对于那些非优势部分，可以让擅长的专业公司去管理。随着现代化科学技术的迅猛发展，市场瞬息万变，生产和流通都面临着前所未有的机遇和挑战，产品生命周期越来越短，企业利润越来越薄。据统计，美国产品的制造时间仅占产品从生产到送达消费者手中时间的5%，而在流通领域停留的时间却高达95%。在商品流通中，物流成本占商品流通费用的50%左右，因此加快物流速度、减少流通被广泛认为是“第三利润源泉”，专业分工协作也被认为是社会进步的表现。规模化、专业化的第三方物流在整体经济效益中发挥着重要的作用，因此要发展物流服务，建立第三方物流，以叠加企业与第三方物流各方面的优势；通过外购资源，使企业承担的风险分散，同时还可以从中降低成本。这样能为企业提供物流需求完整服务的物流服务商——第三方物流便不断兴起，第三方物流逐渐形成了物流行业，并且正在不断壮大。

第三方物流兴起的原因，可归结为以下几方面的变化因素。

（一）环境变化

第二次世界大战以后，国际企业内部生产水平的进一步提高，伴随着存货管理已实现生产与分配间的“零库存”的优化，这意味着原材料、部件与组件的备货时间正大大缩短。同时，全球经济一体化进程的迅速发展和新兴市场的形成，迫使企业采用全球战略，以寻找它们的生产资源，越来越多的产品作为全球产品在世界范围内销售，这些需求构成了物流发展的原动力。为参与世界性竞争，企业必须降低产品的成本（包括生产成本和销售成本），降低库存（包括仓储和运送过程中的库存），增加效益。此外，企业还要求准确、及时的信息，要求增加整个供应链流程的可视性。第三方物流提供者为企业解决了上述难题，因此，越来越多的企业选择了物流业务的外包。

第三方物流的产生也是社会分工的结果。在业务外包（Outsouring）等新型管理理念的影响下，各企业为增强市场竞争力，将企业的资金、人力、物力投入到其核心业务上去，寻求社会化分工协作带来的效率和效益的最大化。专业化分工的结果导致许多非核心业务从企业生产经营活动中分离出来，其中就包括物流业务。它们将物流业务委托给第三方物流企业负责，不但可以集中精力发展自己的核心竞争力，抓好生产，而且可以降低成本。第三方物流企业则以物流为核心竞争力，依靠自己的物流实力、完善的物流服务功能参与市场竞争，取得市场竞争优势。这样，第三方物流的出现，既实现了社会的合理分工及社会资源的合理配置，同时又使生产企业和物流企业的核心竞争力得到了加强，效益显著提高，充分显示了第三方物流的综合优越性。

（二）用户需求变化

随着现代企业生产经营方式的变革和市场外部条件的变化，企业要想在严峻的市场竞争环境下生存发展，必须提高资源配置的效率，以赢得竞争的优势；而要提高资源配置的效率，则必须让企业的竞争优势集中在比竞争对手更低的成本、更快的速度上。由于任何企业所拥有的资源都是有限的，它不可能在所有的业务领域都获得竞争优势，因而必须将有限的资源集中在核心业务上。其中，核心业务也包括物流。企业从事物流活动需要投入大量的资金，用来建设物流设施、购买物流设备，这对于缺乏资金的企业，特别是中小企业来说，是个沉重的负担。企业自己从事物流活动存在或多或少的弊端，比如会因生产规模过小或生产的季节性等原因，降低物流效率；大量的物流投资可能带有事实上的风险；企业的物流手段有限，无法承担大规模的或集装箱运输或铁路运输或国际运输。这些弊端使企业发现物流不是自己的核心竞争优势。同时，企业对自营物流的认识也发生了变化，它们需要将物流业务外包给专门从事物流服务的第三方物流，因此，第三方物流应运而生并发展壮大。

（三）信息技术的发展

信息技术特别是计算机技术的高速发展与社会分工的进一步细化，推动着管理技术和思想的迅速更新，由此产生了供应链、虚拟企业等一系列强调外部协调和合作的新型管理理念。这既增加了物流活动的复杂性，又对物流活动提出了零库存、准时制、快速反应、有效的顾客反应等更高的要求，使一般企业很难承担此类业务，由此产生了专业化物流服务的需求。第三方物流的思想正是为了满足这种需求而产生的。信息技术实现了数据的快速、准确传递。一方面，信息技术提高了物流企业仓库管理、装卸运输、采购、订货、配送发运、订单处理的自动化水平，促进了订货、包装、保管、运输、流通加工的一体化，使大规模、高质量、高服务水平处理物流作业成为可能；另一方面，方便实用的信息技术使物流企业与其他企业间的沟通交流、协调合作方便快捷，并能有效跟踪和管理物流渠道中的货物，精确计算物流活动的成本。这就使客户

企业可以随时跟踪自己的货物，因而放心地把自己的物流业务交由第三方物流企业处理。这些环境条件都促成了第三方物流的产生。

第三方物流的出现一方面迎合了个性时代企业间专业合作（资源配置）不断变化的要求，另一方面实现了进出物流的整合，提高了物流服务质量，加强了对供应链的全面控制和协调，促进供应链达到最佳的效果。

综上所述，第三方物流的产生是社会分工、企业竞争和信息发展的结果。第三方物流给供应链各参与者带来了很多好处和方便，因而受到了极大的欢迎，它必将成为21世纪物流业的主流。

二、第三方物流的定义

第一种看法是，从字面上看，第三方物流是指由与货物有关的发货人和收货人之外的专业企业，即第三方来承担企业物流活动的一种物流形态。在有关专业著作中，将第三方物流供应者定义为“通过合同的方式确定回报，承担货主企业全部或部分物流活动的企业”。它提供的服务形态可分为与运营相关的服务、与管理相关的服务以及两者兼而有之的服务三种类型。无论提供哪种形态的服务，都必须优于过去的一般运输者和合同运输业者提供的服务。

第二种看法是，对外委托形态才是真正意义上的“第三方物流”，即由货主企业以外的专业企业代替其进行物流系统设计，并对系统运营承担责任的物流形态。这种观点认为，第三方物流与传统的对外委托有着重要的不同之处。传统的对外委托形态只是将企业物流活动的一部分，主要是物流作业活动，如货物运输、货物保管交由外部的物流企业去做，围绕库存管理、物流系统设计等的管理活动以及一部分企业内物流活动仍然保留在本企业。同时，物流企业是站在自己物流业务经营的角度接受货主企业的业务委托，以费用加利润的方式定价，收取服务费。那些能提供系统服务的物流企业，也是以使用本企业的物流设施、推销本企业的经营业务为前提，而不是以货主企业物流合理化为目的设计物流系统。

第三种看法是，第三方物流是站在货主的立场上，以货主企业的物流合理化作为设计系统和系统运营管理的目标。第三方物流企业不一定要保有物流作业能力，即可以没有物流设施和运输工具，不直接从事运输、保管等作业活动，只是负责物流系统设计并对物流系统运营承担责任，具体的作业活动可以采取对外委托的方式由专业的运输、仓库企业去完成。从美国的情况看，即使第三方物流企业保有物流设施，也将使用本企业物流设施的比例控制在20%左右，以保证向货主提供最适宜的服务。第三方物流企业的经营效益是直接同货主企业的物流效率、物流服务水平以及物流系统效果紧密联系在一起的。

在中国2001年公布的《物流术语标准》中，将第三方物流定义为“供方与需方以外的物流企业提供物流服务的业务模式”。它是物流渠道中的专业化物流中间人，以签订合同的方式，在一定期间内为其他企业提供所有或某些方面的物流业务服务。

从广义以及物流运作的角度来看，第三方物流包括一切物流活动以及发货人可以从专业第三方物流商处得到的其他一些增值服务。提供这一服务是以发货人和第三方物流商之间的正式合同为条件的。这一合同明确规定了服务费用、期限及相互责任等事项。常见的第三方物流服务包括物流系统设计、报表管理、货物集运、选择承运人、海关代理、信息管理、仓储管理、业务咨询、价格谈判等。

狭义的第三方物流专指本身没有固定资产但仍承接物流业务，借助外界力量，负责代替发货人完成整个物流过程的一种物流管理方式。第三方物流企业承接了仓储、运输代理后，为减少费用的支出，同时又要使生产企业觉得有利可图，就必须在整体上尽可能地加以统筹规划，使物流合理化。

第三方物流（Third-party logistics，3PL）成为流通领域中一个广泛谈论的话题，在中国还是近几年的事。“第三方物流”一词于 20 世纪 80 年代后期开始盛行，最早是在 1988 年美国物流管理委员会的一项顾客服务调查中这种新思维被纳入顾客服务职能中，当时被描述为“物流服务提供者”。至今，第三方物流所提供的主要物流职能已占到物流业的 20%以上。

事实上，第三方物流的运作在国外的有关文献中有多种称谓。最常用的是第三方物流（Third-party logistics），还有第三方提供商（Third-party providers）、第三方物流企业（Third-party logistics company）、第三方合同物流（Third-party contract logistics）、一体化物流公司（Integrated logistics companies）、合同物流专家（Contract logistics specialists）等。因为第三方物流运作的高级形态常常与企业间的战略伙伴关系（战略联盟）分不开，所以有时也把专业物流公司称为企业的物流伙伴（Logistics partner）。

由于第三方物流运作在实际上常常是一种“一对一”的特殊的个性化的协作关系，所以为了区别于一般的仅提供标准化服务的物流协作，美国 LTD 管理顾问公司总裁 Thomas Craig 先生认为：“仅仅把资产或业务外包出去是不够的。真正的第三方物流是为满足客户的需求，也为满足物流企业自己的业务发展需要而为客户量身订制的专用物流解决方案。”换句话说，第三方物流就是协作双方共同制订专用物流解决方案，并实现双赢的过程。这显然不同于一般的“要约”和“承诺”的简单合同过程。

（一）全面理解第三方物流

物流产业的发展一方面取决于市场经济的成熟度，另一方面也得益于物流服务理念的不断丰富和创新。对于准备参与或已经参与第三方物流运作的企业来说，必须正确把握第三方物流运作的精髓，并从以下六个方面来全面理解第三方物流运作：

(1) 第三方物流是企业外包物流作业或物流管理的产物。

(2) 第三方物流是企业间的互动协作过程。

(3) 第三方物流是客户定制化的服务。

(4) 第三方物流是企业间的战略联盟。

(5) 第三方物流是竞争对手难以模仿的市场竞争优势。

(6) 第三方物流是企业外购物流服务的高级形态。

(二) 第三方物流与传统物流委托

第三方物流与传统物流委托的异同详见表1-1。

表1-1 第三方物流与传统物流委托的异同

		第三方物流	传统物流委托
相异之处	协议及服务功能	合同导向的系列服务：根据合同条款规定提供多功能服务或全方位服务（一对多）	外协：一项分散的物流功能，具有临时性，服务功能单一（一对一）
	专业性人才层次	专业人才、客户关系网络——专业化的物流机构	专业人才层次低，客户关系零散
	个性化	根据客户需求提供服务，个性化强	根据自身业务内容为客户提供服务，个性化差
	运营成本	低	高
	信息基础	现代电子信息基础，使订货、包装、仓储、运输、加工一体化	无或少有
	增值服务	多	少
	配送的灵活性	配送灵活，业务无淡旺季之分（因有合同业务，一年四季均有）	业务量大时有配送，业务量小时无配送，业务有淡旺季之分
	供应链因素	企业间是一种动态联盟	无动态联盟特征
相同之处		均具物流的六大功能要素，均对企业进行业务外包	

三、第三方物流的特征及作用

(一) 第三方物流的特征

第三方物流在发展的过程中逐渐形成了自己独有的特征。

1. 关系契约化

首先，它是通过契约来规范物流企业和货主企业之间关系的。物流企业根据契约规定的要求，提供多功能甚至全方位一体化的物流服务，并以契约来管理所有提供的物流服务活动及其过程。第三方物流有别于传统的外包。传统的外包只限于一项或数项独立的物流功能，如运输公司提供运输服务、仓储公司提供仓储服务等；第三方物流则根据合同条款规定，而不是临时需要，提供多功能甚至全方位的物流服务。一般来说，第三方物流企业能提供仓库管理、运输管理、订单处理、产品回收、搬运装卸、物流信息系统、产品安装、运送、报送、运输谈判等近30种物流服务。依照国际惯例，物流服务提供者在合同期内按所提供服务的成本加上需求方毛利额的20%收费。

其次，发展物流联盟也是通过契约的形式来明确各物流联盟参加者之间责、权、利相互关系的。依靠现代化电子信息技术的支撑，第三方物流企业之间充分共享信息，这就要求双方只有相互信任，才能使达到的效果比单独从事物流活动所能取得的效果更好。而且，从物流服务提供者的收费原则来看，它们之间是共担风险、共享收益的。企业之间发生的关联既非仅一两次的市场交易，但又在交易维持了一定时期之后可以相互更换交易对象。在行为上，各自不完全采取导致自身利益最大化的行为，也不完全采取导致共同利益最大化的行为，只是在物流方面通过契约结成优势互补、风险共担、要素双向或多向流动的中间组织。

2. 服务个性化

首先，不同的货主企业存在不同的物流服务需求，第三方物流需要根据不同货主企业在其企业形象、业务流程、产品特征、顾客需求等方面的不同要求，提供针对性强的个性化物流服务和增值服务。第三方物流服务的对象一般都较少，只有一家或数家，服务时间却较长。这是因为需求方的业务流程各不相同，而物流、信息流是随价值流流动的。因此，第三方物流应按照客户的业务流程来确定。这也表明物流服务从产品推销发展到了市场营销阶段，第三方物流正从过去的面向社会提供服务的传统服务、传统外包发展到面向企业的个性化服务阶段。

其次，从事第三方物流的物流企业也因为市场竞争、物流资源、物流能力的影响需要形成核心业务，不断强化所提供物流服务的个性化和特色化，以增强物流业务市场竞争能力。

3. 功能专业化

第三方物流所提供的是专业化的物流服务，从物流设计、物流操作过程、物流技术工具、物流设施到物流管理，都必须体现专门化和专业水平。这既是货主企业的需要，也是第三方物流自身发展的基本要求。

4. 管理系统化

第三方物流应具有系统的物流功能，这是其产生和发展的基本要求。它需要建立现代化的管理系统，只有这样才能满足其运行和发展的基本要求。

5. 信息网络化

信息技术是第三方物流发展的基础。信息技术实现了数据的快速、准确传递，提高了仓库管理、装卸运输、采购、订货、配送发运、订单处理的自动化水平，使订货、仓储、运输、流通加工实现一体化。企业可以更方便地使用信息技术与物流企业进行交流和协作，这使得企业之间的协调和合作有可能在短时间内迅速完成。同时，物流管理软件的飞速发展使混杂在其他业务中的物流活动的成本能被精确计算出来，还能有效管理物流渠道中的商流，这就使企业有可能把原来在内部完成的作业交由物流公司执行。用于支撑第三方物流的信息技术包括实现信息快速交换的EDI技术、实现资金快速支付的EFT技术、实现信息快速输入的条形码技术和实现网上交易的电子商务技术等。物流服务过程中，信息技术的发展实现了信息实时共享，促进了物流管理的科学化，极大地提高了物流效率和物流效益。

（二）第三方物流的作用

1. 第三方物流对企业经营的积极作用

随着全球经济一体化发展和市场竞争的加剧，企业竞争内容呈现出动态的特点。20世纪70年代企业以价格竞争为主，80年代以质量竞争为主，90年代以服务质量竞争为主，21世纪以快速反应竞争为主。在目前的市场竞争中，同质性产品想以质量和服务竞争取胜很难，因为竞争的关键在于谁的产品能更快地响应顾客的需求，并以最短的时间到达市场。企业的竞争优势也处于不断变化的被抵消的状况中，任何一种竞争优势都不可能永久保持，企业必须不断探索新的竞争优势。企业不断地改进生产技术，提高生产效率，合理利用人力资源，发挥企业的最大功能来满足人们的需求，同时为企业创造更多的利润。但是，企业对物流设施的投入占用了大量的企业资源，以及企业在物流方面的不成熟导致库存过多，均严重影响了企业利润的获得。因此，大多数企业选择将自己的物流业务外包给专业的第三方物流企业。

企业把物流业务运作外包给第三方物流主要有两大驱动力。第一，要把资源集中在企业的核心竞争力上，以获得最大的投资回报。那些不属于核心能力的功能应被弱化或者外包，而物流通常不被大多数的制造企业和分销企业视为它们的核心能力。第二，事实证明，企业单靠自己的力量降低物流费用存在很大的困难。尽管从20世纪70年代至90年代，企业在提高物流效率方面已经取得了巨大的进展，但要取得更大的进展需要付出更多努力。要想实现新的改善，企业将不得不寻求其他途径，包括物流外包。

第三方物流参与一个企业的供应链的程度，取决于其发挥的作用层次。在实施供应链最基本功能的层次上，第三方物流企业可以通过确定和安排一批货物的最佳运输方式来增加价值；在最复杂的层次上，第三方物流企业可以与整个制造企业的供应链完全集成在一起。在后一种情况下，第三方物流企业为制造企业设计、协调和实施供应链策略，通过提供增值信息服务来帮助客户更好地管理其核心能力，并能通过利用第三方物流来降低物流费用。企业将自己的物流业务外包给运行良好的第三方物流企业，可以获得如下优势：

（1）拥有市场知识和网络。

通过专业化的发展，第三方物流企业已经开发了信息网络并且积累了针对不同物流市场的专业知识（包括运输、仓储和其他增值服务）和许多关键信息

（比如可用卡车运量、国际清关文件、空运报价和其他信息）。对于第三方物流企业来说，获得这些信息更为经济，因为它们的投资可以分摊到很多客户头上；对于非物流专业企业来讲，获得这些专长的费用就会非常昂贵和不合算。

（2）形成规模经济效益。

由于拥有强大的购买力和货物配载能力，第三方物流企业可以从运输公司或其他物流服务商那里得到比它的客户更为低廉的运输报价，可以从运输商那里大批量购买运输能力，然后集中配载很多客户的货物，大幅度地降低单位运输成本。

（3）拥有第三方灵活。

把物流业务外包给第三方物流企业可以使企业的固定成本转化为可变成本。企业通常向第三方支付服务费用，而不需要自己内部维持物流基础设施来满足这些需求。尤其是对于那些业务量呈现季节性变化的企业来讲，外包物流对企业盈利的影响就更为明显。例如，对于一家季节性很强的大零售商来说，若要年复一年地在旺季聘用更多的物流和运输管理人员，到淡季再开除他们是很困难和低效的。若和第三方物流结成伙伴关系，这家零售商就不必担心业务的季节性变化。

（4）具备外部信息技术。

许多第三方物流企业与独立的软件供应商结盟或者开发了内部的信息系统，这使得它们能够最大限度地利用运输和分销网络，有效地进行跨运输方式的货物追踪，进行电子交易，生成提高供应链管理效率所必需的报表和提供其他相关的增值服务。许多第三方物流企业已经在信息技术方面进行了大量的投入，可以做到帮助其客户搞清楚哪种技术最有用处，如何实施，如何跟得上日新月异的物流管理技术发展。与合适的第三方物流企业合作，可以使企业以最低的投入充分享用更好的信息技术。

（5）降低成本，提高资本运作效率。

通过物流外包，制造企业可以减少因拥有运输设备、仓库和进行其他物流过程所必需的投资，从而改善企业的盈利状况，把更多的资金投入到企业的核心业务上，有助于进入新的市场。许多第三方物流企业在国内外都有良好的运输和分销网络，希望拓展国际市场或其他地区市场以寻求发展的企业，可以借助这些网络进入新的市场。

因此可以说，企业需要通过将自己的物流业务外包给第三方物流企业，以进一步形成自己的资源聚集优势。

2．第三方物流对促进社会物流配送的作用

（1）有利于社会物流设施的充分利用，进行合理的资源优化配置，减少不必要的投资。

我国的物流设施已经具备一定的规模，但与满足物流配送的实际需要相比，仍有较大的距离。实行第三方物流的配送，有利于物流配送社会化，充分利用已有的物流设施。发达国家企业间产品竞争很激烈，但在物流方面却争取更大范围的合作，通过社会化物流配送，充分利用社会物流设施，以降低各自的物流成本。这同我国“家家建仓库、户户办运输”“大而全、小而全”的状况形成了鲜明的对比。实行社会化物流中心配送后，流通与生产企业就没有必要都投巨资建设仓库、购置物流设备，以及配备大批人员从事物流工作。这样不仅可以有效地提高土地资源和设备利用率，而且能降低企业生产、流通成本，对整个社会资源都是极大的节约。

(2) 有利于利用快速反应系统及时为用户提供服务，使产、销紧密结合。

第三方物流配送是专业化物流机构，设施比较先进，专业人才比较多，凭借其优势，有能力建立快速的反应系统，承诺在 24 小时或 48 小时内将货物送到用户手中。同时，它有条件建立自动化物流配送系统，方便用户订货、查询、结算、退货等，大大提高了服务质量。在市场经济条件下，由于市场需求具有“多品种、小批量、更新快”的特点，因此，原有的大生产模式必须富有一定的弹性，形成弹性生产系统或准时生产系统，做到按市场需求安排生产，使产品迅速销往市场。这种弹性生产系统的实施，必须建立在社会化物流的供应商、制造商、销售商，通过搜集整理大量的市场信息，及时传递，能使生产厂家生产的产品与市场消费需求紧密结合的基础上。

(3) 有利于企业实现规模化经营，提高规模效益。

第三方物流的配送对象多、流通渠道广，可以把千家万户的流通量集零为整，按大生产流水作业线的生产方式形成规模流通，获得规模效益。具体有以下几个方面的效益获得：

第一，规模采购效益。一是可享受优惠价格，增加企业在市场上的竞争能力，使消费者满意；二是降低管理费用；三是压缩库存占用资金，物流配送中心实行统一采购、集中库存、集中供货后，就没有必要户户设大仓库，可以大大减少库存，进而在条件具备的情况下实现“零库存”；四是有利于保证商品质量，杜绝假冒伪劣商品进入。

第二，实行规模化加工，可以提高材料利用率。有些生产企业自行加工时，材料利用率低，造成浪费。物流配送中心引进先进加工设备统一加工，实行套裁，边角余料都能利用起来，可以降低材料成本，同时可以提高加工设备利用率。

第三，实行社会化混载运输，提高效益，降低费用。社会化混载运输，就是一个运输容器内汇集多家商品，实行轻重配装，在同一个流向为社会众多客户配送商品，从而提高车船标重和容积利用率。第三方物流配送经统一采购、集中供货进行混载运输，可以在同样的营运里程中使运次大量减少，运量成倍增加，运杂费相应减少；同时，可以避免交叉运输、重复运输，减少道路拥堵、城市噪音和污染等。

第四，专业化社会分工，有利于降低流通成本。随着世界经济的发展，专业化分工越来越细，物流形成独立产业是客观的必然。第三方物流配送通过合同形式收购工业产品，向流通、生产企业供货，可以解除流通与生产企业的后顾之忧，使它们能专心搞好产品的生产与销售。随着专业化社会分工的出现，第三方物流配送有利于降低产品生产成本和流通成本，甚至可以创造价值。社会化物流配送中心所创造的价值和节约的费用，主要体现在用户身上。比如，压缩商品库存总量，节约库存资金占用；缩小信贷规模，节约银行利息；加快商品运输速度，提高车、船装载量，节约运杂费；集中采购，享受批量价格，降低进货成本；稳定供货关系，减少采购环节，节约管理费用；规模流通加工，降低材料的损失、损耗；不用重复投资建设、购置设备，节约企业投资。这不是一般的节约，而是相当大的节约，这种节约称为“新的利润源”。有人将这种节约比作“冰山上的一角”，意为它的节约潜力是十分巨大的，远非表面所看到的这些。

第五，有利于以计算机技术为基础的物流现代化，发展电子商务。单个企业自办物流时，物流量小，难以实现现代化。社会化物流配送中心物流量大，具有规模效益，能将网上成交的商品及时送到用户手中。若没有配送中心的及时配送，网上销售就无法进行。因此，电子商务也必须借助于社会化物流配送中心，才能实现规模化发展。

四、多方物流并存

根据实际承担者的不同，以及相关社会组织在物流过程中扮演角色的不同，我们可以将这些物流形式分别称为不同方物流。除了第三方物流之外，还包括“第一方物流”“第二方物流”“第四方物流”“第五方物流”等。

（一）第一方物流

第一方物流（the First Party Logistics，1PL）是指由物资提供者自己承担向物资需求者送货，以实现物资的空间位移的过程。传统上，多数制造企业自己都配备了规模较大的运输工具（如车辆、船舶等）和储存自己产品所需的仓库等物流设施，来实现产品的空间位移。特别是在产品输送量较大的情况下，企业都比较愿意由自己来承担物流任务。但是，随着市场竞争日趋激烈，企业越来越注重从物流过程中追求“第三利润”，因此感到由自己从事物流确实存在一系列问题。例如，以下一些问题随着第三方物流的兴起就显得越来越突出：

（1）由于产品的市场需求在时间上是不平衡的，企业配置物流设施的能力是根据需求旺季还是需求淡季确定，往往成为企业头疼的事。无论怎样配置，都可能造成物流能力的浪费或紧张。

（2）制造企业的核心竞争能力在于它所制造的产品，物流并不是其核心竞争能力的业务，因此，从事物流业务的成本一般比专业的物流企业高。

（3）企业自己从事物流很难构建一个有效的物流网络，因此，几乎难以达到及时供货的要求。特别是在供需双方的地理位置相距较远的情况下，企业无法实现有效的物流。

（4）随着第三方物流的兴起，以及其提供的日趋完善的物流服务，第一方物流原有的一些优势黯然失色。

（二）第二方物流

第二方物流（the Second Party Logistics，2PL）是指由物资的需求者自己解决所需物资的物流问题，以实现物资的空间位移。传统上，一些较大规模的商业部门都备有自己的运输工具和储存商品的仓库，以解决产品从制造企业到商场的物流问题。但是，传统的由第二方承担的物流同样存在着以下一些问题：

（1）自备运输工具的仓库已经使物资需求者（主要是商业部门）的经营成本提高，在微利的商品经营时代，这种成本的支出是商业企业难以承受的。

（2）由于商品的市场需求在时间上的不平衡，商业企业难以合理配置物流设施能力，无论怎样配置都可能造成物流能力的浪费或紧张。

（3）商业企业的核心竞争能力在于商品的销售能力，物流并不是其核心竞争能力的业务，因此，从事物流业务的成本一般比专业的物流企业高。

（4）商业企业自己从事物流很难构建一个有效的物流网络，因此，几乎难以达到及时供货的要求。

（5）随着第三方物流的兴起，以及其提供的日趋完善的物流服务，第二方物流原有的一些优势也逐渐失去。

（三）第四方物流

随着信息技术和计算机网络技术的发展，在物流行业中必然会出现凭借对物流信息和知识的拥有而从事物流服务的行业，这就是所谓的“第四方物流”（the Fourth Party Logistics，4PL）。现在人们所说的第四方物流，是指从事物流服务业务的社会组织不需要自己直接具备承担物资物理移动的能力，而是借用于自己拥有的信息技术和实现物流的充分的需求与供给信息，再加上对物流运作胜人一筹的理解而开展的物流服务。这种业务与现有的货运代理业务十分相似，因此，也可以称为物流代理业务。

从事物流代理业务的主要思路：不进行大的固定资产投入，低成本经营；将主要的成本部门及产品服务的生产部门的大部分工作委托给他人处理，注重建立自己的销售队伍和管理网络；实行特许代理制，将协作单位纳入自己的经营轨道；企业经营的核心能力就是综合物流代理业务的销售、采购、协调管理和组织设计的方法与经验，并且注重业务创新和组织机制创新，使企业经营不断产生新的增长点。为了提高管理效率、降低运作成本，不但要提出具有竞争力的服务价格，还必须采取以下措施：坚持品牌经营、产品经营和服务经营相结合的系统经营；把企业的发展和目标与员工、供应商的发展和目标充分结合；重视对员工和外部协作经营商的培训，协助外部协作经营商实现其经营目标；建立和完善物流网络，分级管理，将操作和行销分开；开发建设管理信息系统，应用 EDI、GPS、互联网等新技术，对货物进行实时动态跟踪和信息自动处理。

物流业务代理企业，根据其业务范围可分成综合性物流代理企业和功能性物流代理企业。功能性物流代理企业包括运输代理企业（货代公司）、仓储代理公司（仓代公司）和流通加工代理企业等。

（四）第五方物流

关于“第五方物流”（the Fifth Party Logistics，5PL）的提法目前还不多，但是，确实有人已经注意到了这一领域。一般认为，第五方物流是指从事物流业务培训的一方。随着现代综合物流的开展，人们对物流的认知有个过程。目前，人们就是处在这样一种状况：当传统的物流方式正在被人们否定的时候，在大量的有关建立新的物流体系的介绍中，人们开始不知所措。因此，提供现代综合物流的新的理念以及实际运作方式便成为物流业中的一个重要行业，即物流人才的培养。

对于一个物流部门而言，它所需要的人才在专业知识和相关技术上应具备以下一些能力：

（1）对现代综合物流的新的理念和运作模式有突破传统的认识，由此能进一步发展对物流的认识，提出新的物流运作模式。

（2）对物流各环节的业务具有同等的认识。现在物流从业人员往往从事的是物流业务中的某一环节业务，例如航运、仓储、公路运输、铁路运输、货物包装、信息管理等。未来物流从业人员应将其知识延伸到物流的其他领域，逐步建立起物流系统的概念，能统筹考虑到整个物流运作的安排。

（3）对计算机网络技术有较深刻的理解，并能在业务中对物流信息管理的计算机网络系统提出要求。

（4）对物流各个环节的实现的有关技术和知识有一定的掌握，能够合理使用和调配物流设施和设备。

物流的专门人才除了要具有上述专业知识和技术以外，还需要具有以下一些能力：

（1）由于物流业务落后，物流人才需要具有前瞻性，即不受现有的机构、制度和一些做法的约束。特别是物流管理人员，必须具有使物流条件合理化的能力，并具有组织人员为物流合理化而奋斗的魄力。

（2）物流业是一项新事物，因此物流人才应具备开拓未知领域的先驱者的气概。因为物流较多地受其他因素的制约，因此物流人才必须具有向这些因素挑战的精神。

(3) 为构筑最好的物流系统，物流人才应具备系统思考能力。

(4) 为使物流适应已经或者将要变化的环境，包括领导在内的全体人员必须具有从战略高度考虑问题的素养。

(5) 从事物流管理的人员应具备构筑信息系统的能力。

(6) 物流工作人员主要是和“物”打交道，很容易见物不见人。但处理“物”的是人，因此物流人才应该具有尊重人的精神。

为了培养具有这种思想和能力的人才，首先，应当清楚这是一个需要长期为之努力的事业，必须制定中长期的人才培养计划；其次，在制订计划时应确定基本概念、基本方针和进修体系，制定物流经理等各类人员必须具备的知识、技术、技能等的培养要求及其实施办法。这些都是第五方物流的从业人员可以做的工作。

上述提到的多方物流形式将会长期并存，这正是社会多样化的表现。其中，第三方物流在物流活动中的作用将越来越重要，而第四方物流、第五方物流随着知识经济社会的到来，必将成为物流业发展的新领域。然而，即使如此，第一方物流和第二方物流仍然会与新兴的物流方长期共存下去，以满足社会某些方面的特殊需求。另外值得注意的是，从事第三方物流的企业可以同时从事第四方物流和第五方物流的业务，从事第四方物流的企业也可以从事第五方物流的业务。

五、第三方物流的类型

按照资产情况将第三方物流分为资产型、管理型和优化型三种基本类型。

(一) 资产型第三方物流

资产型第三方物流的资产有两种类型：第一种类型的资产，是指机械、装备、运输工具、仓库、港口、车站等从事实物物流活动，具有实物物流功能的资产。第二种类型的资产，是指信息资产，包括信息系统硬件、软件，网络及相关人才，等等。

传统物流和现代物流的区别在于，传统物流企业只依靠第一种类型的资产，而现代物流企业具备两种类型的资产。

第三方物流企业拥有从事专业物流活动的装备、设施、运营机构、人才等生产力条件，并且以此作为本身的核心竞争能力。在发达国家，拥有货运机场、货运包机、专线铁路、货运车皮、物流中心、仓库等生产力手段的大型第三方物流，可以说是这种资产型第三方物流的代表。

资产型第三方物流以自有资产作为为客户提供服务的重要手段，在工业化时期，这种物流企业在发达国家曾经有过比较大的发展。

资产型第三方物流的主要特点是，可以向客户提供稳定的、可靠的物流服务。由于资产的可见性，这种物流企业的资信程度比较高，这对客户来讲是很具有吸引力的。

资产型第三方物流需要建立一套物流工程系统，这需要有很大的投资，同时维持和运营这一套系统仍然需要经常性的投入。另外，这一工程系统一旦形成，虽然可以有效地提供高效率的确定服务，但是很难按照客户的需求进行灵活的改变，往往会出现灵活性不足的问题。

（二）管理型第三方物流

管理型第三方物流不把拥有第一种类型的资产作为向客户提供服务的手段，而是以本身的管理、信息、人才等优势作为核心竞争能力。这种类型的第三方物流，不是没有资产，而是主要拥有第二种类型的资产。它们通过对网络信息技术的运用，以高素质的人才和管理力量，利用社会的设施、装备等劳动手段最终向客户提供优质服务。

管理型第三方物流自己不拥有需要高额投资和经营费用的物流设施、装备，而是灵活运用别人的这些生产力手段，这需要有效的管理和组织。要做到这一点，信息技术的支撑是非常重要的手段。从某种意义上来讲，它是管理型第三方物流赖以存在的先决条件。

管理型第三方物流是在买方市场条件下才可能生存的物流形态。这是因为只有在买方市场环境下，管理型第三方物流在从事物流运作的时候，才有可能利用买方的主导权力去灵活运用社会上其他物流服务企业的资源。

这种管理型第三方物流的最大优势，除了信息能力、组织能力、管理能力之外，由于不拥有庞大的资产，同时可以有效地运用虚拟库存等手段，因此可以获得较低的成本。

（三）优化型第三方物流

上述两种第三方物流各有特点，也各有优势、劣势。优化型第三方物流则是完全拥有管理型第三方物流在信息、组织、管理上的优势，同时建立必要的物流设施、装备系统，而不是全面建设这种系统。因此，它不但获得了上述两种第三方物流的优势，同时又克服了投资过大、系统服务水平灵活性不足的缺点。

第二节 第三方物流的利润来源及价值创造

一、第三方物流的利润来源

第三方物流发展的推动力就是要为客户及自己创造利润。第三方物流企业必须以有吸引力的服务来满足客户的需要，服务水平必须符合客户的期望，要使客户在物流方面得到利润，同时自己也要获得收益。因此，第三方物流企业必须通过物流作业的高效化、物流管理的信息化、物流设施的现代化、物流运作的专业化、物流量的规模化来创造利润。

（一）作业利益

第三方物流服务首先能为客户提供“物流作业”改进利益。一方面，第三方物流企业可以通过第三方物流服务，向客户提供其不能自我提供的物流服务或所需要的生产要素，这是物流外包产生并获得发展的重要原因。在企业自行组织物流活动的情况下，或者局限于组织物流活动所需要的专业知识，或者局限于自身的技术条件，企业内部物流系统难以满足自身物流活动的需要，而企业自行改进或解决这一问题又往往是不经济的。另一方面，第三方物流企业可以通过提供第三方物流服务，改善客户企业内部管理的运作表现，增加作业的灵活性，提高质量和服务、速度和服务的一致性，使其物流作业更具效率。

（二）经济利益

第三方物流服务为客户提供的与财务相关的利益是第三方物流服务存在的基础。低成本一般是由低成本要素和规模经济的经济性创造的。通过物流外包，既可以将不变成本变成可变成本，又可以避免盲目投资于其他用途从而降低成本。

稳定和可见的成本也是影响物流外包的积极因素，因为稳定成本时的规划和预算手续更为简便。一个环节的成本一般来讲难以清晰地与其他环节的成本区分开来，但是通过物流外包，使用第三方物流服务，第三方物流供应方就要申明成本和费用，成本的明晰性也就增加了。

（三）管理利益

第三方物流服务给客户带来的不仅仅是作业的改进及成本的降低，还会给客户带来与管理相关的利益。正如前面所述，物流外包可以使用企业不具备的管理专业技能，也可以将企业内部管理资源用于别的更有利可图的方面，并与企业核心战略相一致。物流外包既可以使企业的人力资源集中于企业的核心业务，同时也可以获得别的企业（第三方物流企业）的核心经营能力。

此外，单一资源和减少供应商数目等所带来的利益也是物流外包存在的潜在原因。单一资源减少了公关等费用，并减轻了企业在几个运输、搬运、仓储等服务商间协调的压力。第三方物流服务可以给客户带来的管理利益还有很多，如订单的信息化管理、避免作业中断、动作协调一致等。

（四）战略利益

物流外包还能产生战略意义，即灵活性，包括地理范围跨度的灵活性和根据环境变化进行调整的灵活性。集中主业在管理层次高度一样具有重要性。此外，共担风险的利益也可以通过第三方物流服务来获得。

二、第三方物流的价值创造

第三方物流供应方面临挑战的是要能提供比客户自身物流运作更高的价值。它们不仅要考虑同类服务提供者的竞争，还要考虑潜在客户的内部运作。假设所有企业都可以提供同等水平的物流服务，那么不同企业之间的差别将取决于他们物流运作资源的经济性。如果财务能力是无限大的话，那么每家企业都可以从企业内部获得并运用资源。因此，物流服务提供者与它们的客户之间的差别在于物流服务的可得性及其表现水平；其区别在于在物流企业里，内部资源是物流能力，而在客户企业里，物流仅仅是众多业务领域中的一小部分。这样，如果给定同样的资源，物流服务供应方能比客户企业提供更多样和更高水平的服务。这就促使物流服务供应方注重在物流上投资，以在不同方面为客户创造价值。下面将列举第三方物流创造价值的几个方面。

（一）提高物流运作效率

第三方物流为客户创造价值的基本途径是达到比客户更高的物流运作效率，并能提供较高的服务成本比。物流运作效率的提高意味着对每一个最终形成物流的单独活动（如运输、仓储等）进行开发。例如，仓储的运作效率取决于足够的设施与设备及熟练的运作技能。一般情况下，其成本驱动是要素成本（单位产出的低成本）及确定对特定活动的重视程度，如对管理的重视程度。一般认为，对管理的重视对服务与成本有正面的影响，因为它能激励其他要素保持较高水平。在作业效率范围内，另一个更先进的作用是取得物流的作业效率，即协调连续的物流活动。除了作业技能外，它还需要协调和沟通技能。协调和沟通技能在很大程度上与信息技术相关联，因为协调和沟通一般是通过信息技术这一工具来实现的。如果存在有利的成本因素，并且企业的注意力集中在物流方面，那么以较低的成本提供更好的服务是非常有可能的。

（二）与客户运作整合

第三方物流带来增值的另一个方法是引入多客户运作，或者说是在客户中分享资源。例如，多客户整合的仓储和运输网络，客户运作可以利用相似的结合起来的资源，整合运作的规模效益成为提高效率的重要方面。第三方物流整合运作的复杂性很高，因而需要更多的信息技术与技能。由于整合的增值方式对于单个客户进行内部运作的很不经济的运输与仓储网络也适用，因此，此时表现出来的规模经济效益是递增的。如果运作得好，第三方物流供应方将形成竞争优势以及更大的客户基础。

（三）横向或者纵向整合

前面讨论的第三方物流创造价值的两种方法注重的完全是内部，也就是尽量把客户内部的运作外包化。其实，第三方物流供应方也需要进行资源整合，实行业务外包。纵向整合，或者说发展与低层次物流服务供应商的关系，也是创造价值的一种方法。通过纵向整合，第三方物流供应方可以购买具有成本与服务优势的单项物流功能作业或资源，从而将注意力集中于自己的核心业务。横向上，第三方物流供应方能够结合类似的但不是有竞争关系的公司，联合为客户服务，扩大为客户提供服务的地域覆盖面。

无资产的主要以管理外部资源为主的第三方物流服务提供商是这种类型的受益的物流供应方。这类物流企业发展的驱动力是内部资产的减少以及从规模和成本因素改进方面获得的利益。这类企业为客户创造价值的技能是其强有力的信息技术（通信与协调能力）和作业技能。作业技能是概念性的作业技能，而非功能性的作业技能，因为对它们来说，主要的问题是管理、协调和开发其他运作技能及资源。

（四）发展客户运作

第三方物流为客户创造价值的最后一条途径是使第三方物流供应方具有独特的资本，即使第三方物流供应方能在物流方面拥有高水平的运作技能。我们这里所说的高水平的运作技能（概念上的技能）指的是将客户业务与整个物流系统综合起来进行分析、设计等的能力。第三方物流供应方应该使其员工在物流系统、方案与相关信息系统的工程、开发、重组等方面具备较高的专业知识。这种创造价值方法的目的不是通过内部发展，而是通过发展客户公司及组织运作来获取价值。这就使第三方物流供应方所做的工作接近于传统意义上的物流咨询公司所做的工作，所不同的是这时候提出的方案要由同一家企业来开发、完成并运作。上述增值活动的驱动力在于客户自身的业务过程，所增加的价值可以看作源于供应链管理与整合。这种类型的活动可以以不同的规模和复杂程度来开展。最简单的办法就是在客户所属的供应链中创建单一的节点（如生产和组装地）或单一链接（如最后的配送）。单一节点和链接指的是第三方供应方运作及在很大程度上在客户供应链管理和控制的一个或一些节点和链接。这也意味着供应方运作、控制、管理着节点和链接内、外两个方向上的物流。如果将整个供应链综合考虑，则容易产生更多的增值。除了作业上和信息技术方面，这些活动需要的技能还包括分析、设计和开发供应链，以及对物流和客户业务的高水平创新性概念的洞察能力。

物流运作的专门化使第三方物流企业可能在专门技术和系统领域内拥有超越最具潜力的客户的能力，因为客户还要分配资源并同时关注其他几个领域。对于物流行业来讲，主要资源就是有志于从事物流业的优秀人才。这类人才被致力于或投资于物流业的企业所吸引。这就是大规模的物流运作供应商与个体运作商的差别。增值物流系统的发展对于第三方物流企业来讲是可取的。在大多数情况下，通过在同一系统上多个客户的运作，第三方物流供应商可以以更低的费用提供物流服务，一体化整合使其可能减少运输费用并抵冲资金流量的季节性、随机性变动。这说明第三方物流供应商的战略实质上是在提高物流服务水平上的竞争，而不是在降低服务价格上的竞争。

第三节 第三方物流与供应链管理

一、供应链管理

（一）供应链管理的意义

供应链是围绕着核心企业建立起来的链网结构。它既包括核心企业与供应商、供应商的供应商，乃至一切向前的关系，也包括核心企业与用户、用户与用户，乃至一切向后的关系。链网中的每个节点都是独立的个体，通过对信息流、物流、资金流的控制，从采购原材料开始，制成中间产品以及最终产品，最后由销售网络把产品送到消费者手中，将供应商、制造商、分销商、零售商直到最终用户连成一个整体的功能网链结构模式（如图1-1所示）。

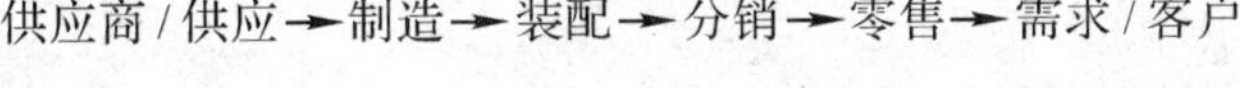

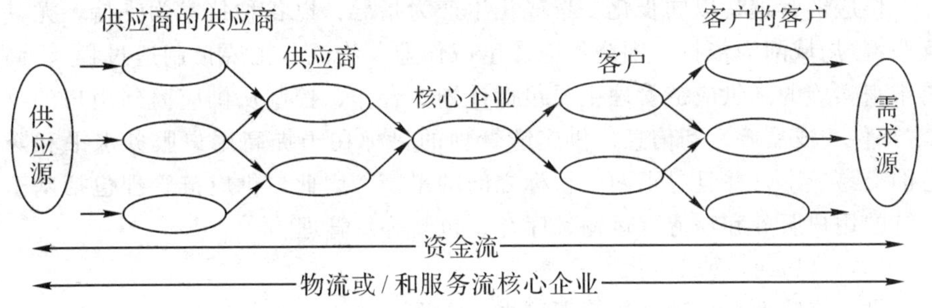

图1-1 功能网链结构模式

供应链管理的概念于20世纪80年代中期提出，是围绕着核心企业，供应链中其他企业与核心企业共同合作并参与共同管理的一种模式。核心企业要把供应链作为一个不可分割的整体，打破存在于采购、生产、分销和销售之间的障碍，做到供应链的统一和协调。供应链管理是一项运用网际网络的整体解决方案，其目的在于把产品从供应商及时有效地运送给制造商与最终客户，将物流配送、库存管理、订单处理等资讯进行整合并通过网路传输，其功能在于降低库存、保持产品有效期、降低物流成本和提高服务品质。

供应链管理主要涉及四个领域：供应（supply）、生产计划（schedule）、物流（logistics）和需求（demand）。内容主要包括供应链的组织结构设计，如供应商、制造商、经销商、用户的选择、信息网络的设计等；协调管理与控制；需求预测、计划与管理；生产计划、生产作业计划和跟踪控制、库存管理；供应商与采购管理；制造管理；分销（渠道）管理；用户管理与服务；物流管理；资金流管理；信息流管理。供应链涉及的内容中需求是关键要素（如图1－2所示）。

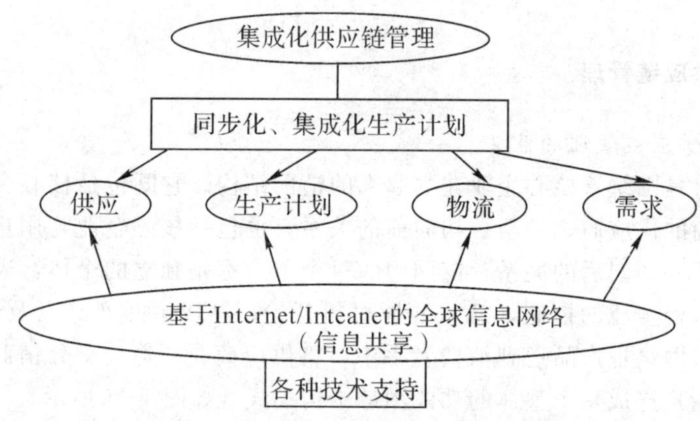

图1－2　供应链管理涉及的领域

供应链管理是以同步化、集成化生产为指导，以各种技术为支持，尤其以互联网/局域网为依托，围绕供应、生产作业、物流（主要指制造过程）、满足需求来实施的。供应链管理主要包括计划、合作、控制从供应商到用户的物料（零部件、成品等）和信息。供应链管理的目标在于提高用户服务水平和降低总的交易成本，并且寻求两个目标之间的平衡。因此，供应链管理包括基于供应链的用户服务和物流（运输、库存、包装等）管理。

（二）供应链管理的核心思想

供应链管理是一种新的管理思想。它强调核心企业与世界上最杰出的企业建立战略合作伙伴关系，委托这些企业完成一部分业务工作，自己集中精力和各种资源通过技术程序重新设计，做好本企业能创造特殊价值的、必须长期控制、比竞争对手更擅长的关键性业务工作。这样可以极大地提高企业的竞争力和经济效益。其目的在于通过对供应链各个环节活动的协调，实现最佳业务绩效，从而增强整个企业的业务表现。高效的供应链设计、供应链成员之间的信息分享、库存的可见性和生产的良好协调，会使库存水平降低、运输作业更为有效，并改善订单实现率及其他一些关键的业务功能。

新经济时代供应链管理的基本思想：以市场和客户需求为导向，以核心企业为盟主，以提高竞争力、市场占有率、客户满意度和获取最大利润为目标，以协同商务、协同竞争和双赢原则为基本运作模式，通过运用现代企业管理技术、信息技术、网络技术和集成技术，达到对整个供应链上的信息流、物流、资金流、业务流和价值流的有效规划和控制，从而将客户、销售商、供应商、制造商和服务商等合作伙伴连成一个完整的网链结构，形成一个极具竞争力的战略联盟。

（三）供应链管理的原则

供应链管理需要遵循以下六项原则。

1. 确定企业核心业务原则

企业要适应市场竞争的变化，需要强化核心业务，按动态联盟的要求构建或加入供应链。在这样一条围绕核心企业的网链上，无论是核心企业还是其他联盟企业，都必须明确自己的核心业务，并应以核心业务参与联盟合作。

2. 根据服务需求划分用户原则

供应链管理要求对有不同服务需求的用户提供相应的服务，并根据客户所需的服务特性来划分客户群，决定服务方式和水平。

3. 规模定制原则

一个高效的供应链可以产生优良的用户服务水准，最终也会给用户带来更多的价值。大规模定制是根据用户的实际选择，按订单制造、交货的，没有生产效率的损失，且实现了一对一的直接联系。它在提高服务质量的同时，简化了整个需求判断的过程，并且使人认识到只有提供那些能够反映用户特定需求的产品才是最好的服务。因此，供应链适应规模定制的要求，可以增强其对用户的反应力，有利于优化供应链。而互联网与电子商务的进一步普及，则为定制业务的开展创造了良好的基础环境。

4. 在整个供应链范围内响应市场变化原则

供应链中的核心企业在制订生产和销售计划时必须监测整个供应链，即应该跨越企业之间的界限，从整个供应链的各环节综合考虑市场的变化，以便及时发现需求变化的早期警报，并据此安排和调整计划。

5. 共同盈利原则

供应链中联盟企业之间应该建立合理互惠的合作机制。核心企业应本着整个供应链利益最大化的原则，向前应与供应商建立密切合作关系，以使占有和存储物品的总体费用最省，提高自身和供应商双方的边际效益，实现利益共享；向后应注重用户的价值增值，与用户共享收益，让用户成为企业永远的用户。在设计后勤网络时，应根据用户需求和企业可获利情况，高度重视用户对服务的需求和照顾到用户方的利益。

6. 整体绩效考核原则

对供应链的评价要从供应链的整体角度来衡量，对供应链上所有的六个环节（生产、供应、库存、地点、运输、信息）进行仔细评估，评价供应链的竞争能力。

二、第三方物流与供应链管理的联系

第三方物流企业在与客户进行合作时，为使物流服务能迅速有效地完成，必须获取关于客户企业的大量相关信息，其中可能涉及一些商业秘密，这就是许多企业在选择第三方物流时的顾虑。为了消除这些顾虑，一个可行的办法就是第三方物流企业和客户企业的关系从“基于交易上”的业务关系向更为一体的、长期的“伙伴关系”转变。这种关系带给双方的明显利益，从本质上说就是一种“双赢”的效果。实施了供应链管理的供应链企业，通过合同、契约的方式形成了长期合作、稳定的战略伙伴关系，这就为采用第三方物流运作提供了条件。

物流活动是供应链管理中的一个重要组成部分，因此，第三方物流介入供应链管理是一种相互补充、相互依存的关系。采用第三方物流运作方式，供应链上的物流相关活动可以得到由第三方物流提供的长期的、互利互惠的专业性服务，包括物料后勤保障系统的规划、设计、运营和管理等服务。反过来，第三方物流的发展依附于供应链管理，也就是依赖于供应链中的业务流程密切程度。供应链管理的物流活动实施为第三方物流的发展提供了良好的发展环境和巨大的市场需求。服务面广的第三方物流企业，可提供种类服务中供应链上全部或大部分环节的服务；服务面中等的第三方物流企业，可提供实物、信息和财务三类物流中少数几项或某类物流中的多项服务；服务面窄的第三方物流企业，通常只提供一两项服务。

第四节　第三方物流的发展状况

一、发达国家第三方物流的发展现状

第三方物流在欧、美、日等发达国家取得了长足的发展，对其现代物流乃至经济的快速发展产生了积极的影响。而在我国，第三方物流起步较晚，问题较多，困难重重。针对我国第三方物流的发展现状，面对我国第三方物流市场的机遇与挑战，有必要在分析发达国家第三方物流发展历程和成功原因的基础上对我国第三方物流的竞争战略和发展战略问题进行探讨。

（一）第三方物流在美国的发展

现代意义上的第三方物流在美国兴起于20世纪80年代，2001年其市场规模约为600亿美元，在美国9700亿美元的物流市场价值中约占6.2%的份额。现在，美国第三方物流的收入以年均15%～20%的速度增长，在其整个物流产业中是发展最快的部门。

第三方物流现在已经成为美国许多行业物流策略的关键部分。

在信息技术方面，过去的十多年中，美国的第三方物流企业已经开发了一套独特的运输和仓库管理工具，第三方物流的信息技术是这个变化的关键特征。运输管理软件（TMS）、仓库管理软件（WMS）和先进计划与调度（APS）成了标准的物流管理工具。

目前，驱动美国第三方物流发展的是互联网 APLS（Application Process Locations）。这些互联网站点形成了一个集团。这是一个相当大的广告/拍卖站点集团，并以现货市场为重点。这些站点的运输安排通常是由电话做出的。

仓库跟踪站点在高速发展，传统的仓库管理软件向网络的迁移则更加缓慢，降低成本和整合是其目标所在。最专业的传统应用软件已经开始涉及第四代运输管理系统了。这些系统将 TMS 视作 APLS。它们不仅维护了传统的 EDI 数据流，还可以将运载匹配及执行通过网站整合。这些站点的发展使得客户的选择可以从一个地点的运载处理到完整的外包物流管理。

与 1998 年相比，1999 年美国第三方物流的收入平均增长了 20%；国内运输经营增长了 21%，国际部分则增长了 12%；指定合同运输费增加了 22%，附加值的库存和配送服务增长了 22%。除了国际运输经营外，美国第三方物流的增长水平比世界上其他国家的平均增长水平要快许多。

美国在经济发展中不强调政府的管制作用，而要求企业按照市场化方式运作。第三方物流企业利用本企业或其他企业的物流资源，提供的物流服务除仓储和运输配送外，还有物料管理、直拨、库存管理、货物组配、干线运输、准时制交货（just in time）、运费协商、国际多式联运等。它们的经营职能包括作业、管理、工程技术等。物流活动的领域有供应、制造、销售和回收等。这三方面的诸要素相互组合，构成各种第三方物流产品。

物流服务既有简单的服务，也有需要较专业的知识、较丰富的经验和手段的复杂服务。最简单的服务是物料管理、拣选、运输、配送、运费支付。复杂的服务是多点库存及物流管理，甚至是全球性网点的库存及物流管理。这对管理技术的要求很高。

目前，美国使用第三方物流企业的比例约为 58%，而且其需求仍在不断增长。美国第三方物流的收入以年均 15%～20%的速度在增长。美国第三方物流的迅速发展，主要得益于其完善的制度。政府对物流产业采取不干预的态度，主要是工商企业用户与物流服务提供者签订合作合同，不用顾虑物流市场的运作和商业秘密的泄露问题。第三方物流企业为用户的货物集运、库存管理、条码标签、分拣挑拣、订单执行等业务，包括售后退货、修理更换、空箱回收利用提供了巨大的空间。先进的科技手段和广泛的配送网络使自动化分拣、存取系统等大型配送运输技术和先进管理技术的应用成为可能。

（二）第三方物流在欧洲的发展

物流外包在欧洲已经有几个世纪的历史了。事实上，现在欧洲许多著名的第三方物流企业都起源于中世纪。这些历史悠久的老服务企业逐渐发展成为今天的如辛克、德迅和丹莎等物流服务商，它们现在还在为大多数欧洲大制造商、大零售商和大批发商处理物流业务。

现在，一些新的欧洲第三方物流商以及以美国为基地的物流商开始加入到欧洲的第三方物流服务行业中去，如Ryder综合物流、BAX全球物流、Perske物流、Schneider物流和UPS全球物流。这些后来者们发现，对它们来说，还存在着许多物流市场的发展空间。

有资料显示，在欧洲的物流服务市场，2002年约有28%由第三方物流完成。其中，德国99%的运输业务和50%以上的仓储业务交给了第三方物流。通过第三方物流服务，德国的物流成本可以下降到商品总成本的10%。英国的第三方物流，在商业领域已从货物配送发展到店内物流。

根据UPS全球物流提供的数据，在欧洲，外包给第三方物流商的总额高达1290亿美元。物流外包的趋势是在从1993年开始的欧洲经济统一之前发展起来的。为运输和物流企业提供服务的市场与商业发展机构——荷兰国际配送委员会的莱恩·彼尔玛先生指出，直到20世纪80年代，大多数欧洲新成立的为美国公司提供服务的分拨配送中心都是以自营为主。但这些美国公司逐渐认识到，它们需要采取更灵活的方式，提供全新的服务，以满足新兴的欧盟国家的需求。物流分拨配送中心开始在20世纪90年代得以迅猛发展。彼尔玛说："今天，每个在欧洲经营自营物流分拨中心的公司都将运作业务交给第三方物流商操作。"

欧洲推动第三方物流发展的根本措施是减少成本、改善服务。欧洲劳动力成本较高，工会会费和税赋较重，还有法规和经营限制。欧洲的物流经营成本达到了美国的两倍。在欧洲开设分支机构的企业选择第三方物流管理和经营物流设施，不仅能降低分销成本，而且能提供专业化的服务。物流需求的膨胀导致了欧洲物流服务供应商的剧增。第三方物流给欧洲带来了广泛的创新服务，内容包括：

（1）店内物流。在英国，零售店把从开门到关门，从清扫店堂、清理商品到补货上架等原先由商店营业员负责的销售前和销售后的一系列服务都交由第三方物流承担，使得第三方的服务范围延伸到店堂内。零售店把物流环节交给专业物流企业后，可以更加专注于商品销售。

（2）广泛服务物流。大型物流企业为制造商提供范围广泛的服务，包括制作不同语言的标签和包装，帮助制造商在欧洲不同市场进行销售。在欧洲，不同市场的差异较大，因而对服务的需求也不同。在法国、荷兰和德国，第三方物流提供精确的外包物流服务，服务的重点在于TRANBBS技术性和供应链；在地中海国家，公共TRANBBS设施不如上述国家发达，服务的重点在于运输和仓储；在东欧国家，公共交通和通信设施不发达，企业需要的第三方物流服务只是基本的运输。

（3）复杂物流。一种完全新兴的欧洲第三方物流，比其他的货运服务商发展得更快。例如，集装箱经营者欧罗凯集团成立的Oceangate Distribution，为那些在中欧、南欧、东欧有业务的企业提供合同物流服务。Oceangate Distribution 不仅在欧洲拥有仓储和配送能力，还为零售商和制造商提供复杂的物流服务。最普遍的增值服务是加速接运分送、加快库存周转。被加速发运的货物用于紧急订货，同时较低的成本、全水运的货物到达正好衔接那些紧急订货。这样能为零售商增加大约 10% 的存货投资回报。

（4）五星级货物旅馆。德国物流正在提出要做“五星级货物旅馆”的口号，实际上是对物流中心的管理和运作提出了更高的要求。物流中心的货物应该做到加工更方便、物流更快捷、服务更周到、运作成本更低，这样才能吸引更多的客户。

随着贸易全球化趋势打破欧洲的传统壁垒，欧洲产品将大举进攻欧洲大陆，同时，将产生对物流业务的巨大需求。此外，欧盟的建立及其对欧洲贸易格局的影响将迫使当地和地区性的生产企业参与多元化市场竞争，它们也需要有成熟的第三方物流服务商的鼎力相助来管理变幻莫测的分拨配送网络。总之，一般贸易注重核心能力的趋势将在蓬勃发展的市场竞争中占主导地位。表 1－2 反映了欧洲各国第三方物流的市场状况。

表 1－2 欧洲各国第三方物流市场概况

国家	国内物流费用（美元）	3PL 物流收入（美元）	物流总支出（美元）	3PL 物流收入/物流总支出（%）
德国	26528	8047	34602	23.26
法国	18784	6911	25695	26.90
英国	15485	8150	23635	34.48
意大利	12002	1771	13873	12.77
西班牙	5655	1241	6896	18.00
荷兰	4848	1620	6468	25.05
比利时	2914	971	3885	24.99
奥地利	2746	637	3383	18.83
瑞典	2610	673	3374	19.95
丹麦	2175	543	2718	19.98
芬兰	1662	415	2077	19.98
爱尔兰	734	238	972	24.49
葡萄牙	673	137	811	16.89
希腊	690	85	775	10.97
卢森堡	119	40	159	25.16
总计	97625	31479	129323	24.34

从表1-2可以看出，在欧洲市场上3PL物流收入占物流总支出的比重平均达到了24.34%。

在物流服务市场上，欧洲的第三方物流企业分为不同的层次，面向不同的目标市场，提供不同层次的服务，但基本可分为以下四类：

第一类，服务范围广泛的大型物流企业。最高一层的大型物流企业为制造商提供了范围广泛的服务，包括制作不同语言的标签和包装，帮助这些制造商在欧洲不同市场进行销售。在这一层次里，有一些领先和经营良好的欧洲物流企业，也有总部设在美国的物流企业，如UPS全球物流。

第二类，从事传统物流的欧洲企业。经营规模小的第三方物流是被称为国际货运商的欧洲特有物流实体。这些企业拥有自己的资产，经营卡车货运、仓储、报关等业务。这些企业的技术不高，并且资源有限，大多数业务起源于处理欧洲各国海关之间复杂的业务（目前这些业务已经消失）。这些企业最终会合并或离开这个行业。

第三类，新兴的第三方物流企业。除大型跨国物流企业和服务范围较小的物流企业，一种完全新兴的欧洲第三方物流企业比其他的货运服务商发展更快。例如，欧罗凯集团是德国汉堡主要的集装箱经营者，除在欧洲拥有仓储和配送能力以外，还为零售商和制造商提供复杂的物流服务。

第四类，大型国有机构的第三方物流。欧洲另一个快速增长的第三方物流企业层次是大型的国有机构，如国家铁路公司和港务局。

经济的全球化打破了欧洲的传统核心，跨国公司在欧洲迅速扩大市场，带来了物流的需求，刺激了欧洲物流服务市场的快速增长。另外，企业也通过第三方物流的物流服务和增值服务降低分销成本，改善服务，获得“第三利润”。

从欧洲第三方物流的发展可以发现，欧洲第三方物流的快速发展，一方面得益于企业对于物流服务的需要，另一方面得益于欧洲目前较高的物流管理水平与成本优势。内、外因素的综合作用，推动了欧洲第三方物流的发展。

（三）第三方物流在日本的发展

日本物流发展的历史虽然不长，但其发展速度之快，经营规模之大，整体现代化程度之高，令世界瞩目。日本的商业企业与第三方物流企业之间的社会化配送是世界上做得最好的。在日本，通过第三方物流企业完成的物资流通量能够达到物流总流通量的80%左右。生产企业、商业流通企业通常都不自己设置仓库等流通设施，而是将物流业务交给专业的第三方物流企业去做，以达到减少非生产性投资、降低成本的目的。

日本的第三方物流配送企业都十分注重研究探索物流配送的新技术、新方法，以不断提高物流服务质量，降低物流成本，增强自己在市场上的竞争力。在日本物流企业中使用的可拆卸式货架、移动式商品条形码扫描设备等，都是非常方便实用的物流工具。物流配送企业中的商品条形码和计算机管理系统应用得非常普遍，实现了商品入库、验收、分拣、出库等物流作业全过程的计算机管理与控制，既提高了效率，又加强了管理。

日本第三方物流的发展现状和特点可以归纳为以下四方面。

1. 大型物流基地和物流设施的大量建设，政府的作用不可忽视

目前，日本物流企业的经营职能不如美国物流企业全面。日本的很多企业都有自己的物流子公司，它们为母公司服务。现在的第三方物流客户包括尚未形成自身物流网络的外资企业，对重新构筑的物流体系进行外筹的企业等。基于日本的第三方物流存在的问题，一方面第三方物流提供者需要在实践中不断进取，另一方面政府行为还有较大的空间。日本政府非常重视物流产业的发展，拟定了《仓库业法》，在《商法》《民法》中也有关于仓库的消防法及一系列的法规和法令。1997 年，日本政府提出了“综合物流对”，目标是在亚洲建立先进的物流体系。2002 年，日本政府又出台了一个五年计划，通过利用数字化目标来推动物流业的发展。所谓数字化目标，即用具体数字来衡量物流的全过程。例如，从产品进入港口到报关再到到达买方手中，限定期为两天。

日本政府的主导作用主要体现在以下几个方面：

一是规划优先。由于日本国土面积小，国内资源和市场有限，商品进出口量大，政府采取“流通据点集中化”战略，在大中城市的郊区、港口、主要公路枢纽区域规划建设物流配送中心。同时，提倡发展“城市内最佳配送系统”，围绕某个标准轴心，将城市内无规则的货运要求加以汇总，实现混载配送，提高配送效率。

二是政府加大资金投入。在科学规划的基础上，日本政府制定了《综合物流施政大纲》，并提出了“综合物流管理”的观点，即把生产以及生产以前的过程、物理性的流通过程、售后服务、销毁回收等全过程设定为一个系统过程进行综合管理，使日本物流业的现代化进程更进一步。《综合物流施政大纲》对主要的物流基础设施，包括铁路、公路、机场、港口、中心基地建设，提供强大的资金支持。例如，日本最大、最新的综合物流中心——和平岛货物中心建设总投资为 572 亿日元，其中 70%由中央财政出资，20%由东京地方财政出资，10%由企业投资。

三是出台相关政策，鼓励现代物流产业发展。在完善道路设施、改善城市内河运输条件、缓解城市道路阻塞状况、发展货物联运等方面，日本政府出台了放松政府管制、建立政府部门协调促进机构、提供政府援助等鼓励政策。

为发挥大城市流通中心的作用，从 20 世纪 60 年代中期开始，日本在东京、大阪、神户等城市大规模开辟物流基地（其中包括占地 2.5 万平方米的东京批发中心等一批大型物流活动中心），建立专业物流团队、流通中心、卡车终端、集装箱码头。在占地 207 万平方米的浦安钢铁团地上，集中了 200 多家钢铁流通企业，在占地 436 万平方米的神户第一人工岛附近修建了 12 个集装

箱泊位，15个杂货泊位。这些大型物流基地和众多的仓库终端成为支撑整个物流网络的终点。与此相联系的是物流企业普遍采用了现代化的流通手段和技术，实现了运输、仓储、装卸搬运、包装、分拣等系统的现代化。

2. 多层次的物流系统网络的发展

日本国土面积不到38万平方公里，但在20世纪80年代中期，物流企业就已达到5万多家，从业人员105万，货运量34亿吨。整个物流系统网络以大中城市为依托，以商社为主体，加上规模不同的代理店、特约店、零售店以及生产企业、工业企业的销售网络，形成了一个多层次的、大中小并举的庞大的网络型系统。在这个体系中，又以三井、三菱、住友、日商岩井等九大综合商社和日铁商社等专业商社为核心，组成了与生产紧密相连的、形式不同的经济联合体。其他中小企业也自愿组成较小规模的经济联合体。经济联合体内部各企业之间相互依存、相互支持，不存在纵向的行政领导关系。

3. 流通高度社会化

与美国的情形不同，日本的生产企业一般不直接参与购销活动，它们的原材料供应由专门的流通部门即商社承担。商社负责产销，可以集中订货，解决用户资金周转上的困难；可以发挥信息功能和市场预测功能，协调不同厂家、不同运距的产品价格。据统计，日本钢材总销量的97%都是通过商社完成的。值得一提的是，日本物流的共同化、混载化，即物流企业作为协调者，聚集多家货主企业的货物，按照各货主的配送指示，在广大地区进行配送。共同化、混载化的商品配送，使原来按照不同生产厂家、不同商品种类划分开来的分散的商品物流，转变为将不同厂家的产品和不同种类的商品混合起来运送的聚合的商品物流，从而发挥出商品物流的批量效益，大大提高了运货车辆的装载率，真正做到了“物畅其流，物尽其流”。

进入20世纪90年代以后，物流共同化、混载化的热潮在日本再度兴起。为了适应物流共同化和混载化的需要，不少地方的批发商打破行业界限，设立了共同化的物流企业，一些批发商集中的“批发团地”“批发街”也加强了对共同化、混载化配送的利用。与之相适应，卡车运输业的一批骨干企业则积极开展地区混载服务，还出现了对形状特殊的货物提供专门的混载服务的卡车运输业。

近期，日本物流共同化、混载化进程中出现了一个引人注目的新动向，即相互竞争的大企业把物流领域作为企业竞争的“休战场”，而把削减物流成本当成头等大事，在产品方面搞竞争，而不在物流方面搞竞争，形成了竞争企业共同的物流网络。

4. 健全的政府物流管理制度

日本政府高度重视物流，政府不干涉企业具体的物流业务，但注意在宏观上为物流的发展创造有利的环境，引导物流发展。日本的通产省、运输省负责制定物流政策和法令，政府统一规划大型物流中心，制订方案，积极扶持。例如，在填海造地的平和岛上，由政府规划，私人集资，建设了规模巨大的仓库团地和物流中心。经过多年的努力，政府和物流主管部门、货主企业和交通运输部门共同建立健全了一套物流管理制度。

二、我国第三方物流的发展

（一）发展现状

1. 处于发展初期，呈地域性集中分布

（1）我国第三方物流市场的潜力很大。目前，我国与物流相关的年总支出约有19000亿元人民币，物流成本占GDP的比重约为20%，第三方物流市场的潜力很大。但我国真正意义上的第三方物流处于发展初期，2001年的市场规模在400亿元以上。70%的物流服务提供商在1999年至2001年这三年中，年均业务增幅都超过30%。整个中国第三方物流市场2000年至2005年的年均业务增长率达到了25%。

推动我国第三方物流发展的主要因素首先是跨国企业正在将更多的业务转向我国，并通过外包来降低供应链成本；其次是我国企业面临着降低成本和更加关心核心竞争力的压力而增加了对物流外包的需求；最后是政府的激励措施刺激了我国第三方物流市场迅速发展。

（2）我国第三方物流供应商功能单一，增值服务薄弱。我国第三方物流供应商85%的收益来自于基础性服务，其中运输管理占53%、仓储管理占32%，增值服务及物流信息服务与支持物流的财务收益只占15%。增值服务主要是货物拆拼箱，重新贴标签、重新包装，包装、分类、并货、零部件配套，产品退货管理，组装、配件组装，测试和修理。增值服务薄弱的原因：一方面，多半的物流服务商认为客户还没有做好外包准备；另一方面，客户认为我国缺少高水平的物流服务商，或者认为他们自己有条件把物流干好。在这种状况下，物流供应商在客户对其服务能力有充分信心之前，可能只能局限在相对低利润的物流服务上，一直到客户愿意外包增值服务为止。因此，物流供应商对我国物流市场运作的早期利润率要有一个现实的估计。

（3）整个第三方物流市场还相当分散，第三方物流企业规模小，没有一家物流服务商拥有超过2%的市场份额。近期发展的实践证明，在我国，一个纯粹的、尽量少拥有资产的第三方物流服务的运营模式很难实行，也无法做大。目前，我国物流市场的地域集中度很高，近80%的收益都来自于长江三角洲和珠江三角洲地区。

（4）第三方物流供应商认为阻碍第三方物流发展的最大障碍是很难找到合格的物流管理人员来推动业务的发展。他们还反映，复杂的行业监管环境和政府的限制，也在很大程度上阻碍了他们的发展。比如，为了向顾客提供一个整合全国范围物流服务的解决方案，物流服务商必须取得按省份的和按运输方式的多个运营许可证。

(5) 我国客户更重视直接运输和仓储成本，管理和库存成本被排除在物流成本之外。只有33%的客户知道物流整体成本。库存量过大与流动资金周转变成了加大物流成本的主要因素。

2. 客户对第三方物流需求千差万别，物流外包将是一个渐进的过程

(1) 对客户而言，降低成本，缩短周期，提高服务水平是其面临的主要挑战，但不同行业重点不一。对汽车制造业而言，由于正逐步从依赖进口零配件转向从本地的零配件生产企业进货，因而日趋强调通过“及时配送”，降低库存水平的重要性；对服装行业而言，更重要的是如何缩短周期，以便对快速变化的市场流行趋势做出及时反应；对家电行业而言，由于生产能力过剩和巨大的价格压力，降低物流成本对确保盈利变得至关重要。

(2) 客户认同国际物流供应商在IT系统、行业以及专业方面的经验。同时，它们也认同我国物流供应商在成本、本地经验与国内网络方面的优势。这一结果同时证实了国内物流供应商同国际物流供应商建立战略联盟的协调效应。

(3) 目前中国企业，尤其是传统的中国国有企业，使用第三方物流服务的比例较小；与此相反，在中国的跨国企业在外包物流方面的脚步最快，是目前中国第三方物流市场的重点。但是，这些跨国公司在外包时也十分谨慎。

(4) 客户外包物流，首先是为了降低物流成本，其次是为了强化核心业务，再次是为了改善和提高物流服务水平与质量。客户在选择第三方物流企业时，首先注重行业与运营经验，即服务能力；其次注重品牌声誉；再次注重网络覆盖率；最后注重价格。

(5) 使用第三方物流的客户中，有超过30%的客户对第三方物流企业不满意。不满意度最高的是物流供应商的信息技术系统很差，信息反馈有限；互相之间沟通不顺畅，供方不了解需方的情况变化；缺乏标准化的运作程序，导致各地区的服务水平参差不齐；无法提供整体解决方案。

(6) 客户外包第三方物流原材料供应从2002年的15%增加到2005年的35%；生产商产品销售物流的外包从2002年的略高于45%增加到3年后的80%；分销商物流的外包从2002年的略高于25%增加到2005年的近65%。

3. 正在寻求合作，以提高服务能力

第三方物流企业发展很快，但面临一些共同的挑战，也存在各自的困难。许多第三方物流企业正在寻求合作，以提高服务能力。

(1) 不同的第三方物流供应商有着各自的优势与劣势，并有不同的目标、方向和侧重点。目前，我国第三方物流供应商与国外第三方物流供应商在运营过程中各有侧重。国外第三方物流供应商主要关注进出口物流，因此，它们的

服务客户98%是外商独资或中外合资企业等外国客户；我国第三方物流服务供应商更注重国内物流的商机。

（2）第三方物流供应商认为，吸引物流需求存在三大障碍：一是生产与流通企业有较大的物流能力，认为物流外包就意味着裁员和资产出售；二是客户对第三方物流缺乏认识；三是对现在的第三方物流企业能否降低成本，能否提供优质服务缺乏信心。

（3）大多数国际物流供应商告诉我们，他们正在寻找在中国的合作伙伴，以获得迅速进入中国市场的机会。但至今为止，他们很难找到合适的对等的本地合作伙伴。造成这一困难的原因在于，国内的物流供应商尽管非常希望从国际同行那里获得行业运作的知识及其国际网络，但并不愿意让国际合作方在他们的市场中获得资产所有权和管理权。

（4）第三方物流供应商普遍希望改善物流发展环境。我国供应商认为缺乏物流人才是他们面临的最大挑战，国外供应商认为"政府限制"是他们面临的首要挑战。政策环境涉及运营许可、跨省运输、登记注册、税收政策、行业标准等，这需要政府出台相应的产业政策。

（5）第三方物流供应商会发现，在中国第三方物流市场发展的初期，要想获取利润并快速成长是一件很难的事。第三方物流供应商首先从提供基础物流服务开始，展示他们有能力把这些服务做得最好，随后才开始提供高附加值的服务。即使基础服务的利润率比较低，但只有通过做好这些服务，才能说服顾客外包更复杂的整合的供应链管理。在一开始利润率较低的时期，第三方物流供应商应当避免过度投资，但应当购买一些必要的资产，以确保其对运营的控制和对客户的信誉度。第三方物流供应商还应当在那些潜在的、与其自身能力相匹配的高利润领域进行投资。在这些方面合理平衡，做出明智的选择，将是在中国第三方物流市场制胜的法宝。

（二）发展中存在的问题

1. 物流观念落后，自办物流现象突出

由于对物流作为"第三利润源泉"的认识不足和受"大而全""小而全"的观念影响，很多生产企业或商业企业既怕失去对采购和销售的控制权，又怕额外利润被别的企业赚去，都自建物流系统，不愿向外寻求物流服务。根据中国仓储协会2001年对2000家企业的调查，第三方物流业务在生产企业和商业企业中所占比重仅为21%和13%。

2. 条块分割严重，企业规模偏小

长期以来，由于受到计划经济的影响，我国物流企业形成了多元化的发展格局。除了新兴的外资企业和民营企业外，大多数第三方物流企业是由计划经济时期的商业、物资、粮食、运输等部门储运企业转型而来，因而存在着条块分割严重、企业缺乏整合、集约化经营优势不明显等问题，规模效益难以

实现。

3. 物流渠道不畅

一方面，经营网络不合理，有点无网，第三方物流企业之间、企业与客户之间缺乏合作，货源不足，传统仓储业、运输业能力过剩，造成浪费；另一方面，信息技术落后，互联网、条形码、EDI 等信息技术未能广泛应用，物流企业和客户不能充分共享信息资源，没有结成相互依赖的伙伴关系。

4. 服务功能不全

大多数第三方物流企业只能提供单项或分段的物流服务，物流功能主要停留在储存、运输和城市配送上，相关的包装、加工、配货等增值服务不多，不能形成完整的物流供应链。据中国仓储协会 2001 年初的调查，在采用第三方物流的企业中，有 23%的生产企业和 7%的商业企业对第三方物流的服务不满意。

5. 物流人才缺乏，设施落后，管理水平较低

我国物流业还处在起步阶段，高等教育和职业教育尚未跟上，人才缺乏且职业素质不高；物流设施设备落后、老化，机械化程度不高，不符合客户的特定要求。

本章小结

本章从福特公司创始人的梦想入手，阐明了第三方物流产生的必然性，并着重介绍了第三方物流的概念及其与传统物流委托的区别、目前经济形势下多种物流并存的状况。第三方物流的利润来源及价值创造是本章的一个重点。

在经济全球化的今天，第三方物流企业在与客户进行合作时，为使物流服务能够迅速有效地完成，必须获取关于客户企业的大量相关信息。其中可能涉及一些商业秘密，这使得客户企业在选择第三方物流时会有所顾虑。为消除这些顾虑，实施了供应链管理的供应链企业，通过合同、契约的方式形成战略合作伙伴关系，这就为采用第三方物流运作提供了条件。物流活动是供应链管理中的一个重要组成部分，第三方物流介入供应链管理是一种相互补充、相互依存的关系。一方面，采用第三方物流运作方式，供应链上的物流相关活动可以得到由第三方物流供应商提供的专业性服务；另一方面，第三方物流的发展依附于供应链管理，供应链管理的物流活动实施为第三方物流提供了良好的发展环境和巨大的市场需求。同时，欧、美、日等发达国家第三方物流的发展状况为我国第三方物流的发展提供了很好的参考。

思考与练习

1. 简述第三方物流的来源。
2. 什么是第三方物流？如何全面理解第三方物流的概念？
3. 第三方物流有何特征？

4. 多方物流并存有哪些形式？各举一例。

5. 第三方物流的利润组成有哪些？它是如何创造价值的？

6. 第三方物流在供应链管理中扮演什么角色？

7. 第三方物流给欧洲带来了哪些创新服务？联系我国及日本第三方物流的发展现状，谈谈我国政府在鼓励与扶持发展第三方物流方面应该做些什么？我国物流企业在发展第三方物流方面应该做些什么？

案例

第三方物流企业的价值创造
——远成特色的“公铁”联运

随着物流业的迅猛发展，人们对物流的认知程度越来越深。企业为了降低运作成本和提高自身的核心竞争实力，注重物流外包已是一件不争的事实，且外包的程度和范围也与日俱增。所以，对于一个第三方物流服务提供方而言，满足个性化物流需求，提供一站式物流服务，与客户实行高度的战略合作成为发展趋势。第三方物流企业一方面要提高物流服务质量；另一方面必须借助自身的内外部资源拓展其服务产品，与市场呈同步发展。独具特色的“公铁”联运成为远成集团新的价值源泉。

一、远成特色的“公铁”联运的特征

远成特色的“公铁”联运是以铁路干线为主，两端汽车配送为辅，为客户提供“门到门”服务的联运组织形式。它将公路运输与铁路运输有机地组合在一起，构成连续的、综合性的一体化货物运输。通过一次托运，一次计费，一份单证，一次保险，由各运输区段的承运人共同完成货物的全程运输，即将货物的全程运输作为一个完整的单一运输过程来安排。

二、远成特色的“公铁”联运的优越性

1. 从本身的运输载体分析

远成集团自开设“公铁”联运以来，本着以人为本、务实创新、以资源为保障、以网络为依托、以技术为手段、以质量为生命、以客户需求为导向的经营理念，最大限度地满足客户需求，成为客户良好的战略合作伙伴。

远成集团成立近20年来，坚持依托铁路，充分利用目前10条五定班列、6条行包专列和3对特快行邮专列为铁路干线载体，配合两端的公路配送，形成四通八达的“公铁”联运体系，为客户提供快速准时、安全高效、费用相对较低的“门到门”的物流服务。其既有铁路运输准时、安全、费用低的特点，又有公路运输快速、灵活、服务到门的特点；同时，抛去了铁路运输速度慢、

网点少、服务差的缺点，抛去了公路运输安全系数低、费用高的缺点，将公路运输和铁路运输完美结合。

远成集团的“公铁”联运赢得了广大客户的认可，创出了自己的品牌，现有稳定客户6万多家，其中很大一部分客户是世界和国内知名品牌客户，如松下、索尼、三星、LG、金百利、爱普生、长虹、五粮液、宝洁等，都是远成集团忠实的客户。

远成集团的“公铁”联运有以下优点：

(1) 运力大，不超载。各条线路运力充足，每节车厢、每个车皮都有严格的限量与堆放标准，不存在超载的情况，容易对运输过程中的安全风险进行控制。

(2) 时间、安全保障。定时发车，定时到达，电脑控制。

(3) 专人操作，提供及时到货通知。员工专项负责计划、装车、跟踪、卸货，能够全程监控运输质量。

(4) 网点覆盖面广。集团共有网络136个，遍布全国大中型城市，通过网络互动为客户提供更好的服务。

(5) 全天候作业，不受天气条件影响。

远成集团“公铁”联运的难点主要是控制环节多，中转或装卸次数多，增加了质量考核体系的压力。为了解决这个问题，远成集团主要做了以下三个方面的工作：

(1) 购置先进的机械化设备，采用托盘式装卸作业方式，既提高了装卸效率，也提高了装卸质量。

(2) 加大运作部门的建设力度，设立现场运作管理人员，既制定了严密规范的操作流程，又重视了现场的操作管理，从而很好地控制了多环节的连接问题。

(3) 拥有宽敞的中转仓库，加强中转仓库的“5S”管理和现场管理，为远成集团货物的“公铁”联运中转提供了有力的保障。

2. 从供应链管理角度分析

现代企业的竞争归根结底是客户之争。随着企业面临的生存环境的变化，企业之间的竞争日益衍变为供应链与供应链之间的竞争。因此，调整供应链管理的内容，提高供应链的运作效率，通过供应链为客户创造价值，成为当今企业制胜的关键。所以，以客户需求为起点，以客户为中心，是物流企业经营与竞争的指导思想，供应链管理也是基于价值增值和客户满意的管理思想体现。供应链管理就是对整个供应链中各参与组织和部门的物流、资金流、价值流、信息流进行计划、协调和控制等，其目的是通过优化提高所有相关过程的速度和确定性，最大化所有相关过程的净增加值，提高组织的运作效率与效益。通过供应链的价值增值活动，可以使企业清楚客户的真正需求，使客户价值需求最大化，价值成本最小化，取消不增加价值的活动过程。也就是说，供应链通过降低客户成本和增加客户效益达到客户价值的最大化。

"公铁"联运是一种比区段运输高级的运输组织形式，具有许多优越性，我们可以从供应链管理上进行分析：

（1）商流（工作流程）：简化托运、结算及理赔流程。在"公铁"联运方式下，无论货物运输距离有多远，由几种运输方式共同完成，且不论运输途中货物经过多少次转换，所有运输事项均由"公铁"联运经营人负责办理。托运人只需办理一次托运，订立一份运输合同，支付一次费用，进行一次保险，减少了托运人办理托运手续的许多不便。同时，由于"公铁"联运采用一份货运单证，统一计费，因而也可简化制单和结算手续，节省人力和物力。此外，一旦运输过程中发生货损货差，均由"公铁"联运经营人全部负责，从而简化了理赔手续，减少了理赔费用。

（2）物流：提高运输管理水平，实现运输合理化。对于区段运输而言，由于各种运输方式的经营人各自为政，自成体系，因而其经营业务范围受到限制，货运量相应也有限。而一旦由不同的运输经营人共同参与"公铁"联运，经营的范围可以大大扩展，同时可以最大限度地发挥其现有设备的作用，选择最佳运输线路组织合理化运输。

（3）信息流：实行第四方物流外包形式，达到信息快速、及时、准确反馈。能提供"公铁"联运的物流企业，具有规模大、整合社会资源能力强和信息系统及物流设施设备齐全等特点。它们能满足客户的个性化需求，通过为客户提供一站式物流服务而实现高度的战略合作。其间，客户只需与一个物流企业进行相关信息数据的交换。

（4）资金流：一方面缩短货物运输时间，减少库存，减少货损货差事故，提高货运质量，加快资金回笼。在"公铁"联运方式下，各个运输环节和各种运输工具之间配合密切、衔接紧凑，货物所到之处中转迅速及时，大大减少了货物的在途停留时间，从而从根本上保证了货物安全、迅速、准确、及时地运抵目的地，因而也相应地降低了货物的库存量和库存成本。同时，"公铁"联运系统通过集装箱对运输单元进行直达运输，尽管货运途中须经多次转换，但由于使用专业机械装卸，且不涉及箱内货物，因而货损货差事故大为减少，从而在很大程度上提高了货物的运输质量。

另一方面降低运输成本，节省各种支出，加速货物占用资金周转，减少利息支出。由于"公铁"联运可实现"门到门"运输，因此对货主来说，在货物交给第一承运人以后即可取得货运单证，并据此结汇，从而提前了结汇时间。这不仅有利于加速货物占用资金的周转，而且可以减少利息的支出。此外，由于货物是在集装箱内进行运输的，因此从某种意义上来说，可相应地节省货物的包装、理货和保险等费用的支出。

案例思考题

从供应链管理角度分析远成物流的价值源泉。

实践要求

请调查当地企业的物流外包状况，并分析为何要进行物流外包。

Logistics

第二章 第三方物流服务管理

学习目标

1. 了解客户服务、客户关系管理的定义。
2. 熟悉物流客户服务能力及关键绩效指标。
3. 掌握第三方物流增值服务的概念及途径。
4. 理解以客户为中心的物流战略开发。

关键词 客户服务 客户关系管理 物流增值服务

第一节 物流服务概述

一、客户需求等级

世界著名的质量管理专家朱兰认为，客户需求可以表示成一个由初级需求、二级需求和三级需求组成的等级结构。他提出，客户对产品或服务的期望可以归结为三个层次：

第一个层次是客户需求的最高水平，表现为购买动机。这些动机代表了处于所有相关客户状态下对产品或服务的全面需要或最终状态。它们是指导有特定需求的客户去考虑某个可能满足这种需求的特定产品或服务的推动力。

第二个层次的客户需求是把一般性的购买动机分解成更实用的、少一些概念化的领域。

第三个层次的客户需求可以被解释成对业绩的测量。它们是评价客户对产品或服务满意程度的最基本和通用的方法。

该理论应用于物流企业研究，可以对企业的业务和服务质量进行有效管理。

二、第三方物流企业客户服务的特点

（一）从属性

由于货主企业的物流需求是以商流为基础，伴随商流而发生的，因此，物流服务必须从属于货主企业物流系统。这主要表现在流通货物的种类、流通时间、流通方式、提货配送方式都是由货主企业选择决定，物流企业只是按照货主企业的需求提供相应的物流服务。

（二）及时性

物流服务属于非物质形态的劳动，它生产的不是有形的产品，而是一种伴随销售和消费同时发展的及时服务。

（三）移动性和分散性

物流服务的对象大多数分布广泛且不固定，所以具有移动性以及面广、分散的特性，它的移动性和分散性会造成产业局部的供需不平衡，也会给经营管理带来一定的难度。

（四）需求波动性

物流服务以数量多且不固定的客户为对象，它们的需求在方式上和数量上是多变的，有较强的波动性，容易造成供需失衡，这成为经营中劳动效率低、费用高的重要原因。

（五）可替代性

由于一般企业都可能具有自营运输、自营保管等物流能力，所以物流服务从供给力方面来看具有替代性。这种自营物流的普遍性，使物流经营者从量和质上提供高速物流服务变得相当困难。这也正是物流服务特性对物流业经营管理的影响，即要求企业经营者的管理思维和决策必须以服务为导向，把物流服务作为一个产品，重视物流服务质量。

三、物流表现与客户满意

近十多年来，客户服务在全世界受到了普遍重视，“与客户接近”已成为取得商业成功的法宝。客户服务具有几个方面的要素，其中之一就是拥有一个能对客户订单迅速反应且理解客户需求的物流系统。全面质量管理也与客户服务有关。“市场导向的质量”不仅包括产品的质量，也包括与质量相关的一系列服务，它产生并维持与客户的联系，其最终目的是使客户百分之百的满意。

客户服务的另一面是越来越多的客户对价值与质量比例关系的认识以及现代消费者的特殊需求，如对时间及灵活性的要求提高了。

客户服务是物流与市场营销的重要连接点。如果物流系统不能恰当运作，如客户不能按时收到物流企业承诺的货物，物流企业将可能丢失客户。工厂负责在合适的成本下生产合格的产品，而市场营销则负责把产品出售给客户，但物流企业若不能按承诺运送产品，客户最终还是不会满意。

客户服务是市场营销与物流的交界点。它们之间的关系是通过市场营销中的“场所”（place）来建立的。这个“场所”就是销售渠道决策及提供的相关客户服务。这样，物流在此起到了一个在一定的客户服务水平下（服务水平通常由市场营销决定），使所有物流活动的总成本最小的作用。

物流与市场营销关系的这一特定的观点在供应链概念出现之前就已统治着物流的理论。从这一传统的观点来看，若改进服务水平，则物流成本将会上升。但是物流供应链的概念以动态、积极的方法，把物流看成是取得竞争优势和提供双赢结果的有“增值”作用的工具。

物流能提供各种不同价值的服务并且直接影响着其他许多业务过程，具有极其重要的意义。物流业务功能的范围较大，所有的功能都是以客户为导向，竭力做到表现更完美及客户满意度更高。通常物流中的业务功能包括仓储、运输、库存管理、订单下达、原材料运送、货物配送计划和退货处理，这些功能最终都会影响对客户的增值服务。

物流配送也影响着业务中其他的组成部分，如订单管理、存货的计划和控制、信息的可得性、应付账款、制造、销售和营销等。为满足客户，所有这些部门必须相互协调工作。

配送通过提供时间与地点效用直接贡献于产品的价值。存货补充的快速反应、一站式销售、电子数据交换（EDI）和专门的包装及商标已成为一种规范。为了满足今天的客户期望得到的时间和地点效用，物流配送必须提供客户所要求的服务水准，甚至超出客户的期望值。

物流配送过程是独特的，因为雇员同客户有频繁、直接的联系。当他们收到订单、作出运货安排或发送货物的时候，这种频繁的联系就在赢得客户满意中扮演了一个重要的角色。

物流配送服务的质量决定着物流表现的优秀与否。优质的物流配送服务能促进生产力的发展，提高产品收益。另外，物流配送的有效作业能对公司利润产生正面影响。例如，减少订单的备货时间和存货水平可以改进现金流以及更好地利用资金。

优质的物流应该做到以下几点：

（1）加强订制服务的能力和提供更高的服务水平；

（2）改进服务质量（一致与可靠）；

（3）缩短订单的备货周期；

（4）提高供应链的效率和生产力；

（5）加强客户与企业之间的联系。

优质的物流最终会引起产品的市场份额、企业的收入和利润的增加，这使得它成为必不可少的管理因素。评价物流优秀程度最好是采用一个可评价公司计划和管理物流过程的方法。物流的三个阶段如下：

第一阶段：公司在很大程度上仍需追求质量和生产率的提高。一般来讲，第一阶段的物流工作缺少对供应链的基本控制，在改进供应链方面还存在很大障碍。

第二阶段：物流作业一般在企业内部环节已经可以控制。主要是对表现的控制。在第二阶段，一定程度的控制是必不可少的，但过度的控制通常会导致“官僚主义”，妨碍工作效率的提高。

第三阶段：参与物流过程的各种不同的功能性组织都达到了优秀水平。每个功能性领域都尽最大努力执行着它在物流过程中的功能。但不幸的是，狭义的部门观念使全面的供应链运作不够优化。

优质的物流主要体现在以下八个方面：

(1) 确定服务目标：以客户需求对服务目标进行定期修订；

(2) 长期计划：正式、长期和所有物流包含的范围；

(3) 操作计划：正式、跨功能部门和最终结果导向；

(4) 不断提高过程：不断地进行突破性的改进，使质量和生产率融为一体；

(5) 雇员和管理人员之间的关系：对雇员进行培训，授权给他们，把奖励和成果联系起来；

(6) 信息管理能力：支撑计划、操作、交易过程，联系客户和供应商，联结各功能部门；

(7) 衡量方法：以目标、产品质量和生产率为判断标准；

(8) 供应商和服务供给者之间的关系：共同提高和信息共享。

具备这些特征的物流可以为客户创造价值，使客户满意。优质的物流是使客户高度满意的潜在因素，因此应该建立一套完全以客户为导向的，以客户的高度满意为追求的战略方针。

要想增加客户的价值并取得长期的成功，应该做到：首先，物流企业必须采取令客户满意的战略措施，这就意味着每一次都必须理解和满足客户的所有需求，提供超出客户期望值的高质量的服务。当产品质量成为最基本的要求时，服务质量就成为物流竞争中最显著的区别。其次，如果各物流企业是通过服务来区别于竞争对手的，那么物流过程和物流表现必然成为执行战略方针的主要推动力。在企业的组织中，物流过程是跨越最多功能部门的过程，也是最紧密联系客户的过程。

所有工作环节都必须与取得物流的优化和有效执行客户满意的战略措施相一致。因此，要有一个指挥涵盖这些职能的物流过程的物流主管来对整个物流过程负责。

要想提供高质量的物流服务，使客户满意，取得竞争优势，物流企业必须注意以下四个方面：

(1) 理解客户需求；

(2) 识别与确定优先的增值因素；

(3) 建立实际的客户服务目标；

(4) 与客户进行沟通并对服务的表现进行衡量。

第二节　物流客户服务的能力

定义客户服务是困难的，不同的人、不同的企业对客户服务的理解不同，而客户服务的提供者与购买者对客户服务的观点也不同。但总的来说，客户服务是对物流系统在创造时间与场所效应的表现程度上的衡量，如及时地运送产品到规定的地方。

一般认为，客户服务是公司区别自己的产品、保持客户（忠诚）、增加销售和提高利润的一种方法。客户服务的关键是理解与清楚客户及他们的期望。客户服务可以用定量与定性的方法来衡量。定性方法包括询问客户对所接受的服务的意见。

我们可以把客户服务看成是公司提供给购买者的产品或服务。产品或服务可以分为三个层次：

（1）得到的主要利益或服务，它构成了购买者实际的购买；

（2）有形的产品（实体产品）或服务本身；

（3）有争议的产品。

一、建立企业客户服务的关键绩效指标

第三方物流企业要提高客户服务质量，最有效的方式就是建立质量标杆，即建立物流服务质量指标体系。有了先进的物流服务质量指标体系，第三方物流企业就能找到自身的不足并努力寻求改进的措施，创造出适应自身特点和客户需求的服务方式。第三方物流企业应积极借鉴和吸收国内外物流企业的成功经验，尽可能多地将工作的各方面、各环节纳入服务质量指标体系，与国际认证体系接轨。

对第三方物流企业来说，其组织目标是通过提高物流服务的客户满意度和客户忠诚度，来巩固已有的客户关系并发掘潜在的新客户。其流程总目标是以低成本快速满足客户对服务的要求。当前我国第三方物流企业的企业级关键绩效指标体系由以下部分构成。

（一）运输服务指标体系

1. 运输需求满足率

它是指客户企业的运输需求能够及时得到满足的比率，可用需求得到满足的次数占总需求次数的百分比来表示。

2. 货物及时发送率

它是指一定时期内第三方物流企业接到客户订单后，按指定的或协议的日期及时将货物发送出去的次数的比率，可用一定时期内及时发送次数占总订单次数的百分比来表示。

3. 货物准时送达率

它是指在客户要求的、指定的或协议的日期将货物交付到接收地点的比率，可用一定时期内准时送达次数占总送货次数的百分比来表示。

4. 货物完好送达率

它是指按照客户的要求将指定的产品无损坏地送达客户指定的目的地的比

率，可用一定时期内货物无损坏的送达次数占总送货次数的百分比来表示。客户对这个指标的要求是很高的，几乎达到100%。

5. 运输信息及时跟踪率

它是指每一笔货物运输出去以后，第三方物流企业向客户反馈运输信息的比率，可用一定时期内跟踪运输信息的次数占总订单次数的百分比来表示。客户对这个指标的要求也几乎是100%。

（二）库存管理指标体系

1. 库存完好率

它是指某段时间内仓库货物保存完好的比率，可用一定时期内完好库存数占总库存数的百分比表示。

2. 库存周报表准确率

它是指在一定时期内，库存报告的准确次数的比率，可用库存报告的准确次数占总的库存报告次数的百分比来表示。

3. 存货准确率

它是指存货定期盘点后账物相符的数量的比率，可用定期盘点后账物相符的数量占定期盘点并核对的存货的数量的百分比来表示。这一指标应每月由作业地点汇报。

4. 发货准确率

它是指仓管人员根据订单准确发货的比率，也可用准确发货次数占发货总次数的百分比来表示。与其相对应的一个指标是入库准确率。

（三）客户服务过程的评价指标

1. 客户投诉率

它是指在一定时期内，某一客户企业向第三方物流企业投诉的比率。它是体现客户服务水平高低和质量好坏的重要指标，可用客户投诉次数占总的物流服务次数的百分比来表示。

2. 客户投诉处理时间

每次客户投诉后，第三方物流企业应及时作出反应以处理问题，并且保证以后此类问题不再出现。该投诉处理时间一般为两小时，可以根据实行情形适当调节。但如果客户重复投诉，则此指标的权重应该加大。

3. 回单返回及时率

它是指在完成每笔物流业务后，运输单据及时返回客户企业的比率，可用运输单据及时返回次数占运输单据返回总次数的百分比来表示。客户一般会每月收回一次运输单据以备查。

除了以上三类主要评价指标外，该体系还包括数据录入评价指标（数据录入及时性、准确性），进出口业务评价指标（报关及时性、订单处理及时率和准确率），费用结算评价指标（费用结算及时率、准确率）。

应当指出的是，企业评价体系不是一次就能完成的，在初步建立起来之后，需要经过试运行，然后收集各方面人员的意见，对所建立的关键绩效指标体系进行补充、修改，使其不断完善，从而最终确立高效可行的关键绩效指标体系。

二、提高客户满意度

客户满意是客户服务的终极目标，客户的满意和忠诚是实现企业价值的保证，提高客户满意度是留住客户和引入新客户的有效手段。随着社会的进步，生产力的迅猛发展，物流企业的数量和规模都在增加与扩大，不同企业之间的竞争也在加剧，那种单纯满足基础需求的产品已难以在市场中找到立足之地，往日那种“不管用户需要什么方式，只要能够送到”的“市场行情”已不会再出现，物流企业必须寻找新的市场和利润增长点。于是，人们在研究产品的同时开始关注客户的满意度，因为产品除了满足人们的基本需求外还呈现出很多的附加价值。提高客户满意度一般采用以下两种方式：

一是精细服务。精细服务是在基本服务基础上的高水平服务，这种服务面向所有客户，不带歧视性，不带特惠性，被称为“零缺陷服务”。其具体的服务水平要根据物流企业的服务能力来确定。

二是增值服务。增值服务是一种深层次的物流服务，物流企业必须对客户的物流需求有深刻的了解，才能提出特殊的增值服务方案。因此，增值服务是为满足特定客户的特定需求而提供的服务，是一种特殊服务。

第三节　第三方物流企业的增值服务

一、增值服务的概念

增值服务是相对于常规服务而言的。常规服务一般是指物流的几大基本功能要素，包括仓储、运输、装卸搬运、包装和配送等服务，是与货物交付有关的服务。增值服务则是根据客户的需要，为客户提供的超出常规的服务，或者是采用超出常规的服务方法所提供的服务。

创新、超常规、满足客户个性化需要是物流增值服务的本质特征。在信息主导商业发展的今天，增值服务主要是借助完善的信息系统和网络，通过发挥专业物流管理人才的经验和技能来实现的，依托的主要是企业的IT基础，属于技术和知识密集型的服务，能够提供信息效用和风险效用。这样的服务融入了更多的精神劳动，能够创造出新的价值，因而是增值的物流服务。

(一) 增值服务的含义

增值服务是一种独特的活动，能够使厂商们通过共同努力提高其效率和效益。增值服务能够巩固已作出的成绩，表现为“零缺陷”承诺的各种可选方案，成为厂商和客户休戚与共的一种方式。

增值服务的最终结果是创造客户定制化的销售点和促销包装，以支持客户的产品营销战略，使有关的营销公司可以把主要精力集中在关键的业务需求上。

(二) 增值服务的范围

增值服务的范围涉及大量激励性的业务活动。增值服务可以区分为五个主要领域，即以客户为核心的增值服务，以促销为核心的增值服务，以制造为核心的增值服务，以时间为核心的增值服务，以及基本服务的延伸服务。

1. 以客户为核心的增值服务

以客户为核心的增值服务是向买卖双方提供利用第三方专业人员来配送产品的各种可供选择的方式。例如，美国UPS公司开发了独特的服务系统，专门递送纳贝斯克食品公司的“Planters－Life Savers”快餐产品到批发商店，而不是通过传统的烟糖配送商提供递送服务。又如，Exel配送公司属下的一个部门创造性地建立了一种订货登记服务，为刚出世的婴儿安排将P&G公司的一次性尿布送货到家。还有一种针对仓库、俱乐部和便利店等的做法，即提供“精选→定价→重新包装”服务，为其配送制造厂商的标准产品。对仓库来说，以客户为核心的服务的提供步骤：处理客户向制造商的订货，直接送货到商店或客户家，按照零售店货架储备所需的明细货品规格持续提供递送服务。这类专门化的增值服务可以被用来有效地支持新产品的引入，有利于当地市场的季节性配送。

2. 以促销为核心的增值服务

以促销为核心的增值服务涉及独特的销售展销台的配置，以及旨在刺激销售的其他各种服务。销售点展销可以将来自不同供应商的多种产品组合成一个多节点的展销单元，以满足特定的零售商店的需要。在有选择的情况下，以促销为核心的增值服务还应对储备产品的样品提供特别介绍，甚至进行直接邮寄促销。许多以促销为核心的增值服务的礼品和奖励商品都是由专业服务机构来处理和托运的。

3. 以制造为核心的增值服务

以制造为核心的增值服务是通过独特的产品分类和递送来支持制造活动的。既然每一位客户的实际设施和制造装配都是独特的，那么，从理论上来说，递送和引入内向流动的材料和部件应进行客户定制化。例如，有一家仓储公司使用多达六种的不同纸箱重新包装一种普通的洗碗用的洗洁净，以满足各种促销方案和各种等级的贸易要求。又如，有的厂商将外科手术的成套器具按需要进行装配，以满足特定医师的独特需求。此外，还有的仓储公司切割和安装各种长度和尺寸的软管以满足不同客户对水泵规格的不同需求。以上列举的几个有关增值服务的例子，在物流渠道中都由专业人员承担。这些专业人员能够把产品的最后定型一直推迟到接到客户的订单时。虽然雇用专业人员承担增值服务与将其整合进高速度的制造过程使其成为其中一个组成部门相比，意味着单位成本的提高，但是，由专业人员提供增值服务能够大大减少生产不符合需求产品的预期风险。因此，以制造为核心的服务与其说是在预测基础上生产独特的产品，倒不如说是对基本产品进行修正，以适应特定的客户需求，其结果是提高了服务的质量。

4. 以时间为核心的增值服务

以时间为核心的增值服务涉及专业人员在递送以前对存货进行的分类、组合和排序。对以时间为核心的增值服务来说，它的一种重要形式就是准时化(JIT) 喂给仓库。在准时化概念下，供应商向位于装配工厂附近的 JIT 喂给仓库进行日常的递送，一旦某时某地产生了需要，喂给仓库就会对多家卖主的零部件进行精确的分类、排序，然后递送到装配线上去。其目的是要在总量上最大限度地减少在装配工厂的搬运次数和检验次数。例如，俄亥俄州的马里斯维尔本田汽车公司就是使用这类 JIT 服务来支持其装配线的。又如，Exel 配送公司把食品制造商的产品混合起来，按 Shaw 公司的零售食品店要求进行精确的分类。虽然从概念上说，这个例子多少会有点牵强附会，但这种按客户需求对产品重新进行分类组合的混合服务，可以使制造商和 Shaw 公司都排除或避免大量的仓储。总之，以时间为核心的增值服务的主要特征就是排除不必要的仓库设施和重复劳动，以期最大限度地提高服务速度。

（三）增值服务的途径

第三方物流企业也能提供一般的、基本的物流服务，但是，就客户方面而言，这种一般的、基本的物流运作自己也很容易承担。如果客户的物流业务不是全部的、总体的外包，而是部分地将物流业务外部化，那么，客户的选择当然是将自己没有优势的精细服务及增值服务进行外包。因此，第三方物流企业主要应该提供的是带有增值性的服务，并以这种物流服务形式取得利润。

第三方物流企业如何进行增值服务，不能一概而论。每一个第三方物流企业都应当打造自己独特的优势，形成自己独特的增值物流运作方式。所以，客户在选择第三方物流企业时，首先应当判断该物流企业在增值运作方面的能力。第三方物流企业的增值服务包括以下几个方面。

1. 基本服务的延伸增值

基本物流服务是最普遍的，它只向客户提供最低限度的和通常的服务，服务的深度不够，因此各项基本服务都有增值的潜力。有时候，基本服务与增值服务只有一步之遥，是很容易跨越的。有些物流企业之所以没有采取增值服务的方式，有可能是出于客户降低成本的考虑，或者是客户对于增值服务的意义缺乏认识。促使客户实现这一步跨越是第三方物流企业的责任。基本服务向增值方向延伸的办法有很多，见表 2-1。

表 2-1　基本服务的延伸增值类型

基本服务	在基本服务基础上增加的因素	增值的效果
一般包装	在一般包装的基础上注入更多的信息因素，如商品和包装的简要说明、质量查询电话或网址	消费者放心购买，销量增加
一般包装	在一般包装的基础上注入更多的装潢因素，如商品促销的装潢	促进购买，销量增加
一般汽车货运	根据情况，将发货点、到货点延伸到两端客户门口，变成"门到门"的运输	加快了速度，减少了装卸搬运次数，降低了费用，抢占了销售时机从而获利
一般仓库存货	增加向客户提供信息服务的因素，如客户查询系统将一般仓库存货变成精细的管理	准确的信息可以使客户降低库存，从而节约成本
一般库存管理	增加与供需双方的沟通，尤其是增加供货的信息，达到低库存甚至零库存	减少了资金占用和货物损失，减轻了仓库管理工作
一般装车服务	进行事前规划，根据不同货物及不同包装重量、包装体积进行装车	增加了装车数量及装车安全程度，降低了成本
一般卸车服务	进行事前规划，将每一件货物卸货之后放置在指定地点	减少了客户企业内部的物流环节，尤其是再装卸、搬运环节，从而节省人力、节省时间、节省费用

2. 合理化改造的增值

物流系统存在着不停地合理化改造的可能性，这种改造没有止境，即使现在的系统已经很完善了，但是，随着技术的进步和管理的发展，又会出现很多可以进行合理化改造的空间。第三方物流企业必须牢牢盯住一些有进行合理化改造的可能性，有专人分析、研究每个领域合理化改造的可行性，提出合理化解决方案。物流合理化的办法有很多，表 2-2 列举了一些，可作参考。

表 2-2　合理化改造的增值

原来的物流运作	实施合理化的做法	增值的效果
商品的通用包装	根据商品的不同，选择有针对性的包装	增强了包装的功能，获得了增值
过分专用的包装	根据商品的不同，有选择地把过分专用的包装改变成通用型的包装	增加了包装材料的可获得性和再生性，降低了成本

续表 2-2

原来的物流运作	实施合理化的做法	增值的效果
利用配送方式向连锁店进行配送	整合若干个连锁商业系统，或者整合连锁商业系统与其他的物流需求，实行共同配送	减少了车辆的占用和交通拥堵所耗费的时间，降低了配送成本
利用配送方式向连锁店进行配送	对需求量比较大的连锁商店，或者原来配送商品中的一部分数量较大的商品，从物流中心或者仓库直接送货到连锁店，实行越库配送	减少了配送中心环节，提高了配送速度，节省了配送系统的配送费用和管理费用
干线汽车物流	利用信息系统进行合理化改造，使干线物流的两个终端点都可以掌握及时准确的车辆信息、货源信息，防止车辆回程无货可载，降低车辆的空驶率	降低了成本
仓库存放货物的普通货架	用提高活性的办法进行合理化改造，对流动性能比较强的货物改用重力式货源，提高被放货物的活性	提高了操作效率，缩短了操作时间，节省了人力

3．一体化物流服务的增值

对若干独立物流活动实行一体化，统筹物流资源，减少浪费，从而获得增值。

4．供应链集成整合增值

进行更大范围的供应链整合，从而提高整个供应链的竞争能力，获得增值。

5．管理增值

引入先进的管理模式，介入客户的物流管理，从而可以在不增加物流资源甚至节约物流资源的前提下获得增值。

二、增值服务的发展趋势

从国外来看，物流增值服务起源于竞争激烈的信件和包裹快递业务，现在则在整个物流行业内全面展开。事实上，无论是海运、空运还是陆运，几乎所有和物流运输业有关的企业都在想方设法地提供增值服务。跨国快递公司中的中外运敦豪（DHL）、联邦快递（FedEx）和联合包裹（UPS）都已经开始为客户提供一站式服务，他们的服务涵盖了一件产品从采购到制造、仓储入库、外包装、配送、回返及再循环的全过程。而由这些巨头们领跑的速递业已不再是简单的“门到门”“户到户”的货件运送，而是集电子商务、物流、金融、保险、代理等于一身的综合性行业。一些传统的物流企业，如航运公司，现在不仅仅负责运输货物，而且还提供诸如商业发票、为货物托运方投买保险并管理的全程服务，使得客户可以在第一时间追踪到自己货物的方位、准确进程和实际费用等动态信息。这种以海上运输为基础而又大大超越了传统运输范畴的增值服务，原本是航运公司在它们的核心业务——集装箱业务的业绩下滑时所采取的应急措施，没想到却“无心插柳柳成荫”。这种变化使物流业内的两个终端因此而受益匪浅：客户端可以得到更全面的和个性化的服务，能集中精力去做自己的核心业务；物流服务端也会因为这种新颖而别致的服务而获得更多客户的订单。

从物流增值服务的起源来看，增值服务一般是指在物流常规服务的基础上延伸出来的相关服务，如从仓储、运输等常规服务的基础上延伸出来的增值服务。这种增值服务主要是将物流的各项基本功能进行延伸，伴随着物流运作过程实施，将各环节有机衔接起来，实现便利、高效的物流运作。仓储的延伸服务有原料质检、库存查询、库存补充及各种形式的流通加工服务等。运输的延伸服务有选择国际、国内运输方式、运输路线，安排货运计划，为客户选择承运人，确定配载方法，货物运输过程中的监控、跟踪，“门到门”综合运输，报关，代垫运费，运费谈判，货款回收与结算等。配送的延伸服务有集货、分拣包装、配套装配、条码生成、贴标签、自动补货等。这种增值服务可以通过协调和利用其他物流企业资源，确保企业所承担的货物交付任务能以最合理的方式及尽可能小的成本完成。

当然，从全球一体化物流和供应链集成的发展趋势来看，增值服务的范畴要广阔得多。基于一体化物流和供应链集成的增值服务是一种向客户端延伸的服务，它通过参与、介入客户的供应链及物流系统来提供服务。这种服务能够帮助客户提高其物流管理水平和控制能力，优化客户自身的物流系统，加快响应速度，为企业提供制造、销售及决策等方面的支持。它包括库存管理与控制、采购与订单处理、市场调研与预测、产品回收、物流信息系统的构建、物流系统的规划与设计、物流系统的诊断与优化、物流咨询及教育培训等。这类服务往往要求企业发挥更大的主动性去挖掘客户的潜在需求，需要更多的专业技能及经验，具有更大的创新性和增值性，是一项高技术、高素质的服务。这种高层次的增值服务需要建立在双方充分信任的基础上。

三、增值服务的实施策略

（一）引导客户需求，实现客户增值新体验

在以客户为中心的市场经济条件下，任何物流企业的建立、发展和壮大都要符合以客户为主导的新经济模式。换言之，企业在实施任何新的服务策略之前，要明白客户到底需要什么服务，什么时候、什么环境下需要这种服务；而不能认为只要自己提供了增值服务，客户就会接受这种服务。也就是说，企业的服务策略必须要有很强的针对性，要对症下药，有的放矢。

但是，客户需求往往是千变万化的。不同的客户，甚至同一客户在不同的

情况下，也会有不同的需求。有时候许多客户甚至自己都不清楚到底需要什么服务，这时物流企业就应该适时对客户需求进行适当的引导，为客户分析市场形势，提供量体裁衣式的增值物流服务，并努力让客户体验到物超所值的物流增值服务。只要服务对口了，到位了，满足了客户的服务需求，客户体会到了服务增值的感受，自然也就会提高对物流企业的信任度和认可度，就会放心接受其提供的其他增值服务，企业的服务范围因此得到扩展，服务质量和企业的核心竞争力也进一步提高，最终，企业与客户、服务与需求就会形成良性的互动。

在企业与客户的互动中，引导客户需求是第一步，也是至关重要的一步。万事开头难，物流企业在引导客户需求时，不仅要对客户进行充分详尽的需求调研，而且要把增值服务与客户的需求结合起来，要让客户知道自己得到的服务价值超过自己所支付的服务费用。这就需要物流企业解决好两个问题：如何满足客户的个性化、多样化需求？如何实现物超所值的服务承诺？上述两个问题的解决过程，也就是增值服务实施的必经过程。

（二）提供一体化的物流解决方案

传统物流服务的内容大多都集中于传统意义上的运输、仓储范畴之内。众所周知，我国物流企业大多是从传统的储运、货运代理企业转型而来，它们对传统物流服务内容有着比较深刻的理解，对物流环节中的某个单项服务内容有一定的运作经验，但缺乏将多个单项服务内容有机组合起来的经验和能力。这种能力的欠缺使我国大多数物流企业很难满足客户的个性化需求，很难为客户提供个性化、多样化的物流增值服务。

我国物流企业发展的现状客观上要求物流企业，尤其是第三方物流企业加快向一体化物流解决方案提供商的转变速度。物流解决方案提供商并不是一个崭新的概念，国外已有一些比较优秀的物流企业具有这方面的成熟运营经验。它们有的是物流咨询公司，有的是以物流软件起家，继而以物流软件为基础提供解决方案的企业，如德国的 SAP，韩国的 SLI 等。我国的物流解决方案提供商大都与物流软件供应商合作，共同为客户提供物流解决方案。一般来说，物流解决方案提供商不需要硬件投资，如仓库设施、运输工具等，只需要提供物流运作思路和物流管理方案。相比之下，由传统储运企业转型而来的 3PL 不仅拥有成熟的配套硬件设施，而且积累了丰富的物流运作经验，相对于其他物流解决方案提供商而言，在基础设施和运作经验上更具优势，阻碍它们向一体化物流解决方案提供商转变的唯一障碍便是优秀物流专业人才的缺乏。

第三方物流企业要适时向物流解决方案提供商转变，为客户提供个性化的增值服务。这不仅需要突破人才瓶颈，而且需要形成独特的商业模式，尽快开发出针对常见物流需求和物流问题，包括物流信息系统解决方案、物流优化配送解决方案、物流供应链管理解决方案、一体化物流解决方案等在内的配套方案模型。

（三）借助信息技术，实现增值服务承诺

信息技术在物流运作中的广泛应用，不仅打破了传统的运输、仓储、配送等物流环节各自为政的局面，使一体化物流运营成为可能，而且还为增值服务提供了有力的技术保证。

在信息日显重要的商务活动中，物流企业要实现物超所值的服务承诺，必须充分依靠信息技术，通过建立良好的信息系统，实现与客户的高效沟通。这是确保企业与客户进行良好的互动，为其提供 IT 服务并提高服务质量的前提条件。

通过建立物流管理信息系统，物流企业可以运用先进的信息技术来管理物流业务，实现业务信息的一体化运营，提高信息层面的透明度，缩短物流运作时间，这样企业才有可能实现服务承诺，为强化物流增值服务奠定基础。

信息技术的应用往往是双向的。物流企业要想提高增值服务的水平，除了自身的信息系统建设外，还可以考虑为客户提供配套的物流信息服务，如运行系统的平台和技术支持，和客户建立互动，为其提供服务信息的实时查询、浏览、在线货物的跟踪，联机实现配送路线的规划、物流资源调度、货物检查等。借助信息技术为客户提供物流信息服务，不仅可以提高企业与客户之间的沟通效率，还可以提高双方交易的反应速度，使客户真正体会到增值服务所带来的超值享受。

第四节　第三方物流企业客户关系管理

一、客户关系管理的概念

客户关系管理（Customer Relationship Management，CRM）的概念，最早由 Gartner 小组提出，但至今还没有一个公认的定义。不同的企业和组织，有不同的层面、不同的视角，对客户关系管理有不同的认识。

比较典型的观点是把客户关系管理看成是一种营销策略。代表人物是 Don Peppers，Martha Rogers 和 Bob Dorf，他们将 CRM 定义为一对一营销。

卡尔松营销公司也对 CRM 下了定义：通过培养公司的每一个员工，提高经销商或客户对公司积极的偏好或偏爱，留住他们并以此提升公司业绩的一种营销策略。这个定义已经被全球企业广泛接受。

国内的一些观点也指出，CRM 是一种全新的营销理念，并认为一对一营销和数据库营销都可以纳入 CRM 营销的范畴。也有人认为，客户关系管理是一种企业与客户建立关系、维持关系和增进关系的关系营销管理思想。持这种观点的人认为，CRM 是市场营销理论的一个分支，其管理思想来源于市场营销学。

二、客户关系管理战略的核心思想

（一）客户是企业发展最重要的资源之一

客户资源是一个企业最终实现交易并获得现金流入的唯一入口，是实现企业利润的唯一来源。企业如果没有客户资源，其产品就不能实现价值交换，企业就无法获得市场收益，因此客户资源是企业生存的基础。

在从“产品”导向时代转变为“客户”导向时代的今天，客户的选择决定着一个企业的命运，客户关系管理系统中对客户信息的整合、集中管理都体现出客户是企业的重要资源。在很多行业，完整的客户档案或数据库就是企业的一个颇具价值的资产。

（二）识别和保持有价值的客户是客户关系管理的两项基本任务

并不是每个客户都具有同样的价值，根据 Pareto 原理，一个企业 80％的利润往往是由 20％最有价值的客户创造的，其余 80％的客户是微利、无利，甚至是负利润的。企业要保持的是有价值的客户，因此，有价值客户的识别是客户关系管理必须首先完成的一项基本任务。

有价值的客户被识别出来以后，如何留住他们，并实现其对企业的价值最大化，即所谓的客户保持，是客户关系管理必须完成的另一项基本任务。

如何保持客户，即如何维持发展同客户的关系，涉及企业同客户接触的全过程。由于行业和企业的区别，具体策略会有所不同，但客户忠诚度的提高即收益的最大化是企业追求的共同目标。

（三）对企业与客户间发生的各种关系进行全面管理

企业与客户之间发生的关系，不仅包括在单纯的销售过程中所发生的业务关系，如合同签订、订单处理、发货、收款等，还包括在企业营销及售后服务过程中发生的各种关系，如在企业市场活动、市场推广过程中与潜在客户发生的关系，在与目标客户接触过程中内部销售人员的行为、各项活动及其与客户接触全过程所发生的多对多的关系，在售后服务过程中企业服务人员为客户提供的关怀活动、各种服务活动、服务内容、服务效果的记录等。对企业与客户间发生的各种关系进行全面管理，将会显著提升企业营销能力，降低营销成本。控制营销过程中可能导致客户不满意的各种行为，这是客户关系管理的一个重要思想。

（四）客户关系管理信息系统是实施 CRM 战略的支持平台

客户关系管理是一种先进的管理模式，其实施要取得成功必须有强大的技术和工具支持。客户关系管理信息系统是实施客户关系管理必不可少的一套技术和工具集成支持平台，它基于网络、通信、计算机等信息技术，能实现企业前台、后台不同职能部门的无缝连接。客户关系管理系统是以客户为中心的思想的固化、程序化，用于协助管理者更好地完成客户关系管理的两项基本任务：识别和保持有价值的客户。管理思想的融入程度反映了CRM系统的水平和成熟程度。CRM系统不是一套固定的软件，其设计要根据企业客户关系管理战略的具体内容来进行，保证系统的功能与企业的具体战略相吻合，以达到良好的实施效果。

三、客户关系管理的运作流程

由客户关系管理的思想和内涵可以看出，CRM具有两大功能：第一，能有效地标识、联络和获得新的客户；第二，能保持现有客户。CRM功能的有效实施，是建立在客户数据集成的基础之上的。通过各种接触点获得客户的数据集成到企业数据库中，在此基础上利用各种方法分析数据，以产生对决策有益的信息或知识。CRM总体运作流程如图2－1所示。

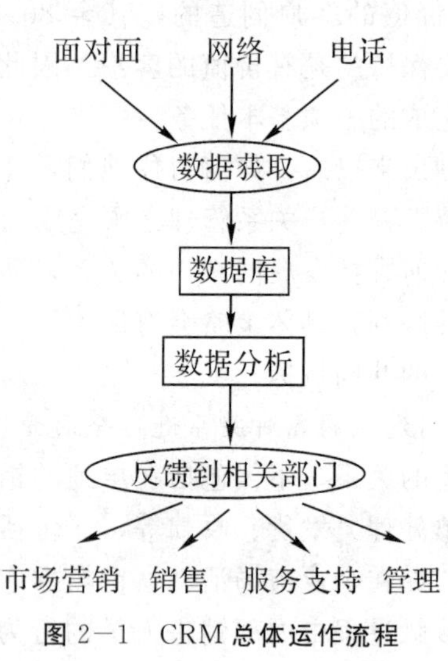

图2－1　CRM总体运作流程

四、实施客户关系管理战略的核心策略

（一）客户知识管理策略

客户数据包括客户特征信息、客户业务数据、客户服务要求、客户意见等。这些数据是第三方物流企业进行客户分析的重要基础，它能帮助第三方物流企业准确地分析和定位客户资源，并据此为客户制定相应的个性化服务以及用于吸引潜在客户的市场营销活动等。采集来的客户数据最终储存在客户数据库中。客户数据库是一个会集、存储与企业客户有关的各种信息资料的客户信

息管理系统。在现代信息技术的帮助下，企业能够比较容易地收集并且利用大量的数据。

采集来的客户数据量是庞大的，无法直接被企业利用，这就要求将客户数据转化为客户知识。客户数据经过专门的整理、分析并在企业内部形成共享后，就转化成了客户知识。这需要运用数据挖掘技术，通过对客户数据的挖掘，对缺乏关联和目的性的客户数据的系统组织和整理，将存在于数据中的原有的规律性展示出来，最终形成可用于决策的客户知识。

第三方物流企业客户知识的管理，需要做到以下两点：

(1) 判断客户价值，实行分类管理。第三方物流企业客户种类多、数量大，因此一定要利用客户知识认真对客户进行分类。不同的客户对于企业的价值是不同的，企业80%的利润来自20%的客户，这20%的客户就是企业的"黄金客户"。第三方物流企业在提供物流服务和设计物流方案时，应以不同的方式对待不同的客户，对于那些最有价值的黄金客户，要给予更多的关注，重点投入人力、财力，优先处理。

(2) 挖掘客户需求，完善客户服务。第三方物流企业是为客户提供一体化服务的物流企业，其定制化程度较高，不管是对物流供应的服务，还是商品配送的服务，都需要根据客户的需求去进行服务的设计与提供。企业通过客户数据库了解有关客户的背景知识，选择恰当的方式与客户交流，根据不同的物流需求，制定不同的物流方案，达到最佳的工作效果，提高客户满意度。同时，企业通过对客户数据的分析，挖掘客户的潜在需求，为客户提供超值服务，提高客户忠诚度。

(二) 差异化服务策略

随着物流的发展，客户对集成化物流服务的认识和需求进一步提高，不仅在仓储保管、市内配送、信息查询等"传统的、标准的"物流服务方面对物流供应商提出了更高的要求，还将在库存控制、仓库地址选择、运输方式、选择运费及货款结算方面提出新的服务要求，甚至会要求物流企业在提供专业化物流服务的同时，帮助他们作出诸如延迟生产、虚拟仓库、库存拥有权、分拨网络优化等战略性决策。客户已经不再满足于一般的服务，他们对为自己量身定制的物流服务更加青睐，而且也愿意付更多的费用，更愿意和能提供个性化服务的第三方物流企业开展长期的合作。第三方物流企业必须根据不同的物流需求，制定不同的物流方案，采用个性化的服务，确定不同的物流服务内容，制订不同的物流服务计划，与客户共同商定物流服务标准和解决方案。这样有针对性的服务易于取得客户的满意。

但是，在实际操作中，由于企业的资源有限，同时出于成本收益的考虑，企业不可能满足所有客户的个性化需求。基于此，第三方物流企业可以根据客户对于本企业的价值，将其分为A、B、C三类，采取差异化的服务策略。

对于C类客户，采取标准服务，如建立客户档案，定期向客户发布企业服务信息，随机抽样进行电话交流等。虽然这类客户数量众多且流动性大，但他们却是企业可持续发展的基础，因此应随着企业的发展逐步提高其客户满意度标准。

对于B类客户，客户管理关系的重点在于留住客户。利用系统对这些客户进行分类，分析不同类型的客户群的需求，实施个性化的服务。根据不同群体的需求偏好，实施有针对性的服务。在服务形式上除了C类客户拥有的服务内容以外，还可以实行会员制的管理，进一步加强沟通，增强与客户的互动，尽量满足客户的需求。

对于A类客户，除了以上的客户管理关系项目以外，还需要提供一对一的个性化服务，为这些客户设立专门的服务团队，实施专门的服务流程，实施特殊的服务标准，为客户企业创造价值，以提高客户满意度和客户忠诚度。

对于第三方物流企业来说，差异化服务的重点对象是企业的A类客户。对这类客户的一对一服务，是客户关系管理战略关注的重点。

（三）管理信息化策略

第三方物流企业在客户知识管理中通过对客户信息的采集与客户数据的获取，为企业间信息的沟通和交换提供了及时、准确的服务。随着市场范围的扩大，原有的电话、传真或直接的登门拜访形式已无法满足沟通的需求和客户的需要。在现代信息技术的支持下，企业需要建立能与客户实时互动的信息交流平台。

信息交流平台用于企业与客户之间，主要的功能是实现双方的互相联系、互相影响。从实质上说，客户关系管理既是客户交流信息的过程，也是实现有效的信息交流和保持企业与客户良好关系的途径。一方面，企业通过运用现代技术手段，及时将企业产品与服务信息提供给客户，给客户以技术支持与良好的售后服务；另一方面，企业从客户那里收集到反馈的信息。客户反馈是一种重要的信息交流，对衡量企业承诺目标实现的程度，及时发现在为客户服务过程中出现的问题等方面具有重要的作用。投诉是客户反馈的主要途径。正确处理客户的意见和投诉，消除客户的不满，维护客户的利益，赢得客户的信任，是保持良好客户关系的重要保证。

第三方物流企业可以从以下几个方面着手建立信息交流平台：

（1）建立现代呼叫中心。呼叫中心的主要功能是为客户提供每周7天，每天24小时的全天候服务；为客户提供包括传统的语音、免费电话、电子邮件、传真等在内的多种通信方式的选择；为客户收集市场情况、客户资料，帮助其增加销售潜力。

（2）建立基于因特网的自助服务网站。通过提供网上咨询、网上投诉等服务，及时为客户排忧解难，更进一步保持客户的忠诚度。

(3) 与客户企业信息系统互联互通。在双方条件都具备的情况下，第三方物流企业还可以与自己的高价值客户实行管理系统互联互通，做到实时把握客户需求，更好地为客户服务。

(四) 第三方物流企业客户关系管理战略实施要点

在明确了战略的核心策略之后，我们就可以确定第三方物流企业客户关系管理战略的实施要点：

(1) 客户价值细分。对客户价值进行分析，将客户分为不同的类型，分别采取不同的服务措施，这是客户知识管理的主要职能。没有对客户价值的细分，就无法对客户进行有效的识别，企业对客户的服务将是盲目的，会造成企业资源的浪费，从而影响企业效益。因此，客户价值细分是第三方物流企业客户关系管理战略的实施基础。

(2) "一对一"的服务。通过客户价值细分，识别出高价值客户之后，对这些客户实施个性化服务，为客户创造价值，以保持客户忠诚度。对高价值客户实施"一对一"的服务营销是第三方物流企业实施客户关系管理战略的核心措施。

(3) 客户关系管理信息系统的构建。第三方物流企业要与客户之间开拓多种沟通渠道，构建信息交流平台，可以通过构建客户关系管理信息系统来实现。客户关系管理信息系统的构建能对客户关系管理的实施提供全方位的支持。根据自身特点构建客户关系管理信息系统，是第三方物流企业客户关系管理战略实施的重要内容。

第五节 以客户为中心的物流战略开发

以客户为中心的物流战略是竞争性优势的源泉。一个有效的以客户为中心的物流战略的开发，需要经过七个阶段。

一、理解客户需求

随着竞争的加剧，客户需求在不断变化和不断提高，供应商必须对此做出积极反应，不断地改变业务目标。随着需求的改变，物流过程必须适应这种改变以保持客户满意。

当制定一项客户导向的物流战略时，物流配送人员必须确切了解客户对于配送的需求和期望。不同的客户有不同的需求和期望。例如，客户对于配送的每个环节的需求可能包括适时和可靠的送货、良好的沟通、订单状态信息的可得性、高效的反馈过程、紧急情况的及时处理、货物的完好率、合理的索赔、精确和适时的结账、对咨询的答复等。

可以通过三个步骤来确定客户需求：

(1) 了解客户的业务、买方和用户；

(2) 明白客户的需求和期望；

(3) 与客户探讨需求和期望的变更性，测定客户对服务效果的预期。

二、评价当前的服务能力

一旦理解了客户的想法，供应商必须找出他们当前的服务能力和实际需求之间的差距，弄清楚采取什么步骤来满足客户对服务的预期以及当前竞争对手能提供的服务。这有助于决定哪种服务是每个厂商都能预期得到的。如果EDI是一项增值的客户服务，并且仅由一个供应商提供，那么该企业就拥有了一项竞争性优势。

三、解释当前做法与客户需求之间的差距

一旦供应商明白客户的需求正好与其所提供的相反，两者之间的差距便可以分析出来。许多企业以为客户的需求与他们所提供的服务之间的差距很小，调查之后，他们通常会发现自己曲解了客户需求。

当被问及需要和期望时，一个消费品公司的客户表示，及时送货及无货损送货是评价配送服务两个最重要的标准。当供应商检查其提供的服务与客户所需之间的对比情况时，通常会在及时送货方面找到差距，但却不能发现在无货损送货方面的问题。供应商通过对这些方面的竞争评价，会发现客户已认识到竞争会加速带来更高质量的及时和无货损送货服务。有了这个消息，消费品公司确定消除及时送货方面的差距对其成功尤为重要，而且当无货损送货的质量提高到超过客户的期望时，就会带来新的竞争优势。公司下一步要做的是消除差距、赢取优势。在改善及时送货方面，公司可以继续与原来的承运人合作，也可以启用新的承运人，监督送货日期的执行，提高跟踪货物的能力。在改善无货损送货方面，可以改变包装，改善装卸技术，加强在产品处理中的员工培训。

一旦改善的选择确定下来，公司必须分析与消除差距有关的均衡点、利益、成本以及风险。与消除差距有关的利益包括服务水准提高、收入增加、客户忠诚、竞争优势等。避免由于服务质量差而失去的业务也能带来利益。在对这些利益进行分析的基础上，公司必须确定其超过成本。当然，这些标准随着客户或市场划分的不同而不同，因此在每个特定情况下都需要具体分析。

四、满足客户特定需要的针对性服务

供应商通过不同的客户群需要来订制不同的服务及服务标准。为了让尽可能多的客户满意，公司应该对有相似需求和期望的客户进行分类。许多公司按

产业、产品类型、销售量和利润来细分客户群，但现在通行的标准是需求的相似性。例如，以“当天或第二日送货”为标准划分比按“零售或批发”为标准划分更有意义。一些客户希望收到的产品以稻草包装，另一些则喜欢以薄纸夹衬，通过对这些不同的客户群的调查，供应商可以更好地提供针对性服务。

五、在客户需求的基础上创造服务

为了满足客户需求，甚至超出他们的期望值，供应商不仅应该提供基础服务，而且应该提供增值服务。当其他竞争者开始把客户满意度作为竞争优势时，优秀的供应商已着眼于客户对价值的认识。他们致力于将满意客户最低的需求作为客户满意的开端，如果无法满足，则将得到客户的否定评价；如果满足了，也不会得到客户的称赞，因为这是客户期望的。只有当供应商提供了超出客户最低需求的服务时才会让客户满足，才能达到增加价值的目的，取得竞争优势。

六、评估与跟踪执行和改进情况

评估满意过程对于激励员工相当重要。定量评估在改进工作中有重要地位，但客户的反馈才是评估其是否真正满意的唯一指标。客户满意指数是定量评估的一种方式，衡量所有产品的贡献是很重要的，因为满意是以客户的整个经历为基础的。客户满意指数可用以评估供应商在客户心中的地位，它运用从1到10的标准来评估。

当供应商使用客户满意指数时，必须全面理解客户的需求和期望。这些需求和期望会扩展成为一个标准，供应商通过达到或者超过这个标准来满足或超出客户的需求和期望。如邮购支持系统，它提供的服务因产业类型而定，但一般都包括反应的时间期限、服务便利承诺、解决问题期限和员工的文明礼貌。

客户满意指数可以在监控之下用以评估供应商在有关满意标准方面的表现，也可以评估其在一段时间内的执行和改进情况。

七、保持持续改进

客户满意必须是一个不断进行的过程，因为客户的需求会随生产过程、产品和客户基础的变化而变化。为了保持客户的满意，供应商必须跟上这些变化的要求。一般认为与客户进行频繁的接触是必要的。与客户接触的方式各有不同，但可以分为三类：原始信息收集、周期性接触、持续性接触。

（1）原始信息收集是对客户需求和满意程度的第一次正式接触。这种接触可以分为面谈、集中小组会谈、信件或电话调查等。这些活动的目的是评价客户对供应商在不同因素、不同客户群情况下的行动，以及制定初步的改进方案。

（2）一旦供应商明白了客户最初的需求和期望，就必须定期检查自己是否有满足客户需求的能力，以及了解初次接触后客户需求的变化。由于客户对服务的认识是客户满意的最重要因素，所以只有客户才能辨明服务是否改进。周期性接触为供应商提供了其在满足客户需求方面的信息，通常调查结果中的下降趋势表明客户需求正在变化，新的需求没有得到满足。客户需求的变化由众多原因引起，包括新产品、新分销渠道、新竞争对手、新客户的需求。通过信件和电话、网络调查、面谈甚至小组会议进行的周期性接触有助于供应商满足客户需求，避免在满足程度方面的落后。如 XEROX 公司对每位客户每年至少接触两次，以测试其满意水平；联邦快递则对其细分客户实行季度调查。

（3）持续地、有针对性地与客户进行交流对供应商来说很重要。以拜访及其他交流方式获得的反馈信息，能使供应商在变化及问题发生前预先察觉，通过设计改进计划使客户和供应商都受益，如 BOSE 公司的主要供应商把代理设置在 BOSE 公司里，以保证其需求不断被调整和满足。

本章小结

企业重视物流不仅仅是为了节约成本，还因为他们越来越认识到物流对提高客户服务水平及使企业获得竞争性战略优势的重要性。在第三方物流融入客户供应链后，它所提供的物流服务种类与水平可根据客户的特点“度身定制”。本章讨论了物流与客户服务的关系，物流客户服务能力，物流增值服务的定义和发展方向，客户关系管理的战略核心思想以及运作流程，以客户为中心的物流战略开发的七个阶段。

思考与练习

（一）名词解释

客户服务　客户关系管理

（二）填空

1. __________是真正驱动供应链物流的动力。

2. __________是取得高度客户满意的潜在因素。

3. 可靠性包括__________、__________和__________。

（三）单项选择

1. （　　）是物流与市场营销的重要连接面。

A. 产品价格　B. 客户服务　C. 营销渠道　D. 物流作用

2. （　　）是所有物流的最终目的。

A. 灵活性　B. 周期时间　C. 订单的正确性　D. 安全交货

（四）多项选择

1. 客户服务的层次包括（　　）。

A. 把客户服务看作是活动

B. 客户服务表现衡量

C. 客户服务哲学

D. 客户服务是发生物流成本的一个重要领域

2. 下列是影响备货时间的基本变量的有（　　）。

A. 订单传送　B. 订单处理　C. 订单准备　D. 订单发送

3. 实施客户关系管理战略的核心策略和方法包括（　　）。

A. 客户知识管理　B. 差异化服务

C. 管理信息化　D. “一对一”的服务营销

（五）简答

1. 什么是第三方物流的增值服务？

2. 简述差异化服务策略的实际操作过程。

3. 简述以客户为中心的物流战略开发步骤。

案例

中国外运打造物流服务的新品牌

中国对外贸易运输（集团）总公司（中文简称中国外运，英文简称Sinotrans）成立于1950年，是一个以海、陆、空国际货运代理业务为主，集综合物流服务为一体的物流企业集团。2005年，中国外运共完成营业额287.9亿元人民币，实现营业利润12.7亿元人民币，净利润8.569亿元人民币。2006年，中国外运进入世界物流企业100强，名列第68位。

中国外运自1988年开始，制定并实施了面向21世纪的企业发展战略，致力于把中国外运从一个传统的外贸运输企业建成一个以多种物流为主体的、按照统一的服务标准和规范体系运作的国际化、综合性的大型物流企业集团，并且制定了一个为期三年的战略目标和实施步骤。它的经营服务理念：我们今天和未来所做的一切，都是以降低客户的经营成本为目标，为客户提供安全、迅速、准确、节省、方便、满意的物流服务。它主要包含以下几方面的内容：

（1）以“客户为中心”的经营理念为企业物流服务的最基本精神。

（2）以“降低客户的经营成本”为根本的物流服务目标。

（3）以“伙伴式、双赢策略”为标准的市场化物流服务模式。

（4）以“服务社会、服务国家”为价值取向的大物流服务宗旨。

（一）确立低成本目标

在传统的外贸运输服务中，客户成本的降低往往意味着运费收入的减少，这是与运输提供者市场交易的目标相矛盾的。那么，中国外运在发展现代物流的过程中，怎样才能做到在降低客户成本的同时达到自己的利润目标？

中国外运降低客户成本主要是通过对企业供应链过程中的各个环节、各个因素的综合分析与控制来实现的。在这一过程中，物流管理的目标并不仅仅限于降低运输、仓储等客户对外交易的有形费用，更是通过高效率的物流配送服务来降低客户的各种无形费用。中国外运降低客户的成本主要从三个方面入手。

1. 降低直接的运输及配送费用

降低运输、仓储等客户对外直接交易费用是降低企业物流总成本的一个方面。通过降低物流部门的运输、装卸费用，还可以使企业在流通过程中的商品损失得到有效的控制。

2. “零库存”的成本效应

企业库存的降低直接表现为仓储费用的降低以及相关保管、管理维护费用的降低。随着库存的降低又带来了企业其他一系列项目潜在成本的降低。

（1）资金成本的降低。企业长期库存的存在，导致了大量的资金占用与积压。从金融领域看，资金本身具有时间价值和机会成本。当大量的资金处于被库存占用的状态时，既不能升值也不能转移，无形中会产生巨大的利息损失或投资于其他领域而获得收益的机会成本损失。

（2）风险成本的降低。在市场竞争日趋激烈的今天，市场的需求瞬息万变，企业产品升级换代的速度也在不断加快，库存量越大的商品，面临贬值、淘汰的危险性也就越大。

实现“零库存”的前提是运输质量的提高，这必然导致运输成本的提高。当运输成本与库存成本达到均衡状态时，这时的库存处于最优化、最经济状态。所以，确定企业的最佳库存量，也是中国外运为客户提供的物流服务之一。

3. 优化资金流，提高企业的资金效率

从局部看，物流服务可以有效地促进企业降低各项成本；从整体看，它可以进一步改善企业的资金流状况，提高企业的资金效率；从全局看，它可以使企业全程物流优化、资源整合、总成本下降。实际上，一个成功的物流服务项目是货物流、信息流和资金流的有机结合和高度统一体。可以这样形容，货物流是外在行动，信息流是技术手段，而资金流是最终目标。通过提高企业的物流配送速度以及在流通过程中的增值服务，可以使企业资金周转速度大大提高。

（二）打造物流服务新品牌

1. 创建物流服务体系

按照现代物流服务的标准和要求，以信息技术为依托，建立统一的作业流程和操作规范的物流体系。

（1）建立面向市场的信息服务系统。它包括客户查询系统、货物跟踪系统、客户信息反馈系统等，通过提供高水平的信息服务，提高现代物流服务质量。与此同时，建立能够支撑集团综合物流服务的电脑控制、信息操作系统，通过信息手段实行集约管理，规范业务流程，全面提升集团一体化运作能力。

（2）建立物流配送体系。中国外运积极开展物流标准化和流程再造，改变集团有点无网、分散经营的局面。在信息技术的支撑下，各经营主体根据专业特点与区域分布，建立起分工协作的一体化经营模式。各经营主体实行销售、操作与管理等环节相分离，按照集团物流规划进行组织划分和统一布局，明确职能，严格分工；同时，在信息技术的支撑下，按照标准使流程紧密衔接、规范运作。

（3）建设物流中心。中国外运在全国各地拥有160座仓库，仓储总面积达550万平方米，并且很多仓库和铁路专用线、集装箱堆场结合在一起，是天然的物流中转中心。为了尽快满足客户的需求，中国外运在全国重点省市设立了12个大型物流中心，进一步加强电子化库存管理系统，并把海关、商检等部门直接请到物流中心设立办事处，以提高通关速度。

（4）提高物流成本分析与供应链管理能力。如在为某一化工企业提供物流服务的过程中，中国外运结合公司内外的力量，对该企业的原材料采购、储存、销售、装卸、配送等各项成本进行了综合分析，为其提出了最佳库存持有量与原材料采购计划，并为其设计了专门的物流流程，配合企业的财务部门为其建立起与物流相结合的资金流管理模型，使客户的物流目标得到了很好的体现。

2. 在为大客户摩托罗拉提供物流服务中提升自己

（1）制定科学规范的操作流程。摩托罗拉公司的货物具有科技含量高、货值高、产品更新换代快、运输风险大、货物周转快以及仓储要求“零库存”的特点。为满足摩托罗拉公司的服务要求，中国外运华北空运天津公司从1996年开始设计和不断完善业务操作规范，并将其纳入公司的程序化管理，对所有业务操作都按照服务标准设定的工作和管理程序进行，先后制定了出口、进口、国内空运、陆运、仓储、运输、信息查询、反馈等工作程序，每位员工在每个工作环节都按照设定的工作程序进行，使整个操作过程井然有序，提高了服务质量，减少了差错，杜绝了事故的发生。

（2）提供24小时的全天候服务。针对客户24小时服务的需求，中国外运华北空运天津公司实行全年365天的全天候工作制度，周六、周日（包括节假日）均视为正常工作日。厂家随时出货，公司随时有专人、专车提货和操作。在通信方面，相关人员从总经理到业务员实行 24 小时的通信畅通，保证了对各种突发情况的迅速处理。

通过提供 24 小时的全天候服务，一方面有效地确保了摩托罗拉公司实现“零库存”，为其降低了生产成本；另一方面，通过提高流通效率，为摩托罗拉公司的产品提供了时间上的保障，从而赢得了市场。

（3）提供“门到门”的延伸服务。普通货物运输的标准一般是从机场到机场，由货主自己提货；而快件服务的标准是“门到门、桌到桌”，货物运输的全过程在代理的监控之中，但收费也较高。摩托罗拉公司的普通货物虽然是按普货标准收费的，但中国外运华北空运天津公司提供的却是“门到门、库到库”的快件规格的服务，既提高了运输时效，又保证了安全。

（4）提供增值服务。根据中国外运华北空运天津公司多年的运输经验，为了防止摩托罗拉公司的货物在运输中被盗，在运输中间增加了打包、加固的环节；为了防止货物被雨淋，又增加了一项塑料袋包装环节。虽然这些新的服务增加了中国外运华北空运天津公司的劳动强度和运输成本，但保证了摩托罗拉公司货物的安全，减少了货损。再如，为了保证紧急货物能按时送达货主手中，中国外运华北空运天津公司增加了手提货物的运输方式，解决了客户急、难的问题，让客户感到在最紧急的时候，中国外运总能及时快速地帮助解决。

（5）充分发挥中国外运的网络优势。中国外运已经实现了集团范围内的计算机联网，在重要口岸实现了和海关报关系统的对接，通过国际互联网向客户提供了多种信息服务，形成了以高新技术为基础的覆盖国内外的货运营销网络。这是中国外运发展物流服务的最大优势。为了搞好摩托罗拉公司在国内的运输配送业务，中国外运通过其在国内 98 个城市的网络，为摩托罗拉公司提供服务，实现了从提货、发运、派送全过程的定点定人、信息跟踪反馈等服务，满足了客户的需求。

（6）对客户实行全程负责制。作为摩托罗拉公司的主要货运代理之一，中国外运华北空运天津公司对运输的每个环节负全责，即对从货物出厂到海、陆、空运输再到国内外的异地配送等各个环节负全责。对于出现的问题，他们积极主动协助客户解决，并承担责任和赔偿损失，确保了货主的利益。

（资料来源　沈默：《现代物流案例分析》，东南大学出版社 2006 年版）

案例点评

中国外运是一个从传统的外贸运输企业建成的由多个物流主体组成的、按照统一的服务标准和规范的流程体系运作的国际化、综合性的大型物流企业集团。中国外运的核心定位是“服务”，在服务定位中又突出了“以降低客户经营成本为目标”“为客户提供高质量服务”等一系列新理念。如果没有十分明确的市场定位，现代企业是不可能立足于商海的。

降低客户经营成本是从直接运输、配送管理、库存管理以及资金流等多方面着手的。

在客户物流服务上，不论设计、决策有多么完善，最终必定要落实在具体提供的各种服务方式上，因此严格而规范的物流作业流程才是实现低成本目标、提高客户满意度的基础。

案例思考题

1. 中国外运是如何“降低客户的经营成本”的？

2. 你是怎样理解以“客户为中心”经营理念的真正内涵的？

3. “双赢策略”作为市场交易的准则，也是物流服务的模式，请试想你在进行交易时，是否会考虑到“双赢”？什么是“双赢策略”的基础？

4. 你认为目前我国物流企业最需要解决的具有普遍性的问题是什么？

实践要求

调查当地物流企业的物流服务需求情况，并以客户为中心讨论该企业的物流战略开发。

Logistics

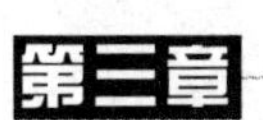

第三方物流业务开发与设计

学习目标

1. 理解产品配送物流网络系统的规划与设计。
2. 掌握第三方物流系统方案设计内容。
3. 掌握第三方物流市场模式及战略联盟。
4. 熟悉第三方物流企业常见促销策略。

关键词 物流市场 物流方案

第一节 第三方物流服务市场

一、第三方物流服务市场概述

（一）第三方物流企业的活动者

1. 物流市场主体

物流市场主体指进入物流市场进行交易的单位与个人。具体来讲，有政府、供方企业与个人，需方企业与个人，第三方物流企业、运输企业、仓储企业、包装企业、装卸企业等。

作为市场主体，进入市场既要到位，又不能错位，要做好企业的战略规划和市场定位。对大部分非物流企业来讲，物流不是其核心竞争力，应该分离出来，由社会物流市场运作。第三方物流企业应逐步成为物流市场的主角，这是必然的发展趋势。

2. 物流市场客体

物流市场客体是指在物流市场上进行交易与加工增值的所有有形商品，包括生产资料与生活资料以及在物流市场上需要进行位移的所有实体。

3. 物流市场载体

物流市场载体是指为物流市场客体服务的设施与场所，包括铁路、公路、集装箱、船舶、飞机、港口、机场、管道、仓库、配送中心、物流中心等。物流市场载体要全部进入市场经营，其使用权可以自由买卖，不应行业垄断。由于许多载体分属于不同的部门或企业，它们之间的利益冲突是一个必须要解决的问题，因此物流市场载体如何按市场规则优化组合是物流现代化的一大课题。

（二）物流服务提供者的类型

今天的物流市场主体（企业）有向专一管理服务方向发展的趋势。与物流服务种类的多样性相同，物流服务提供者也有其多样性。对物流服务提供者的分类方法有很多，其中主要有按所提供服务的种类划分和按所属细分物流市场的类型划分。

1. 按所提供服务的种类

按所提供服务的种类划分，可将物流服务提供者划分为以资产为基础的物流服务提供者、以管理为基础的物流服务提供者、以行政管理为基础的物流服务提供者和综合物流服务提供者。

(1) 以资产为基础的物流服务提供者。这类物流服务提供者主要通过运用自己的资产来提供专业的服务。这些资产可以是车队、仓库、码头等。

(2) 以管理为基础的物流服务提供者。这类物流服务提供者通过系统数据和咨询服务提供物流管理。他们经常以一个子承包运输部门的身份，负责部分或全部的客户相关业务。

(3) 以行政管理为基础的物流服务提供者。主要提供行政性的管理服务，如运费的支付。

(4) 综合物流服务提供者。出售综合物流服务的企业拥有卡车、仓库，或两者都有，但他们所提供的服务并不以使用自己的资产为限。一旦需要，他们便可与其他物流服务提供者签订子合同来提供相关的服务。

2. 按所属细分物流市场的类型

按所属细分物流市场的类型划分，可将物流服务提供者划分为操作性(Operational) 公司、行业倾向性 (Industry-Focused) 公司、多元化 (Diversified) 公司和顾客化 (Customization) 公司。

(1) 操作性公司。操作性细分市场中，承运人通常以成本优势进行竞争，并精于某项操作。比如，快运公司中的 DHL、TNT、UPS、Fedex 等就是操作性公司的典型代表。

(2) 行业倾向性公司。它又称行业性公司，常为满足某一特定行业的需求而设计自己的作业能力。比如，荷兰的 Pakhoed 公司为满足化工行业的需求而建立了作业能力和基础设施。

(3) 多元化公司。多元化公司开发出一系列相关又不具相互竞争性的服务，如在班轮运输中的集装箱、码头、汽运、仓储和水运等相关服务。

(4) 顾客化公司。顾客化公司面向有很高专业需求的客户，他们之间的竞争主要在于服务而不是费用。

随着市场的发展，还出现了两类物流服务提供者。一类是小型承运人(niche carriers)。这种承运人专门在一定地域内提供对特定货物（冷冻品、计算机、家具及危险品等）的特定服务。另一类是物流咨询公司。这是由物流理念变化所引起的。最初第三方物流企业通常只着重于物流操作的任务，后来由于内外两方面需求的推动，他们开始强调概念上和战略上的物流计划能力，很快便成立了用来提供这些能力的新的部门或公司。

二、第三方物流市场模式

（一）第三方物流市场模式类型

根据第三方物流企业整合资源和提供服务方式的不同，可以将其归纳为以下八种运作模式（见表3－1）。前两种模式只是理论模式，不仅难以实现，而且意义也不是很大；另外六种模式是比较典型的第三方物流企业运作模式，它们已经而且将继续在物流社会系统中发挥重要作用。

表3－1　第三方物流企业的运作模式分类

第三方物流企业的运作模式	资源整合方式	提供服务的方式	
		服务内容	服务范围
理论模式一	资产型	高集成	广
理论模式二	非资产型	高集成	广
综合物流模式	资产型	高集成	窄
综合代理模式	非资产型	高集成	窄
功能物流模式	资产型	低集成	广
功能代理模式	非资产型	低集成	广
集中物流模式	资产型	低集成	窄
缝隙物流模式	非资产型	低集成	窄

1. 综合物流模式

综合物流模式的特点是第三方物流企业拥有大量的固定资产，为少数行业提供高集成度的服务。它与理论模式一的区别在于其业务范围集中在自己擅长的领域。国际上许多著名的物流公司都采用这种运作模式，我国一些大型的物流企业也开始采用这种模式。如某物流公司为美能达等公司提供全球采购与生产配送服务，他们将运输、储存、报关、精确配送、信息服务和资金结算等多项职能整合在一起，使世界各地的物料在到港后24小时内即可通过配送中心送达位于不同地区的生产线上，保证其在“零库存”状态下进行正常生产。一些从大型生产制造企业剥离出来的第三方物流企业根据自己的网络和营销渠道专长，也开始集中为其专长的行业提供高集成度物流服务。值得注意的是，由于提供高集成度的物流服务要求参与客户内部运营的程度较深，为了更好地实施物流管理，同时也为了降低客户完全外包物流的巨大风险，一种常见的操作方式是第三方物流企业与客户共同投资新的物流公司，由这个公司专门为该客户提供一体化的物流服务。在我国，这种模式已经出现。

2. 综合代理模式

综合代理模式的特点是第三方物流企业不进行固定资产投资，而是对公司内部及具有互补性的服务提供商所拥有的不同资源、能力、技术进行整合和管理，为少数行业提供高集成度的一体化供应链服务。它与理论模式二的区别是其业务范围集中在自己的核心领域。综合代理模式体现了第四方物流的思想，采用这种运作模式的物流企业实际上就是一个供应链的集成商。目前在我国，重复建设使得许多物流资源非常分散却总体过剩，物流网络和设备利用率不高，物流服务的质量有所欠缺，缺乏有效的物流管理者。采用综合代理的物流运作模式，不仅降低了大规模投资的风险，而且可以有效地整合社会资源，提高全社会的物流运作效率，很值得在我国推广。但是底层物流市场的极度不规范也使整合社会资源的难度很大，目前这种模式也还处于概念和探索阶段。

3. 功能物流模式

功能物流模式的特点是第三方物流企业使用自有资产为多个行业的客户提供低集成度的物流服务。这类第三方物流企业为客户提供的服务功能很单一，大多是提供运输、仓储服务，一般不涉及物流的整合与管理等高集成度的服务。由于仓库、车队等资源可以共享，因此企业能同时为较大范围的客户服务，实现规模效益。功能物流模式是目前我国第三方物流企业运作的一种主要模式，许多以传统运输、仓储为基础的大中型企业，以及一些新兴的民营物流公司，都采用这种模式。目前这些企业纷纷在传统业务的基础上拓展更全面的综合物流功能，如提供一些增值服务和物流过程管理等，但是物流服务的集成度还不是很高。从国内的物流市场来看，由于客户企业仍倾向于外包部分功能性的物流活动而不是全部物流，因此定位在低集成度上的功能物流模式仍将是主要的物流服务形式。采用功能物流模式的第三方物流企业应该不断加强自身的运作能力，在强化核心能力的基础上，逐步拓展服务的种类，提供不同层次的服务，向综合物流模式发展。

4. 功能代理模式

功能代理模式的特点与功能物流模式一样，也是为多个行业的客户提供低集成度的物流服务，只不过是通过委托他人操作来提供服务，自身不进行固定资产的投资。这类第三方物流企业一般由货运代理类企业经过业务拓展转变而来，客户分布比较广泛，服务层次相对较低，但具有较强的管理与整合社会公共资源的能力，能够充分利用闲置的社会资源，使其在效益方面产生乘数效应，即取得物流项目的总承包权后整合社会资源再进行二次外包。这类企业对固定设备、设施的投资少，以其业务灵活、服务范围广和服务种类多等优势使其他企业难以与之竞争。采用功能代理模式的物流企业一方面可以通过不断提升代理服务的集成度，向综合代理模式拓展；另一方面也可以通过与工商企业结盟增加资产的专有性，向更深层次的第三方物流企业方向发展。

5. 集中物流模式

集中物流模式的特点是第三方物流企业拥有一定的资产和范围较广的物流网络，在某个领域提供集成度较低的物流服务。由于不同领域客户的物流需求千差万别，当一个物流企业能力有限时，他们就可以采取这种集中战略，力求在一个细分市场上做精做强。如两个同样是以铁路为基础的物流公司，一个公司在全国范围内提供小件货物的快递服务，另一个公司则提供大宗货物的长距离运输。由于在特定领域有自己的特色，这种第三方物流企业运作模式也是值得重点培育和发展的。

6. 缝隙物流模式

缝隙物流模式的特点是第三方物流企业拥有的固定资产较少甚至没有，以局部市场为对象，将特定的物流服务集中于特定客户层。这种模式非常适合一些从事流通业务的中小型物流企业，特别是一些伴随电子商务而发展起来的小型物流企业。上海某物流公司，针对许多大型物流企业在城市末端物流配送网络上比较薄弱的情况，以健全的网络和规范化的操作模式专门为客户提供“门到门”的货物配送服务。由于找到了市场的“空白”，这家公司的业务量正在快速增长。采用缝隙物流模式的第三方物流企业应该充分发挥自己在特定服务领域的优势，积极提高服务水平，实现物流服务的差异化和成本最小化。

（二）第三方物流市场模式实施

我国的第三方物流业务运作已形成了具有中国特色的业务经营模式，以下问题是我们要重点关注的。

1. 关于虚拟经营

第三方物流利用自己的品牌服务和网络优势，将传统的运输和仓储通过系统工程和信息技术整合到自己的品牌下，向客户提供优质高效的综合物流服务，这便是第三方物流业务的虚拟经营。

例如，“货运代理业”一般不具有物流服务的基础设施，他通过与各种类型的服务商组合成物流供应链以满足客户的需求，这些服务商以货运代理分包商的形式存在，这种经营方式就是典型的虚拟经营模式。对于第三方物流企业来说，在虚拟经营中需要对整个物流过程进行控制，因此，物流公司的信息必须与各个分包商的系统进行数据对接，以实现信息共享。

但是各分包商在物流供应链中所起的作用不同，因而与第三方物流企业所共享的信息也就不同。例如，运输分包商要将货物的动态信息提供给物流公司，以利于货主向物流公司进行在运输过程中的货物跟踪信息查询；仓储分包商则需要将货物的库存信息、再加工信息、包装信息等提供给物流公司，以利于物流公司对物流供应链进行控制。

2. 关于连锁经营

（1）连锁经营的战略思考。连锁经营使用第三方物流服务，除了能获得专业服务能力、技术和成本优势外，还可以获得战略层面的好处。

第一，能集中核心业务。连锁企业的核心是如何选点开设门店、拓展销售网络、促销、商品布置和采购。因此，随着社会专业化分工越来越细，实行物流外包将是今后连锁经营发展的趋势。

第二，能降低风险。现代物流领域对设施、设备、信息系统等的投入是相当大的，而且物流需求的不稳定和复杂性导致投资存在巨大的风险，而采取连锁经营可以使风险分散。

(2) 第三方物流进行连锁经营面临的挑战。

第一，物流成本存在歧义。从现代物流观念出发，物流成本不仅包括仓储、运输及相关费用，还包括在整个物流成本中占很大成分的库存成本、企业组织成本和信息处理成本等。但在现行会计核算体系中，反映物流成本的仅有运输、仓储及其相关费用。这就使连锁企业缺乏统一的物流成本核算办法，物流成本的高低缺乏科学的参照对象，最终使连锁企业把压缩物流成本的目光聚集在运输、仓储费用上，严重影响了物流服务供需双方合作的积极性。

第二，连锁经营物流外包信用风险较大。在合作过程中，物流公司只有充分参与连锁企业的销售预测、政策制定、计划采购、库存管理、客户管理，并结合自身的物流规划能力、信息技术及运作能力等，才能最大限度地降低交易成本。而这些都是连锁企业的核心机密，特别是管理信息系统的对接或相互开放，将使连锁企业在物流企业面前暴露无遗。因此，连锁经营的企业不得不谨慎行事。

第三，连锁经营物流个性化难度大。对物流公司来讲，为连锁企业提供个性化服务，不但面临巨额资金投入的挑战，也面临固有技术优势的弱化或丧失。如在个性化信息系统方面，要么原有的系统具有很高的柔性，要么应不同的要求投入巨大的人力、物力和财力来研究开发新的系统。面对上万种甚至几十万种商品的库、销、调、存信息，众多的门店，成千上万的供货商，要保证配送中心与连锁企业总部、分支机构、门店以及主要供货商之间的充分连接和信息共享，这对物流公司来说将是一个全新的领域、全新的挑战。

(3) 对第三方物流进入连锁经营市场的建议。

第一，选择合适的时机。了解连锁经营对第三方物流的需要，其实是坚持客户需求导向的体现。首先，要从连锁经营企业的角度分析物流到底有哪些功能或环节，而这些物流服务业务、环节又有多少可以或需要外包，这些可以或必须外包的内容，才是第三方物流服务可以考虑的内容；其次，洞悉客户外包物流的主要原因是为了降低物流成本、强化核心业务，以及改善与提高物流服务质量。

第二，选择特定的产品。选择配送产品的类型要从物流配送的经济性和减少相对复杂的程度上考虑，如切入连锁零售业时，应该尽量选择具有单位价值高、单位配送量高、配送频率较低、产品标准化程度高等特征的对象进行产品配送。比较合适的产品有服饰、体育用品、床上用品、家具、家电等。

第三，选择合适的行业。以医药连锁经营为代表的专业店，其迅猛发展是一个必然趋势，伴随而来的医药行业的物流配送市场也得以扩展。因此，第三方物流企业可对医药行业的物流配送市场加以考虑。同时，现在药品的销售不再面对大客户医院，而是面对众多分散的小型零售药店，这使得经销商必须小批量、高频率面对零售药店进行送货服务，如此引起的物流成本飞涨使传统的物流方式不再适应新形势的需要。因此，这就成为第三方物流企业的一个切入点。

第四，选择合适的市场。中小型零售企业由于自身资源的限制，自营物流模式行不通；而把物流配送转移给厂家的模式又加重了他们的负担，不利于厂商关系的持续发展。这为第三方物流企业的切入提供了机会。另外，随着零售企业的市场策略、发展规模的变化，第三方物流企业也能从中捕捉到切入的良机。

3. 关于战略联盟

物流联盟是为了达到比独立从事物流活动取得更好的效果，而在物流企业间形成的相互信任、共担风险、共享收益的物流伙伴关系。企业之间不完全采取导致自身利益最大化的行为，也不完全采取导致共同利益最大化的行为，只在物流方面通过契约形成优势互补、要素双向或多向的中间组织。狭义的物流联盟存在于非物流组织之间，广义的物流联盟包括第三方物流。第三方物流由于自身规模与能力的限制，往往需要通过联盟的形式提高整个物流行业和区域的物流水平，进而通过合理的共赢机制获得企业效益，如提供公路运输和城市配送服务的第三方物流企业间的共同配送，提供远洋运输的第三方物流企业间的大规模运输等。

(1) 第三方物流企业间的共同配送。共同配送是物流配送企业之间为了提高配送效率以及实现配送合理化所建立的一种配送联合体。共同配送的优势在于有利于实现配送资源的有效配置，弥补配送功能的不足，促使企业配送能力的提高和配送规模的扩大，更好地满足客户需求，提高配送效率，降低配送成本。

(2) 第三方物流企业间的大规模运输。大规模运输的主要目的是增加船舶靠、离港密度，这样可以使集装箱在码头堆场存放时间变短，进而降低成本。它可由单个船公司实现规模运输，也可由几个船公司联盟来实现规模运输，如互租舱位等形式。由于存在多种原因，集装箱总存在着一定的堆存时间。但通过互租舱位或其他方式来扩大运输规模，能够降低集装箱在港堆存时间，从而为船公司节约成本。

4. 关于物流一体化

物流的成功在于发挥系统的作用，追求系统的优化。物流资源整合即物流一体化，是为适应不断变化的市场环境，在科学合理的制度安排下，借助现代科技特别是计算机网络技术的力量，以培养第三方物流企业核心竞争力为主要目标，将有限的物流资源与社会分散的物流资源进行无缝化链接的一种动态管理运作体系。

物流一体化是对从原材料采购与运输到产成品分销与配送的所有物流活动及相关信息进行系统的管理，通过整合物流各环节的资源和作业，集成各阶段的物流运作、物流信息和物流职能，从总成本、总效用的角度寻找两者交替损益的最佳结合点，以达到降低物流成本、缩短交付时间、提高客户服务水平和赢利能力的目的。

与传统物流管理不同，物流一体化管理追求以下目标的实现：

(1) 整体最优。传统物流关注的是局部效率，实施分段优化；而物流一体化则是运用系统论的整体最优思想，将采购物流、生产物流和销售物流等整个物流活动综合考虑，实现企业整体最优。

(2) 客户满意。传统物流管理的目的只是降低物流成本；物流一体化管理以客户满意为首要目标，寻求在既定的物流成本下不断提高客户服务水平，并寻找服务水平和成本之间的平衡点。

(3) 快速反应。传统物流管理将物流视为支持生产和销售的辅助功能，物流管理的目标就是有效地满足生产和销售的需要。物流一体化管理从价值链的角度，将物流看作是同生产、销售一样的满足客户的主体活动，强调在需求信息的驱动下，采购、生产和销售同步化、并行化运作；同时，物流系统快速组织生产资源，实行准时采购和准时生产，并把产品以最快的速度送到顾客手中，从而大大提高了市场响应速度。

(4) 增强企业竞争力和盈利能力。传统物流把注意力集中在物流作业层面，以尽可能提高物流作业的效率为己任；物流一体化管理更关注管理层面和战略层面，不仅重视物流效率和物流成本，更主要的是将物流与企业的核心竞争力和赢利能力结合起来，以提高企业的经济效益和在市场上的竞争能力。

物流一体化原则包括：

(1) 客户导向原则。所谓客户导向原则，就是以客户为导向，要求第三方物流企业在进行资源整合时必须紧扣客户需求。最符合市场需求的产品或服务，并不是由企业为客户设计的产品和服务，而是由客户设计或由客户与企业共同设计的产品或服务。因此，以客户为导向必须使企业各级人员都明确：企业生存和发展的理由是为客户提供价值。从长远的观点看，企业的使命就是使客户价值最大化，同时使客户的寿命周期价值最大化。

(2) 知识管理原则。所谓知识管理原则，就是要求企业必须提高其物流知识管理能力。这是物流一体化能否成功的关键。在当今的市场经济中，一方面，由于消费者文化素质和收入水平的提高以及选择范围的扩大，其主要消费将越来越转向知识含量高的产品，这使得企业面临前所未有的产品或服务压力；另一方面，从技术的角度看，技术进步的日新月异使企业进入新的市场更加容易。

(3) 系统整合原则。所谓系统整合原则，就是以系统整合为最优目标。理解这一原则，应抓住其关键：物流一体化的目标是要实现物流系统的整体最优，而不是系统内部的要素目标最优。因此，在实施这一原则对物流系统进行整合时，首先要确定一个系统边界，才能便于其整合运作的开展。其次，不论如何界定系统边界，物流系统都应包括运输、储存、装卸、包装、流通加工、配送和物流信息等环节。

(4) 物流运作规范化原则。所谓物流运作规范化原则，就是按现代物流的要求，对物流整合的具体运作和物流作业流程进行再规范，并确定科学合理的物流业绩评价标准，依此进行具体的运作组织和管理，以降低物流资源整合的成本及损失，提高第三方物流企业资源整合质量。

三、第三方物流企业营销活动

物流产品组合的专业性和个性化，决定了物流营销在不同时期要采取不同的营销策略。服务的无形性、不可分离性、可变性和易消失性，使得服务业的营销落后于制造业。对第三方物流服务的调查指出，为客户着想和提供服务的可靠性是其取得成功最主要的因素。物流营销是体现客户服务水平的关键因素。第三方物流营销的核心就在于持续不断地改进服务水平，降低物流成本，与客户企业建立长期的战略联盟关系。

（一）第三方物流服务营销

第三方物流企业有别于传统的仓储、运输类企业，它是作为物流专家的角色为客户企业提供物流服务的，其营销具有鲜明的特点。在物流服务的初期，第三方物流企业的重心在于降低物流成本，提高物流服务水平，加强客户企业物流外包的信心，并不断扩展服务范围，提供更广阔的服务种类，进行一些专用性资产的投资，使客户企业建立依赖性；同时，逐步加大对信息技术、管理人才的投入，在合作过程中不断发掘新的服务项目，提供个性化、差异化的服务。

第三方物流企业的最大优势就是可以防止价格竞争，根据客户需求为其量身定制差异化的物流服务项目，防止被模仿，一般通过第三方物流的差别形象标志或差异化的服务内容来体现。第三方物流企业必须持续地提供比竞争者更高质量的服务，满足或超过客户对服务质量的期望。通过寻找标杆企业，建立服务绩效监督机制，定期对服务水平进行评估审计，找出不足，不断完善；建立满足客户投诉制度，有效处理客户投诉，可以实现这一要求。另外，员工道德是影响客户服务水平的一个很重要的因素，因此加强员工道德教育必不可少。

（二）第三方物流关系营销

第三方物流的关系营销主要包括以下四个方面。

1. 与政府的关系

包括促进或提议更改立法与规定，比如获得市区车辆的通行证。

2. 与客户企业的关系

生产经营企业将物流业务外包出去，他们之间的关系将随物流外包层次的提高，合作程度的逐步加深，从初期的一次性的买卖关系向长期的契约关系发展，最终建立共享信息系统的战略联盟关系。

（1）交易关系。这是基础阶段的客户关系，建立在一次交易或一系列独立交易的基础之上。物流企业应拓展服务范围，增加服务种类，提供增值服务，为客户降低成本。

（2）契约关系。这是合作阶段的客户关系，双方按具体情况确定契约关系。物流企业以合同为导向，加大对客户企业进行专用性资产投资的力度，如信息技术、仓库、人才等，分担客户企业的经营风险。

（3）战略联盟。这是集成阶段的客户关系。双方为实现共同利益，具有一致的价值取向和战略目标，通过建立持久性合作，共享利益、共担风险，相互依存，巩固联盟关系。

3. 与其他物流公司的关系

单一第三方物流企业拥有的资源技术有限，只有通过联合其他第三方物流企业，形成战略同盟关系，才能实现更高的客户服务水平。

4. 服务公共宣传

通过参加物流研讨会，或借助新闻媒介，用正面的形式展示本企业的新闻和信息。

四、战略联盟与第三方物流供应商

（一）战略联盟与物流战略联盟模式

1. 战略联盟

战略联盟的概念最早是由美国 DEC 的总裁霍普兰德和管理学家奈格尔提出的，是指两个或两个以上有着对等经营实力的企业或特定事业的职能部门，为达到共同拥有市场、共同使用资源等战略目标，通过各种契约而结成的优势相长、风险共担、要素双向或多向流动而形成的松散型网络组织。

2. 物流战略联盟模式

物流战略联盟模式是指物流企业为了达到比单独从事物流服务更好的效

果，形成的互相信任、共担风险、共享收益的物流合作伙伴关系的经营模式。国内中小型物流企业，尤其是中小型民营物流企业，自身力量薄弱，难以与大型跨国物流企业竞争，因此，其发展方向是相互之间的横向或纵向联盟。这种自发的资源整合方式，通过有效的重组联合，依靠各自的优势，可以在短时间内形成一种合力和核心竞争力；同时，在企业规模和信息化建设两个方面进行提高，形成规模优势和信息网络化，实现供应链全过程的有机结合，从而使企业在物流服务领域实现质的突破，形成一个高层次、完善的物流网络体系。在战略联盟的实施过程中，可以将有限的资源集中在附加值高的功能上，并将附加值低的功能虚拟化。虚拟经营能够在组织上突破有形的界限，实现企业的精简高效，从而提高企业的竞争能力和生存能力。

（二）我国第三方物流企业建立战略联盟的必要性

第一，我国第三方物流企业还处于发展初期。随着我国经济的发展以及外资企业的进入，我国已经出现了一批现代物流企业，并显示出良好的发展势头和巨大的发展潜力。但现状不容乐观，真正意义上的第三方物流还处于发展初期，国内第三方物流企业大多是原有运输、仓储企业的翻版，缺乏现代管理手段，因此还没形成真正的市场竞争优势。物流企业之间的竞争仍然停留在比较初级的阶段，各方不是在服务质量上进行竞争，而是在价格方面相互拼杀，这只会带来两败俱伤的后果。建立物流企业战略联盟，通过协议形成有效的竞争模式，有利于缓解物流企业之间的恶性竞争。

第二，我国第三方物流企业服务功能单一，服务水平比较低。大多数从事物流服务的企业只能简单地提供运输和仓储等一般性服务，而在流通加工、物流信息、库存管理、物流成本控制等物流增值服务方面，尤其是物流方案设计以及全程物流服务等更高层次的物流服务方面，尚处于发展完善阶段。虽然中远集团、中外运集团、中国储运总公司这样大型的运输仓储企业已向第三方物流企业转化，但他们的传统运输、仓储业务仍占主要部分，其第三方物流服务功能仍不完善。建立战略联盟有利于各方实现功能互补，形成比较完整的物流供应链，通过提供一站式物流服务提高企业物流服务水平。

第三，物流联盟的建立有助于减少交易过程中的相关交易费用。物流合作伙伴之间的经常沟通与合作，使得搜寻交易对象信息方面的费用大为降低。提供个性化的物流服务建立起来的相互信任与承诺可减少各种履约风险，即使在服务过程中产生冲突，由于物流契约一般签约时间较长，也可通过协商加以解决，从而避免无休止的讨价还价，或由于法律诉讼而产生耗费。

第四，现代物流发展的国际趋势是强强联合，国外物流企业纷纷向集约化、协同化方向发展。通过充分发挥互联网的优势，可以及时准确地掌握全球动态信息，调动自己在世界各地的物流网点，构筑起全球一体化的物流网络，节省时间和费用，将空载率压缩到最低程度，战胜对手，为客户企业提供优质服务。与国外物流企业相比，我国物流企业在规模和网络方面都有很大的差距。通过物流企业战略联盟，有助于我国物流企业实现规模经济，降低物流成本，增强企业的竞争力。

第五，加入WTO后，我国物流业所面临的竞争环境需要物流企业战略联盟的建立。我国已加入WTO，物流领域与运输服务和分销领域一样将进一步对外开放。国外物流企业纷纷看好中国物流市场的发展。面对庞大的物流市场需求和弱小的供应能力，国外物流企业早已跃跃欲试。其中已有部分世界著名的物流企业先期进入了中国市场，参与国内物流市场的竞争。因此，我国物流企业应着眼于今后的竞争形势，采取联盟的形式壮大自身实力，整合现有资源，提高技术装备的现代化水平，如此才能够摆脱弱小的现状，走向强大，立足于未来激烈竞争的市场中。

（三）对我国第三方物流企业战略联盟的建议

我国的第三方物流企业仍在成长中，相互之间的战略联盟还不普遍，但是在经济全球化和WTO的市场格局下，结为战略联盟将是第三方物流企业组织模式发展的必然趋势。

1. 利用国际资源，积极与国外物流企业结盟

国外物流企业大多规模大、实力强，有着先进的技术和管理经验。与这些企业建立战略联盟，通过股权参与或契约安排的模式，可以使我国物流企业借助国外联盟伙伴的力量增强竞争优势，从而解决自身经济实力不足、经济效率低下、管理经验缺乏、学习能力不足等问题。

2. 强化联盟中的组织学习，增强自身竞争优势

战略联盟为合作伙伴提供了了解对方的机会。通过物流企业的战略联盟，合作伙伴可以学到对方的知识，特别是物流管理方法和技能。从这种意义上说，联盟伙伴的竞争本质上是学习能力和学习效益的竞争，联盟的最终目的是通过联盟提高企业自身的竞争能力。因此，联盟内的企业应该把通过联盟向对方学习作为首要战略任务，最大限度地通过联盟关系来增加内部资源，不断强化企业自身的竞争优势。

3. 树立长期战略目标，强化合作意识

我国的第三方物流企业仍处于发展初期，缺乏长远的战略目标和合作意识。企业将主要精力放在当前经营中的短期问题上，如价格战，而很少从长远考虑，如与竞争对手建立合作关系。这样的结果是企业为了满足客户的物流需求，在自己没有足够资源能力的情况下勉强为之，最终将无法生存下去。这也是目前我国第三方物流企业大量涌现，又很快被淘汰的原因。因此在强大的竞争压力下，企业应该由对立竞争转向合作竞争，以增强自身竞争能力。

4. 推进联盟关系的建立

联盟中的信任是逐步建立起来的，建立我国第三方物流企业的战略联盟，

不能急于求成。我国现阶段的联盟以股权参与为主。随着企业的发展，对联盟性质认识的推进，企业将建立越来越完善的联盟规则和监督制度，逐渐向契约联盟转变，最终将建立起最具灵活性动态联盟合作模式。

第二节　第三方物流服务产品开发

一、物流系统规划与设计的一般程序

在规划第三方物流方案的整个过程中，具体的设计过程是所有环节的中心，也是第三方物流服务中最能体现其管理水平、策划能力和服务水平的环节，还是赢得客户的关键。

在设计第三方物流方案时，有许多要考虑的因素，包括第三方物流中心的规模、数量及选址，第三方物流中心的最佳库存与服务水平，运输设备的类型与数量，运输线路，第三方物流的流程设计和第三方物流的信息系统等。不同的企业对物流有不同的要求，没有一个第三方物流方案可以适用于所有企业，因此，必须结合实际情况来设计第三方物流方案。

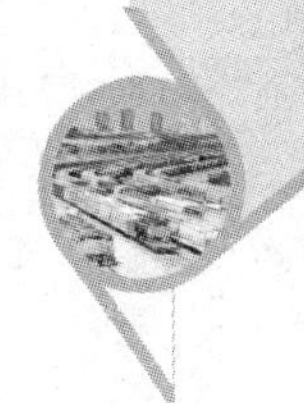

第三方物流方案的设计包括许多环节，具体来说可以分为下面三个相互联系的阶段：调研阶段、创新阶段、实施阶段。每一个阶段都有明确的目的，第三方物流企业通常情况下都按照这三个阶段进行有序的分析与设计。

（一）调研阶段

调研阶段是在对客户需求进行详细分析的基础上，收集和分析有关数据，对具体的物流过程进行分析。这个阶段的工作包括对现有的物流过程进行描述，收集和分析数据，评价现有物流体系的绩效，同本行业先进企业的物流实践进行对比等。在调研的基础上，通过一系列的指标对物流体系的绩效进行衡量，同时与行业的标准企业进行对比分析，可以发现现有物流体系存在的问题和不足，找到解决问题的关键。

1. 可行性分析

（1）现状分析。现状分析的目的是寻找改进的机会，包括对内部、外部、竞争和技术的评估与分析。进行内部分析时要检查所有的物流环节，尤其要对现有的系统所存在的缺陷作出评价。

（2）外部评价与分析。外部评价与分析是对供应商、客户和消费者的外在关系的分析。分析评价时应该考虑市场的趋势、企业现在的能力与竞争对手的能力。

（3）技术评价与分析。技术评价与分析是对物流各个环节的关键技术与能力的评价，需要考虑现行技术与最先进技术的差距、新技术应用的潜力。

（4）机会分析。机会分析是指通过前面的评估与分析，发现改进的机会；

通过对当前的物流过程与实践进行评价，确定具有改进潜力的方面。

(5) 成本-效益分析。效益分析包括服务的改进与成本的降低。服务的改进包括货物的可得性、服务质量与服务能力的提高，它有利于增加现有客户的忠诚度及吸引新客户。

2. 项目计划

由于物流系统的复杂性，需要有一个完整的计划。项目计划包括以下几个方面：

(1) 目标的确定。目标包括物流系统改进的成本与服务期望。目标必须以可度量的方式表示，如货物的可得性中A类产品99%、B类产品95%、C类产品90%，收到订单后98%的货物在48小时内发运等。也可以用总成本为约束条件，然后在物流总成本预算内设计达到客户服务水平最高的系统。

(2) 约束条件。它是指在对潜在机会进行分析的基础上，对允许的修正范围作出的限制。限制的性质取决于公司特定的环境。

(3) 收集和分析数据。

第一，确定数据分析方法。只有在确定了要采用什么样的数据分析方法以后，才可以有效地组织、整理数据，避免无序地收集之后才发现数据杂乱无章，进而加大后期分析的难度。基本的数据分析方法有数学规划法、计算机仿真法、统计分析法等。每种具体的方法对数据量的要求以及对数据组织的要求都不一样。在实际应用中，有些方法还要求先建立模型，其具体步骤如下：①给出假设前提。任何物流系统的设计都必须考虑到企业未来发展的需要。企业发展的需要可以通过一些有根据的假设给出，这些假设包括市场、产品的变化，企业产品的发展趋势，竞争对手的发展趋势，需购置的设备由于技术进步或其他原因被淘汰的可能性等。②确定数据源。它主要包括确定各类数据发生在什么地方，可以通过哪些途径收集。一些数据可能还要确定由哪些人去收集。对于企业自身的销售量，客户分布以及运输量之类的数据可以从企业的历史记录中获得；对于整个市场的分布、运输线路的分布、相关政策的技术要求之类的数据，有些情况下可以通过专业咨询机构获得想要的数据；对于竞争对手的一些数据，有些可以在公布出来的材料中获得，有些则要通过交换的方式获得，还有一些可以通过购买或咨询的方式获得。

第二，收集数据。前期准备工作就绪以后，就可以开始收集数据了。这一步花费的时间可能较长，而且往往容易出错。在很多情况下，出错是因为忽略了某些次要因素对综合物流的影响。采用在非代表性的时间段内的数据同样是一项错误。因此，收集数据时应该注意其有效性、代表性和适用性。

收集数据的同时或收集完数据以后，就可以开始数据的分析工作了。如果收集与分析同步进行，必须考虑到数据的更新问题，这要根据具体的数据量和收集数据持续时间的长短来确定。分析数据应该密切结合第一步中确定的问题，给出解答或备选方案。

第三，分析数据。在分析数据阶段，主要任务包括以下几个方面：①定义所分析的问题。确定了一些问题的可接受方案以后，可以减少数据分析的复杂性，缩短数据分析时间。因此，应先估计出某项决策对综合物流影响的大小，然后再制定可以接受的范围。②基本方案分析。利用各种手段分析数据，然后将结果和过去的数据相比较。对那些有较大变化的数据要特别注意，检查是否存在错误。不准确的数据、输入过程中出错、分析手段不合理都有可能产生错误。发现错误后必须检查错误来源，对分析程序加以调整。③方案比较。对分析结果进行评价的内容包括：检查第一步中的每个问题是否得到了合理的解释，如果没有，是什么原因造成的？分析方法是否还有改进的余地？提出建议并对各方案做一些调整。④灵敏度分析。完成前面的分析以后，对提出的几个备选最佳方案进行灵敏度分析，即假设某些数据发生改变，最佳方案是否还是最佳？如果要作出调整，调整的幅度与这些发生了改变的数据之间的关系是怎样的？

（二）创新阶段

具体的创新手段有简化式创新，如省略或合并某些物流活动或环节；优化式创新，采用一些决策支持系统来对物流体系进行重新设计，如配送网络设计、动态运输计划等；模仿式创新，即将国内外相关企业先进的物流实践，结合客户企业特殊的情况进行创新。

（三）实施阶段

这里所说的实施阶段，并不是通常讲的具体实施过程，而是方案的实施设计。这个阶段的工作包括以下几个方面。

1. 过程的系统化描述

将方案执行的细节描述出来，便于实施人员学习和参照。集中体现过程的系统化描述的是物流服务计划书。有时为了更好地规范物流管理和作业，应将标准操作流程按照岗位进行拆分，形成岗位工作指南，如运输人员工作指南、仓储人员工作指南等。

2. 过程自动化

自动化实际上就是选择或开发合适的信息系统，将物流管理和运作的过程自动化。采用信息系统不仅能解决工作效率问题，还可以规范管理和运作的过程。

3. 人力配置

在过程系统化和标准化的基础上，设计组织结构、岗位职责等。

二、第三方物流服务产品设计

第三方物流服务产品设计可分为仓储运输配送服务的第三方物流、物流系统规划与设计、其他增值服务三类。

（一）基于基本仓储运输的第三方物流

物流系统的要素包括货物运输和配送、仓库保管、装卸、工业包装、库存管理、工厂及仓库选址、订单处理、市场预测和客户服务等，一般可归纳为运输、仓储保管、配送、包装、装卸搬运、流通加工等作业环节。通过对第三方物流企业提供的服务内容及客户使用第三方物流服务情况的调查可以发现，大多数第三方物流企业都致力于为客户提供全方位、一站式的服务，能够向客户提供运输、仓储、信息管理、物流策略系统开发、电子数据交换等全方位物流服务，具体见表3-2。

表3-2　第三方物流企业提供的服务内容

序　号	服务项目	服务提供者的百分比（%）
1	开发物流策略/系统	97.3
2	电子数据交换	91.9
3	管理表现汇报	89.2
4	货物集运	86.5
5	选择承运人、货运代理人、海关代理人	86.5
6	信息管理	81.1
7	仓储	81.1
8	咨询	78.4
9	运费支付	75.7
10	运费谈判	75.7

通过对客户使用第三方物流服务情况的调查可以发现，客户最常使用的还是仓储管理（56%）和运输服务（49%）。这是因为，经过一系列的作业流程后，直接面向最终客户的是仓储配送环节。一次配送活动，从接受并处理订单开始，通过集货和送货过程，使相对处于静态的物品完成一次短暂的、有目的的流动过程，这当中包含了相关的物流功能的参与。

因此，从某种意义上说，仓储配送功能是物流体系的一个缩影。基于这样的一个理论，第三方物流企业应从仓储配送环节入手，对物流的各个环节进行有机的整合，从而实现第三方物流信息系统面向客户对象的最佳管理。

1. 运输管理

运输是第三方物流企业的一项基本业务，也是供应链中物资实现转移的一种基本手段。相对于传统运输而言，第三方物流企业向客户提供的是一种基本手段。这种集成运输模式采用多式联运，实现对客户的“门到门”服务，过程复杂，影响运输成本及运输质量的因素众多。第三方物流企业作为发货人与收货人的中间方，有机会也应该有能力对物流资源进行整合，充分发挥第三方物流的运作优势。第三方物流企业在作业过程中应考虑到各项影响因素，尽可能降低其运作成本，实现规模经济。因此，第三方物流企业在运输管理中需要对各种货物进行运输需求整合及运输优化。

所谓运输需求整合，是指第三方物流企业根据多个客户需求，将具有相同运送时间、地点要求的运输需求，在不影响运输质量的前提下进行拼车混装，从而达到整合的目的，实现规模经济。例如，在某些情况下，小批量的货物运输（非满载运输）是不经济的，但是，多品种、小批量生产的供应链环境需要小批量采购、小批量运输，特别是及时制（JIT）的发展，大大提高了货物的供应频率，增加了运输费用，造成了运输的不经济。第三方物流企业是一种为大多数企业提高运输服务的实体，它为多条供应链提供运输服务。如当多家供应商彼此相邻时，就可以采用混装运输的方法，把各家供应商的货物依次装在同一辆货车上，实现小批量交货的经济性。这就是联合运输的好处。

所谓运输优化，是指第三方物流企业运用线性规划、非线性规划技术制定最优运输计划。在企业到产品消费地的单位运费和运输距离，以及各企业的生产能力和消费量都已确定的情况下，可用线性规划技术来解决运输的组织问题；在企业的生产量发生变化的情况下，生产费用函数是非线性的，可用非线性规划来解决。

2. 仓储管理

仓储管理同样是一项不可或缺的服务内容。仓库在物流系统中除了能够长期储存原材料和产成品，起到“蓄水池”的作用外，在第三方物流管理模式下，还被赋予了包括运输整合、产品及原材料组合、库存管理等一系列增加附加值的功能。

（二）基于产品配送物流网络系统的设计

产品配送物流网络系统是用来连接产品的生产地点与消费地点的，它可以达到两个目的：第一，在恰当的时间，把恰当的货物以恰当的数量送达恰当的地方；第二，当需要的时候，通过存货控制协调生产与需求。

新建企业需要建立物流网络系统，老企业由于业务增长与变化，也需要不断地对原来的物流网络系统进行重新设计。

1. 产品配送物流网络计划的类型

计划是为可预测的环境而制订的，可以帮助指导和确定企业在市场中的定位。没有计划，企业就不能有效地预见问题与解决问题，不能在要求的时间里实施解决问题的方案。物流网络计划类型见表 3-3。

表 3-3 物流网络计划类型

计划类型	计划原因	要 求
战略计划	决定总体目标与所需资源	政策制定
战术计划	细化物流中心的战略目标，成为行动计划	长期
操作计划	确保特定的任务由日常操作来完成的过程	短期
应急计划	对紧急情况的反应	不同情况的处理

企业必须具有确定企业目标的战略计划，“我们的业务是什么”这个问题的答案决定了企业的总目标与方针。企业的计划分为战略计划、战术计划、操作计划和应急计划四种，战略计划、战术计划和操作计划都属于“进攻性”计划，而应急计划则属于“防御性”计划，用于对付始料未及的事件。这四种计划互为补充。

2. 基于空间效益的第三方物流配送方案设计

（1）空间效益概述。

物流的空间效益主要是指在物流活动中，物流对货物的空间转换作用所带来的效益。空间效益主要是通过运输和仓储这两个基本业务产生的。

（2）物流空间效益的内容。

现代物流的空间效益主要来自于两个大的方面：

第一，由货物自身空间的转换所带来的效益，即因物流对货物的空间转换引起的货物（包括原材料、成品、半成品等）的销售市场的扩大、供求关系的改变，以及由产业合理布局所带来的效益。其中，产业合理布局的效益属于物流空间效益的宏观层面。

基于货物自身空间的转换所带来的效益，按照货物在产销地的情况又可以分为三类：基于集中生产所创造的效益、基于分散生产所创造的效益及基于中间集散所创造的效益。

第二，由物流成本的降低所带来的效益，即因运输和仓储等物流业务的成本属性逐渐为现代物流研究所重视，从而带来的运输线路的优化，仓储管理、采购优化和由现代信息技术支持下的先进的物流理念所形成的成本降低。

按照国际贸易理论，不同经济区域之间自然资源、技术、设施等的差异，使得不同经济区域之间生产同一种产品的成本是不同的，不同行业的产品的销售市场、生产情况、规模效益等也是不同的。对于那些生产过程中规模效益比较明显，而成品运输费用较低的产品，可以采取集中生产的方法以降低成本，获取生产的规模效益。对于那些受自然条件、技术条件以及社会分工深化等因素影响难以集中生产或生产成本较高的产品，则可以采取分散生产的方法来降低生产成本。例如，粮食必须在适宜的区域种植。又如，汽车生产由于涉及较多的高质量的零配件，而零配件供应商分布广泛，通常是以分散的方式进行生产。由于生产力的发展、社会产品的丰富，现代生产和消费由过去的一对一、一对多或多对一的关系变为了多对多的关系，各品种、各品牌的产品面临众多的消费者，每个消费者也面临众多品牌的产品选择。在这种情况下，由于信息流通的关系，商品交易借助中间集散地进行，这样既有利于实现消费者对“物美价廉”的追求，也有利于生产者利润的获得。

(3) 配送物流网络的优化。

物流网络体系包括采购、营销、服务网络等。依托广泛、扎实的采购网络，企业能以较低的成本采购最合适的原材料；通过广泛的营销网络，企业可以最大限度地以合理价位销售产品；良好的服务网络也可以为企业赢得良好的信誉，对提高客户满意度、产品美誉度起着重要作用。但是，网络体系也有其成本属性，所以企业的配送网络体系同样存在优化的问题。

网络体系的优化包括对现有网络体系的撤并、扩建与合作利用等。从物流角度看，物流网络可以理解为一张包含着商品、信息、服务内容的网络。网络的变动是“牵一发而动全身”，一个节点的变动可能会影响整个系统的稳定，因此，对网络的优化应慎重，坚持“平稳、安全、有利”的原则。

(4) 优化物流配送物流路径。

物流路径指在物流作业过程中物品所流经的路线。不同的物流路径意味着不同的运输方式，因此，优化物流路径也包含着作业方式（如运输方式）的优化。如果说采购点与网络的优化是一种空间选择结果的优化，那么物流路径的选择则是一种作业过程的优化。在物流路径的选择中，可以通过相关的技术、方法，结合实际，寻求最优方案，以取得最佳的空间效益。

优化物流路径根据起讫点情况可以分为单一起讫点、多起讫点和起讫点重合。单一起讫点可应用运筹学中的最短路径问题解法来解决；多起讫点可应用运筹学中的线性规划方法、动态规划方法和专门解决运输问题的表上作业方法来解决；起讫点重合在物流中最为常见，在本书中将做重点讨论。

在对物流配送进行物流路径优化之前，首先应该明确路径选择的原则。物流路径选择应遵循以下原则：

第一，安排车辆负责相互距离最接近的站点的货物运输。卡车的行车路线围绕相互靠近的站点群进行计划，以使站点之间的行车时间最短。

第二，从距仓库最远的站点开始设计路线。要设计出有效的路线，首先要划分出距仓库最远的站点周围的站点群，然后逐步找出仓库附近的站点群。一旦确定了最远的站点，就应该选定距该核心站点最近的一些站点形成站点群，分派载货能力可以满足该站点群需要的卡车。然后，从还没有分派车辆的其他站点中找出距仓库最远的站点，分派另一车辆。如此往复，直到所有站点都分派有车辆。

第三，安排行车路线时各条路线之间应该没有交叉。应该注意的是，时间窗口和送货之后才能取货的限制可能会造成线路交叉。

第四，尽可能使用最大的车辆进行运送，这样设计出的路线是最有效的。理想状况是用一辆足够大的卡车运送所有站点的货物，这样将使总的行车距离或时间最短。因此，在车辆可以实现较高的利用率时，应该首先安排车队中载重量最大的车辆。

第五，取货、送货应该混合安排，不应该在完成全部送货任务之后再取货。应该尽可能在送货过程中安排取货以减少线路交叉的次数（如果在完成全部送货任务之后再取货，就会出现线路交叉的情况）。线路交叉的程度取决于车辆的结构、取货数量和货物堆放对车辆装卸出口的影响程度。

第六，对过于遥远而无法归入群落的站点，可以采用其他配送方式。那些孤立于其他站点群的站点，为其提供服务所需的运送时间较长，运送费用较高。考虑到这些站点的偏僻程度和货运量，采用小型车单独为其进行服务可能更经济。此外，利用外包的运输服务也是一个很好的选择。

第七，避免时间窗口过短。各站点的时间窗口过短会使行车路线偏离理想模式，所以如果某个站点或某些站点的时间窗口限制导致整个路线偏离期望的模式，就应该重新进行时间窗口的限制，或重新优化配送路线。

这些原则较为简单，而且按照这些原则在物流配送中可以较快地找到比较合理的方案。但是，随着配送限制条件的增加，如时间窗口限制、车辆的载重量和容积限制、司机途中总驾驶时间的上限要求、不同路线对于行车速度的限制等，最优路线的设计越来越复杂。制定配送路线主要有两种方法，即扫描法和节约法。此处主要介绍节约法。

节约法的目标是使所有车辆行驶的总里程最短，并进而使为所有站点提供服务的车辆数最少。首先，假设每个站点都有一辆虚拟的卡车提供服务，随后返回仓库（如图 3-1 所示，由配送中心 P 向用户 A、B 配货），这时的路线里程是最长的；然后，将两个站点合并到同一条线路上，减少一辆运输车，相应地缩短路线里程。在图 3-1 中，合并线路之前的路线总里程为 $2L_1+2L_2$，合并后的路线总里程为 $L_1+L_2+L_3$，缩短的路线里程为 $L_1+L_2-L_3$。

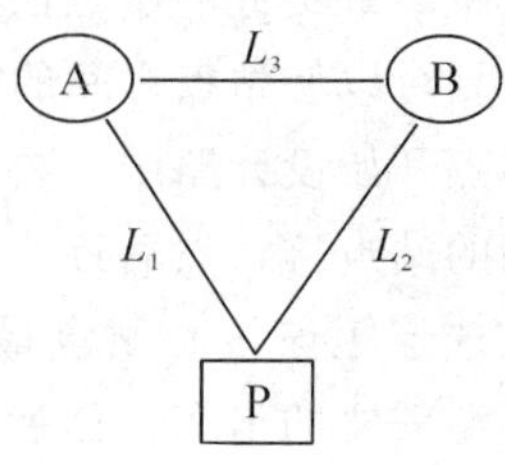

图 3-1　节约法原理示意

继续上述的合并过程。如果是多站点配送（三个及以上），除了将两个单独的站点合并在一起外，还可以将某站点并入已经包含多个站点的线路上，同样可以达到节省配送费用、缩短路线里程的目的，缩短的里程同样可以计算出来。应该注意的是，每次合并都要计算所缩短的距离，节约距离最多的站点就应该纳入现有线路；如果由于某些约束条件（如路线过长、无法满足时间窗口的限制或车辆超载等），节约距离最多的站点不能并入该线路，则考虑节约距离次多的站点，直至该线路不能加入新的站点为止。然后重复上述整个过程至所有站点的路线设计完成。

节约法在按照最大节约值原则将某站点归入某条路线之前，应预先考查加入该站点后路线的情况，而且还要考虑一系列关于路线规划的问题，如行车时间、时间窗口限制、车辆载重等。这种处理方法能够处理有众多约束条件的实际问题，而且可以同时确定路线和经过各站点的顺序，有较强的处理能力。但是，随着约束条件的增加，扩展问题难度的加大，节约法将不能保证得到最优解，但是可以获得合理解。

（5）优化配送空间利用。

空间是物流作业的载体，如运输中的装载空间、仓储中的存储空间、场站的停放空间等，因此空间的利用成为物流空间效益获取的一个优化点。通过优化物流作业环节中的空间利用，包括运输中装载空间的合理分配与利用，装卸过程中搬运、装卸工具空间的利用，以及仓储空间的利用，可以带来物流空间效益的增加。

优化配送空间利用的途径包括标准化、一体化、专有化以及运筹学中的线性规划等技术方法。标准化包括产品包装的标准化和装运工具的标准化。产品包装的标准化是从物流运输、装卸、搬运、仓储的角度出发，设计产品外观包装最优利用空间的尺寸，如香烟的包装就采用统一的标准化包装。装运工具的标准化包括集装箱与托盘的标准化等。标准化的集装箱与托盘，有利于整个国际范围内的物流作业。当然，标准化也是一个过程，需要全球范围内的相关环节为之努力。一体化是指将物流作业中的各环节联系起来，采用不拆箱作业、不卸货作业等，节省途中时间，节约作业成本。如海洋运输与公路运输方式间的联运，承担集散运输的公路运输直接采用汽车集装箱运输的方式，避免拆箱。同时，一体化还可以将作业过程与物流环节的运输过程进行集成，实现空间上的优化利用。如水泥搅拌车的投入使用，能将水泥、砂石、水的运输过程进行集成，较好地利用空间，带来较好的效益空间。当一些特殊产品或者企业的特色产品无法标准化时，可考虑采用专用的装运工具等，以方便装运。

3. 基于时间效益的第三方物流配送方案设计

（1）时间效益概述。

从形式上看，时间效益就是合理把握物的流动时机形成的效益；从实质上看，时间效益主要包括资金使用效率的提高、协调安排生产带来的效益和更好地把握商机形成的增量效益。因此，物流时间效益的内涵就是基于合理把握物流时间所带来的相关收入增加或资源占用和资源消耗成本的减少的综合效益。

按照物流时间效益获取的基本方式可以把时间效益分为缩短时间创造的效益、利用物流时间生产创造的效益、延长时间创造的效益、错位时间效益和JIT（准时生产制）效益五类。

由于市场竞争的原因，现代生产厂商在生产领域的技术水平、利润率水平等基本一致；但是在流通领域，物流组织水平上的差别带来的生产企业间盈利能力的差异极大。物流占用时间的差异所带来的资金使用效率差异就是其中一项，因此缩短物流时间所创造的效益为物流时间效益的首项。作为缩短物流时间的特例，在生产工艺允许的条件下将物流过程和生产过程合二为一，能够加速资金流转，降低资金占用，创造物流的时间效益。

延长时间创造的效益是由某些产品的生产特性和对产品的需求所造成的时间差异带来的，如粮食和某些蔬菜、水果等的生产是季节性的，而需求则是不分季节的，通过冷藏等条件就可以延长供应时间，创造时间效益。类似于延长时间创造效益，通过仓储手段，利用市场规律调节产品的供求关系所带来的效益，我们称为错位时间效益。JIT（准时生产制）所产生的时间效益可以称为时间协调效益，是指以物流的准时或适时为准则所创造的效益。

（2）配送时间效益实现的方式和方法。

按照物流时间效益的实质，我们把时间效益分为提高资金使用效率的效益、时机效益和时间协调效益三类。其中，提高资金使用效率的效益包括缩短时间和利用物流时间生产创造的效益；时机效益包括延长时间和错位时间效益；时间协调效益以JIT效益为代表。

提高资金使用效率的效益，通过缩短时间和利用物流时间生产创造效益实际上都是在减少货物的在途时间，由此提高的资金使用效率主要集中在节省流动资金和加快资金周转速度两个方面。通过对下文资料的分析我们可以清晰地看出。

资料链接

2000年海尔对企业原来的内部组织进行了大刀阔斧的改造，剥离了原来十几个产品事业部的物流和商流功能，包括采购、物流，成立了物流推进本部。首先，海尔对集团企业的物流机构进行了全面的整合，对全集团所有的物流资源进行了合理配置和重组，将过去分散在各个产品事业部的采购业务合并，实行统一采购，以达到或者接近全集团物资JIT采购，从而节约采购成本。

整合采购权限后，海尔利用其集团的品牌与数量优势取得了供货商的最优惠价格；实行统一采购后，采购成本比原来降低了1%～8%，增加了物流的空间效益。

在完成集中采购的同时海尔也开始了物资配送的大统一，也就是根据生产的需要，对生产的各个环节实行JIT配送管理，包括对企业内部生产线进行零部件和离线成品或者半成品进行统一保管和配送。这样在保证生产正常运转的情况下，最大限度地减少了生产线上的库存，从而减少了产品库存资金的占用和采购物品资金的占用，使海尔的库存从15亿元下降到了7亿元，平均库存时间从13天下降到了7天。上述这些经济增长，都是通过物流来实现的，增加的效益集中体现在物流的时间效益上。

上述资料中，海尔获得的优化采购和库存减少造成的库存面积的减少属于物流的空间效益。海尔的库存由15亿元下降到7亿元，平均库存时间由13天下降到7天，节省的8亿元的流动资金以及库存时间由13天一次变为7天一次，则着重体现了物流的时间效益。这里时间效益的衡量标准就是节约的流动资金的机会成本和由于资金周转速度的加快在一定时期内所获得的利益增量。假设海尔的资金利润率为10%，一年周转一次能节约8亿元，将节约的这8亿元的资金用于投资，一年可以获得的利润量就为8000万元，这就是海尔物流整合所获得的时间效益。

本资料中涉及的仅仅是采购、生产和配送过程中获得的时间效益，实际上在销售过程中，因为物流过程中时间缩短所形成的资金周转速度加快，同样可以获得物流的时间效益。假设海尔物流整合后，资金周转速度由原来的一年周转一次变为一年周转两次，那么一年中多获得的利润就是由于资金周转速度的加快所获得的时间效益。

（3）时间协调效益。

时间协调效益是指通过协调相关物的流动时间而获得的效益。从该效益形成的机理来看，时间协调效益的内涵依然是资金的时间价值。但时间协调效益的挖掘并不是缩短某项物流过程占用的时间，而是通过协调相关的若干种类物的流动时间，从而缩短由这些相关物组合成的产品的生产周期。假设某产品生产需要A、B、C三种材料，每种材料采购并运达生产线需要一个星期的时间，产品加工需要三天时间。如果先采购A材料并将其运达后再去采购B材料，将B材料运达后再去采购C材料，那么该产品的加工周期为24天，A、B、C三种材料占用资金的时间分别为24天、17天和10天。如果同时采购A、B、C三种材料，则该产品的价格时间为10天，A、B、C三种材料占用资金的时间均为10天。这种资金占用时间的缩短并不是因为缩短了A、B、C三种材料的采购运输时间或缩短了产品加工时间，而仅仅是通过协调三种材料的采购和运输时间得到的。这就是时间的协调效益。

随着现代科技的发展，产品的零部件数量越来越多，如汽车、飞机的制造涉及的零部件更是以万甚至几十万计。在这种情况下，物流的时间协调效益就显得尤为重要。

时间协调效益的发掘最为典型的代表就是JIT，即准时生产制。JIT通过看板生产系统，以产品装配线的终端为起点，向上游工序逐级传递信息，但每个看板只在上、下两道工序之间往返运动。JIT通过看板生产系统将涉及的各零部件需求和生产指令信息由装配线终端向上逐级并行传递，直至各零部件的供应商。这样就可以实现需求拉动情况下的时间合理协调，从而协调安排生产，获取时间协调效益。

另外，通过综合考虑产品的工艺流程、产品的需求特点和产品的运输过程而采取的物流延迟化策略获取的也是物流的时间协调效益。延迟化策略可以分为生产延迟和物流延迟两个方面。

生产延迟是指最早的商务上可行的生产延迟。例子之一是根据顾客要求混合油漆颜色。零售店不是持有预先混合好的颜色，而是储存几种基色调，再根据顾客的订单来混合颜色。混合储存程序的实现极大地减少了零售油漆商店中油漆的储存数量。美国最大的图像出租连锁店Blockbuster公司开发了一个与总部相连的电子系统，每个商店只保存一些空白录像带，当顾客需要某个节目时快速复制，顾客返还后再洗掉，留存待用。

物流延迟的基本观念是库存的部署延迟到收到顾客的订单。一旦物流程序被启动，所有的努力都被用来尽快将产品直接向顾客方向移动。在这种观念下，配送的预估性质就被完全抛弃并同时保留大批量生产的规模经济。物流延迟的应用中，关键的和高成本的部分被保存在中央库存内以确保所有潜在顾客的使用。当某种部件的需求产生时，将订单通过电子通信传送到中央库存区域，然后使用快速、可靠的运输将需求的部件直接装运到指定地点。物流延迟的潜力随着加工与传送能力的增长以及精确和快速的订单发送而得到了提高，以快速订单和快速发送的优势代替了在需求当地仓库里预估库存的方式。

综上所述，JIT生产是通过合理安排生产过程来获得时间协调效益的。延迟化策略则是将生产的工艺流程、物流过程和客户需求进行统一考虑，在获取时间协调效益的同时，降低运输成本，减少库存，获取物流的空间效益。

（三）第三方物流企业的组织结构设计

根据物流企业是集中在一个区域经营还是网络化经营，第三方物流企业的组织结构设计可以分为点式经营和网式经营两种形式。网式经营的组织结构根据总部和分部的关系，又分为集权型网式经营组织结构和分权型网式经营组织结构。将项目管理的思想引进到点式经营的组织结构，可以创新出矩阵型经营组织结构；将集权型和分权型网式组织结构进行融合，可以创新出混合型网式经营组织结构。

1. 点式经营的组织结构

所谓物流的点式经营，是指企业经营地集中在一个区域的物流企业的运营模式。尽管现代物流讲究网络化运作，但从第三方物流企业的发展实践看，仍然存在大量的点式经营企业。尤其是我国第三方物流企业还处于发展的初级阶段，很多企业还没有形成网络化经营的能力。点式物流企业的组织结构主要包括以下几个部分：

(1) 企业发展部。企业发展部承担市场开发、方案策划、项目实施、技术开发等工作。

(2) 市场营销部。市场营销部的主要功能是客户关系维护和市场开发。在这种模式中，业务员取得业务，维护客户并从客户的物流服务营业收入中取得收益。

(3) 营运部。营运部功能强大，包括调度、营运跟踪、现场管理、采购和物流配送等功能。

(4) 客户服务部。客户服务部包含投诉处理、业务协助和运作监控三个主要的功能。投诉处理反映了物流业务中对正常业务和突发事件采用不同的沟通渠道的原则；业务协助主要在企业内部的营运部和客户之间形成一种协调机制，便于双方的协作；运作监控能使客户服务部具备对内部运作进行监督的职能，从而形成一种内部的自我纠错能力。

(5) 管理部。将行政、人事和质量管理放在管理部，这种设置对于规模比较小的企业是适用的，对于比较大的企业而言，还可以对以上功能进行细分。

(6) IT 部。IT 部负责系统的维护和开发。

(7) 财务部。财务部功能中的成本会计功能对于完善客户管理、员工考核和成本控制有重要意义。尤其是在还很难提供大量增值服务的情况下，第三方物流企业必须重视自己的成本控制，以降低运作成本，为自己和客户创造效益。

2. 网式经营的组织结构

(1) 集权型网式经营组织结构。集权型的网式经营，是指物流企业的总部掌握物流管理和运作的大部分权力，各分公司或子公司构成的网络节点只是负责业务运作的管理和运作模式。采用集权型的网式经营，子公司或分公司一般采用成本中心模式，实行收支两条线，客户直接同总部结算，总部根据各节点的运作情况下发运作经费。

集权型网式经营组织结构设置的优点在于网络的协同效应比较好，便于控制。但这种设置也有很多弊端，如各分公司不对经营利润负责，工作积极性会受影响。同时，由于各地分公司没有自主的客户开发权限，也限制了市场的拓展能力。目前，新型的第三方物流企业大多数采用这种组织结构。

(2) 分权型网式经营组织机构。分权型网式经营组织机构中，分公司是独立经营的实体，每个分公司的组织机构都相当于一个点式经营的组织机构，但这并不意味着总公司就无所作为。总公司尽管不从事具体的市场开拓和客户服务等工作，但在整个网络的发展规划、市场开发指导、技术支持等方面发挥重要作用。

（四）第三方物流服务的持续改进

1. 物流服务持续改进的意义

（1）建立长久的客户关系。第三方物流企业在同客户的合作过程中，不断地利用自己的专业化优势，为客户改进物流服务，提高服务的质量，降低成本，客户能够不断地感受到第三方物流企业服务的专业化所带来的效益，因此会强化双边的信任关系。

（2）作为重要的竞争手段。同产品创新可以作为重要的竞争手段一样，物流服务的持续改进也可以不断提供差异化的服务，以区别于竞争对手，形成竞争优势。

2. 物流服务持续改进的内容

物流服务持续改进的内容是多种多样的，有局部的完善，也有整体的重组；有设施、设备的改进，也有系统的更新；有项目内部的改善，也有物流服务项目的延伸。在特殊情况下，物流服务的持续改进还表现为对全新的物流服务项目的开发。物流服务的持续改进大致可划分为内涵型、外延型和开发型三种主要的类型。

（1）内涵型持续改进。内涵型持续改进是最常见的一种。内涵型持续改进是对现有体系的完善。根据改变的程度和产生的影响，一般将内涵型持续改进划分为体系局部完善和流程重组两类。体系局部完善是指对物流的某些环节进行改进，产生的影响一般也在局部范围内，如包装材料或包装方式的改变，运输跟踪体系的完善，仓库库位管理的科学化等；流程重组一般会对物流服务体系进行重新设计，其影响将是全局性的。

（2）外延型持续改进。外延型持续改进是指在原有服务的基础上拓展新的服务内容。根据拓展方式的不同可以将外延型持续改进划分为广度延伸和深度延伸两类。广度延伸是指在物流服务环节上进行延伸，如由一般的仓储管理向运输、仓储一体化管理发展，由货运代理业务向综合物流业务发展等，体现为物流服务环节的增加，从而可以使第三方物流企业可整合的内容增多，可优化的空间增大，一般会比原来的服务效果更好。深度延伸是指在物流服务的一个项目或环节上进行深化，往往表现为提供一些新的增值服务项目。

（3）开发型持续改进。开发型持续改进是指开发出全新的物流服务项目。开发型持续改进是所有持续改进中最难的一种，因为这类改进相当于新产品的开发，一般没有可以借鉴的经验。

3. 物流服务持续改进的保障措施

(1) 树立持续改进的观念。首先要树立持续改进的经营和管理理念，鼓励员工发现问题和解决问题。一些物流企业的技术实力和管理水平并不弱，但却很少对自己的服务进行持续改进，原因就在于他们还没有形成这样一种意识和氛围。

(2) 建立服务缺陷反馈机制。所谓持续改进，主要是针对物流服务中不完善的环节而言的，因此，如何在工作中发现问题（服务缺陷）就成为持续改进的关键。因此，要实施持续改进的管理模式，必须建立服务缺陷反馈机制。

(3) 建立持续改进技术小组。发现问题只是第一步，接下来要做的就是解决问题。对于一般性的问题，一般通过部门经理就可以解决；对于比较复杂的技术性问题，解决的难度就很大，一般需要专门的技术小组来解决。

(4) 在绩效考评中考虑持续改进。要彻底地推行持续改进的管理模式，还必须将持续改进纳入对项目经理或部门经理的考评中去，从而激发管理人员推行持续改进的积极性。

第三节　第三方物流解决方案

一、第三方物流解决方案分类

物流解决方案是物流企业或物流咨询公司根据客户物流需求或需要解决的物流问题，向客户提供的可实施的个性化物流方案。

物流解决方案按客户需求可分为物流信息系统解决方案、物流配送解决方案、物流管理解决方案、全程的物流解决方案（一体化物流）等。物流解决方案按物流对象所属行业可分为家电物流解决方案、汽车物流解决方案、零售业物流解决方案、会展物流解决方案、化工品物流解决方案等。

第三方物流企业应形成独特的商业模式，开发出一系列针对客户需求的个性化物流解决方案模型，如中国远洋物流有限公司在一体化物流服务的基础上，为客户提供了个性化的全程物流解决方案。

二、第三方物流解决方案的编制准备

一个完整而规范的物流方案对物流企业和客户是同样重要的。作为第三方物流企业，应做好下列方案的编制准备工作：

(1) 与客户进行初步的接触和谈判，基本掌握客户的生产、销售及物流现状等相关数据和信息。特别是要了解货物的物理性质和化学性质、货物价值、货物包装方式、货物市场季节供应等情况，并进行物流货源分析。

(2) 就方案的基本思想和主要内容征询运营部、财务部、信息技术部和客

户服务部等部门的意见。

(3) 明确方案的编制部门和人员、版本级别、保密等级、存档部门、发放范围等。

三、第三方物流解决方案的主要条款

(一) 封面设计

内容包括方案名称、客户名称及客户IC标志，方案的版本等级、保密等级，右上角用方框注明“仅供××公司（客户名称）使用”，加盖物流方案专用章。

(二) 扉页

扉页是指以物流企业市场总监的名义给客户相关负责人的简短的致函，内容包括物流的合作意向、物流方案、物流企业总经理或市场总监的亲笔签名。

(三) 物流企业简介

内容包括物流企业基本情况介绍，如物质资源、人力资源、经营理念、策略等；物流企业资质介绍，如各种营运许可证、质量认证等；物流企业的主要业绩，如主要物流客户、客户评价等；物流企业的核心能力。

(四) 客户物流方案设计

内容包括客户物流现状及存在的主要问题分析；物流企业拟建议的物流方案；物流企业具备的运作保证体系，如有效的资源整合方式、高科技的物流信息管理系统、服务内容和质量、成本控制、投诉处理反馈、客户回访制度等；运作效果分析，方案的可行性和优越性，如提供相关效益测算数据。

(五) 物流企业承接物流业务的方案报价

内容包括先期明确报价的形式和内容，如按客户销售额一定比例报价，或按分项的物流业务报价，或按总体承包形式报价；报价的计算基础和测算依据及相关的后备数据；以表格形式详列的列数报价细目；另行格式标注的附加报价，如保险价、自然损失价格等；必要的解释和说明。

(六) 工作进度安排

内容包括物流企业对执行该方案的时间安排建议（以表格形式为好）；每一步骤及相关责任人。

(七) 有关项目双方联络小组的建立

内容包括物流企业对此项目的负责部门、负责人、联系人、联系方式（以表格形式为好）。

(八) 附件

内容包括物流企业草拟的物流服务合同范本，可以是综合物流合同，也可以是分项的运输或仓储合同（提交的合同范本应是企业认同的，并经过企业律师顾问审查的）。

（九）其他

内容包括方案包装及统一。物流方案与企业种类文件包装及形式应统一，参照国际流行编排形式，要注重细节和外观，方案不同部分均应独立成页，整体设计要整齐、规范。

第三方物流解决方案的设计过程如图 3-2 所示。

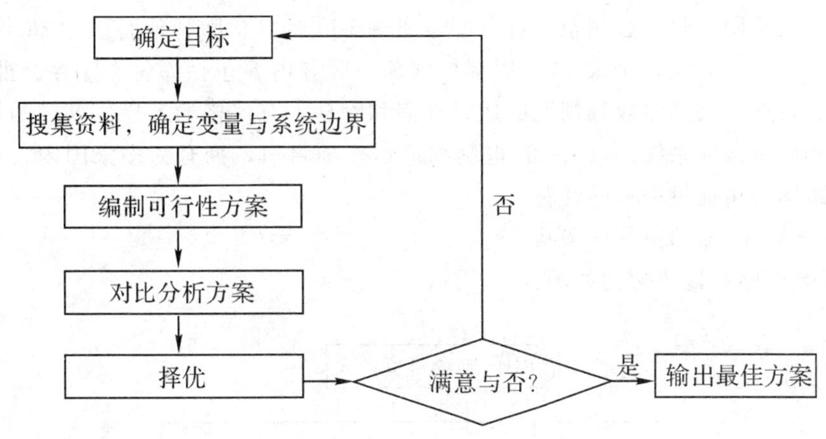

图 3-2　第三方物流解决方案的设计过程

四、第三方物流解决方案范本——远成物流的 BB 电脑物流运作方案

（一）合作目标

（1）确保 BB 电脑产品安全、准确、及时地运送到 BB 电脑的客户处，促进 BB 电脑的生产、销售，提高 BB 电脑客户的满意度。

（2）应用远成网络资源、信息平台和专业的物流管理，降低双方运作成本，促进 BB 电脑的物流管理，提高双方的竞争优势。

（3）不断提高和完善自己，满足 BB 电脑发展的需要。

（4）成为 BB 电脑优秀的物流供应商。

（二）项目背景

1. BB 电脑的物流现状及要求

主要产品：显示器、主机。

销售区域：全国。

暂定物流合作区域：东北区、华北区、西北区、西南区以及远成设有分公司的其他城市。

人员要求：提供高素质、具有丰富经验的操作人员，配备专人组织项目组负责 BB 电脑厂业务。

设备要求：提供车况良好的车辆，车队管理严格完善以保证收货质量。

运输方式：公路运输、行包快运。

物流运作模式：经销商自提与物流供应商送货相结合。

仓库需求：1000～2000 平方米，防潮防雨，布局整齐。

2. 远成集团背景

广东远成集团是在广东省工商行政管理局注册的大型企业集团公司，在全国各主要大中城市设有 23 个全资直属分公司，分公司下设多个办事处。

远成集团广州分公司自有各种型号车辆 160 台。仓库管理面积为 28000 平方米。全年 365 天，全天 24 小时提供服务。服务内容包括库位、库存、批次、发运、在途、到达签收等情况的适时查询和管理。有严格的各操作部门的运作流程和质量保证系统。设有 BB 电脑物流运作项目组，拥有为多家国内大型企业和跨国公司提供服务的经验。

（三）BB 电脑项目组架构

BB 电脑项目组架构如图 3－3 所示。

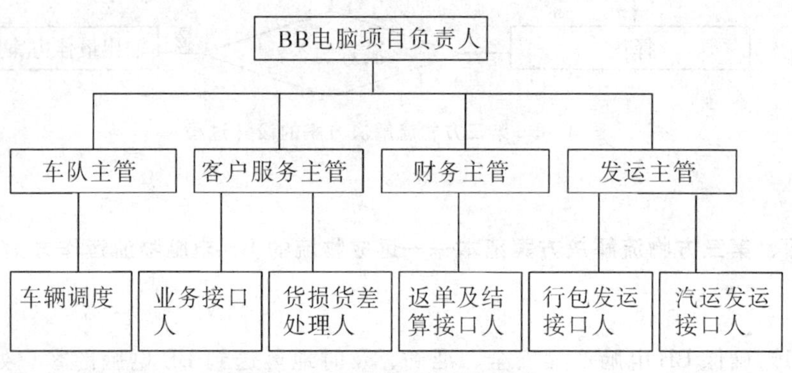

图 3－3　BB 电脑项目组架构

（四）BB 电脑项目业务运作流程

1. 业务运作流程

BB 电脑项目业务运作流程如图 3－4 所示。

2. 业务运作流程说明

(1) 根据 BB 电脑项目业务运作需要，公司可派 1 至 2 名货运员到 BB 电脑物流部长驻，负责从 BB 接单、联络公司安排收货并与 BB 仓管人员现场监督装车。

(2) BB 电脑于下午5 点之前下单发货的，公司于当天安排发运；下午 5 点之后下单发货的，于次日安排发运。

(3) BB 电脑货物从公司发出当日起至货物送达收货方期间，公司在远成信息系统录入货物批次明细、发运、在途、到达签收等情况，货物在途情况由公司客户服务组业务接口人跟踪和更新信息，BB 可在公司网站

(www. yc56. com) 上输入客户编码查询发运情况。

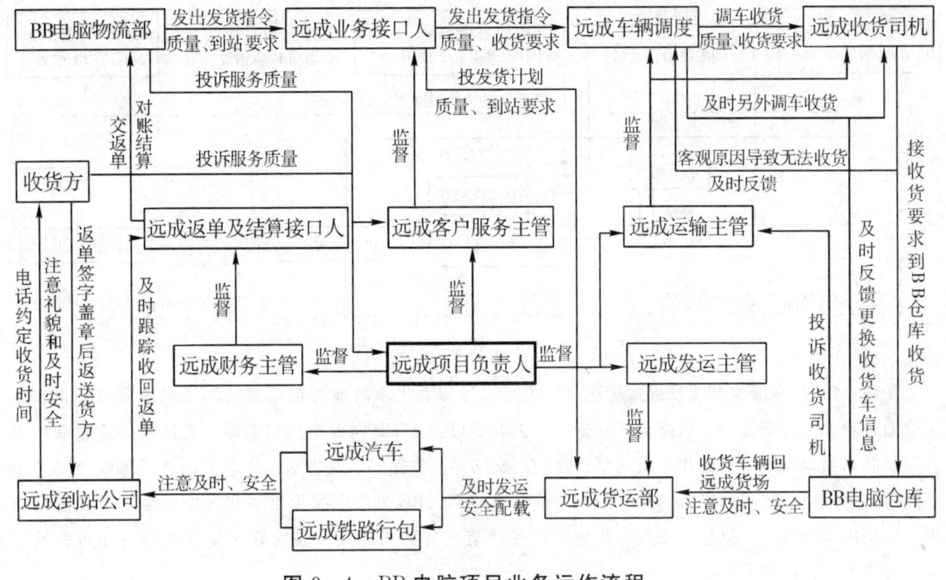

图 3-4　BB 电脑项目业务运作流程

(4) 返单及结算程序如图 3-5 所示。

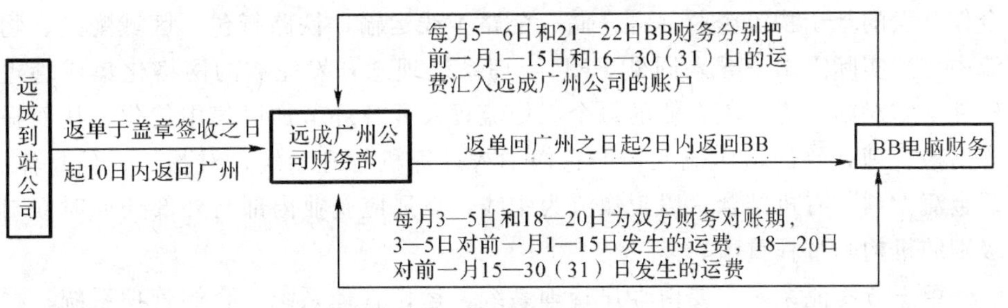

图 3-5　返单及结算程序

(5) 货损货差处理程序如图 3-6 所示。

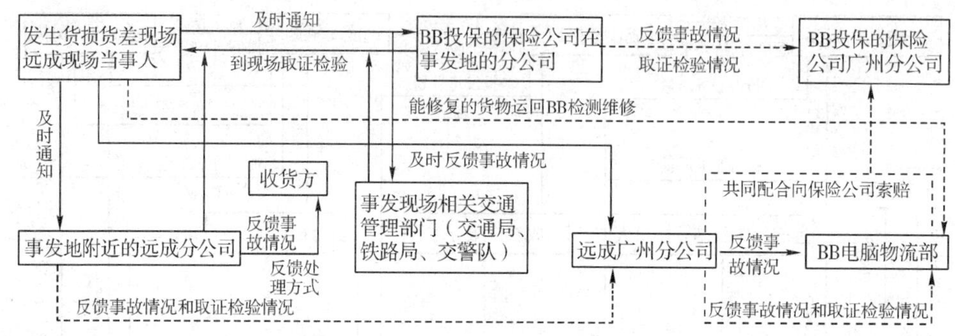

图 3－6　货损货差处理程序

备注：BB已在保险公司投保运输险，远成承运过程发生事故或货损，必须联系当地保险公司和相关交通管理部门（交通局、铁路局、交警队）去取证以便于BB向保险公司索赔。若远成故意隐瞒事实并拖延联系当地保险公司和相关交通管理部门（交通局、铁路局、交警队）去取证而造成保险公司不予理赔的，远成应按照实际损失的货物的出厂价做出赔偿，BB提供产品价格单和发票作为远成理赔的依据。但是因不可抗力、原包装不符合规定的标准而造成货物损坏或包装完好无损但内装货物短少的情况，远成不承担赔偿责任。

（五）远成物流信息系统

1. 远成物流信息系统说明

远成物流信息系统是广东远成集团信息中心与四川公用信息产业有限公司合作开发的基于物流企业（含仓储、公路干线运输、铁路行包、区域配送、物流中心）实际需求，导入国外ERP管理系统理念开发完成的网络化集成管理软件。它对第三方物流企业的每个工作流程及业务环节加以集中优化，从而提炼出最合理高效的运作流程，把它们纳入计算机管理系统，对物流、信息流、资金流做到了有机结合，以工作流为主线，以适应企业内部与外部任何时候与级别的机构和过程重组。

第三方物流系统主要由客户管理系统、运作管理系统、仓储管理系统、财务管理系统、OA管理系统、查询管理系统、成本管理系统等大型系统有机结合而成。每个系统之间相互联系，资源共享，按工作流程进行操作，并配有严格的权限管理机制以确保系统安全。

该软件与其他物流软件最大的不同之处在于，它不仅可以追踪每件产品从生产商到消费者的全过程，包括接单、集货、出入库、盘点、搬运装卸、配载、跟踪、单据自动做账、信息共享、领导查询、成本分析等，而且所有系统全部采用自主开发模块集成在一起，能提供最及时的业务与跟踪信息反馈，一目了然式的领导查询，综合效率也得到进一步提高，并计划上传数据到电子商务网站平台，为客户提供跟踪、查询、统计服务，客户端EDI（或E-mail）传递与接口软件服务，以加密方式整合用户（客户）已有的住处系统与第三方物流管理系统的数据传递，提高信息传递速度与安全性。

2. 远成物流信息系统主要模块的功能

客户管理系统的功能包括公司的市场相关部门对客户的开发，过程与结果的信息管理，对客户资料、运作价格和对开发人员业绩进行考核与汇总打印。

运作管理系统的功能包括客户的运输与仓储请求的接单，车辆合理配载、运输、跟踪、仓储等的操作，自动进行结算，将数据传到财务系统做账，对车辆的系统管理。

仓储管理系统的功能包括对多个仓库实行统一管理，为每个仓库配备一套专用的大型仓库管理系统；提供入库操作，按先进先出原则进行出库与移位操作；编制各种日报表、周报表、月报表并定期盘点等。公司正计划配备激光条形码扫描器专用系统。

财务管理系统的功能包括引进包括总账系统、固定资产管理等在内的用友财务管理软件，满足公司财务网络化管理的需要，并为其他子系统提供自动做账奠定基础。

OA 管理系统包含公司组织机构管理系统与人力资源管理系统。其功能包括集团总部、分公司、部门、车队的设置及人员安排，提供员工档案、人力资源状况，管理工资、内部通信和内部行文。

查询管理系统的功能包括及时准确地为公司提供企业的相关信息，以生动的图形与精确的数值显示企业营销、运作、资金、客户投诉的实际情况，以便及时发现问题，减少人为因素干扰。

成本管理系统的功能包括对企业各部门、各环节的成本进行分析与管理，尽可能降低与控制成本，增加利润，确定重点控制环节。

3. 远成物流信息系统框图

远成物流信息系统如图 3-7 所示。

（六）安全行车与车队日常管理办法

1. 机构设置

组织机构是明确职责分工、承启职级关系、加强有效沟通的有力依据，对公司人事职级的配备、日常业务行政管理具有指导意义。车队按现行车辆配备和业务量的实际情况下设四级管理机构，具体为：一级，负责人 1 人；二级，车队长 1 人；三级，包括司机班长、维修主管、调度主管、安全主管、采购主管；四级，包括司机、维修员、调度员、安全员、采购员。

四级组织机构的设置是依据现代企业，特别是服务行业的竞争要求员工能最大限度地发挥个人潜能以及方便业务开展这一特点而设立的。每个司机班长负责约 10 台车辆，便于管理和信息沟通。除维修组外，调度员、采购员、安全员、仓库管理员均设两人一组的职能班组进行管理。

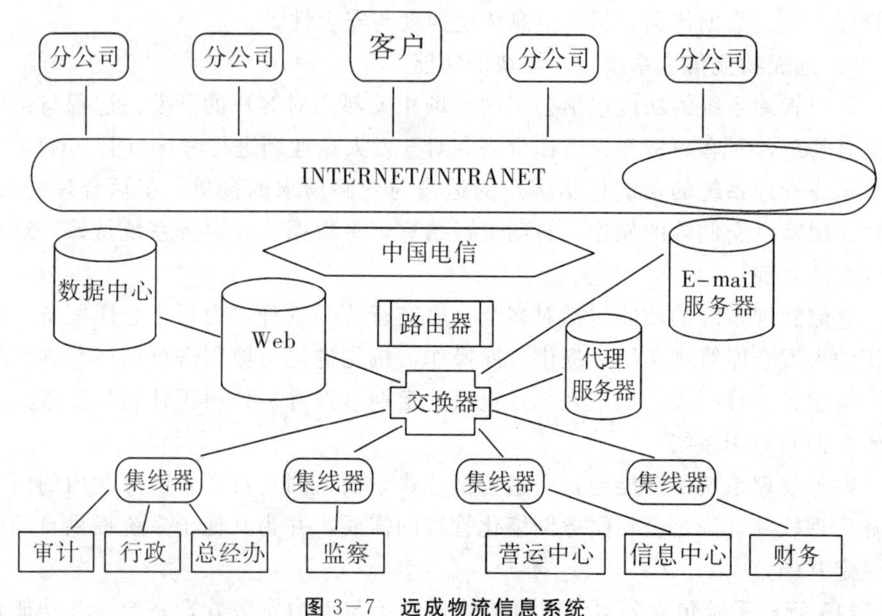

图 3-7 远成物流信息系统

2. 人员岗位责任制

（1）负责人的责任。

①执行分公司总负责人的指示，负责车队的整体管理工作。

②主持制定车队经营方针、经营目标以及各项管理制度和操作流程。

③实现管理科学化、规范化、系统化、标准化。

④掌握市场信息，开拓经营业务，提高全队经营水平。

⑤培训、督导各级管理人员，知人善任，充分调动员工的积极性，提高全队人员的综合素质。

⑥审核费用报表，控制费用开支，健全内部控制制度，提高增收创利水平。

⑦组织增进内外交往，营造有利于公司经营发展的内部氛围和外部环境。

⑧健全消防安全制度，落实防范应急措施，保障公司车辆和人员的生命安全。

（2）车队长的责任。

①全权负责汽车队的管理事务。

②监督司机严格执行公司的各项规章制度，并对司机的违纪行为提出初步的处理意见。

③组织、监督司机的安全学习，完善各项安全行车措施，教育司机树立"遵纪守法，安全行车"的观念，降低事故发生率。

④严格监控并指导司机按照货物转送的规范程序完成工作任务。

⑤监督、审核司机各种费用的报销审批工作，采取有效的管理手段杜绝弄虚作假现象的发生。

⑥负责督查司机及车辆的验审工作，确保运输任务的顺利进行。

⑦组织召开部门会议，了解员工的思想动态，加强部门员工的沟通，稳定员工队伍。

⑧帮助行政部做好员工的招聘培训工作，保障并不断提高员工队伍的整体素质。

⑨承担由于工作失职给公司造成的经济损失。

（3）车辆调度主管的责任。

①具备车辆调度的能力，熟习车辆、人员调度程序。

②负责对受理、货运、车队的一条龙的协调运作。

③根据货物运单及时编排运输车辆；填写派车单，预先安排车辆、人员的工作。

④负责车队车辆及司机的调配，确保分流任务的完成。

⑤熟悉路况、车辆及当班司机的状况，审核司机路单。

⑥负责根据实情对车队提成进行修整，并报总公司行政部。

⑦全面掌握全队车辆动态情况及对车辆进行跟踪。

⑧根据货物量和地址，制定优化的搭配和运输线路，并负责车辆进、出路线的监管。

⑨预先编制司机的排班、轮休时间表，保证运输工作的顺利进行。

⑩负责安排交接班遗留事项，确保工作的延续。

⑪负责调度工作各种文档的建立、保存。

⑫承担由于工作失职给公司造成的经济损失。

（4）车辆调度员的责任。

①协助车辆调度主管的工作，听从车辆调度主管的安排。

②做到公正公平，合理调派车辆。

③协助车辆调度主管登记司机的考勤出车情况及车辆动态，对路费进行初审。

④协助车辆调度主管对长途车辆进行登记、调派等。

⑤协助车辆调度主管定期为各部提供业务报表及报告。

⑥提高服务意识，注意礼节礼貌，及时登记并安排，保持调度台整洁有序。

（5）安全技术主管的责任。

①负责车辆的质量技术管理，保证车况良好。

②建立健全车辆技术资料档案。

③编排车辆维修保养计划，记录车辆维修保养情况。

④负责车辆购进前的验收、办证工作。

⑤执行公安、交警的法规，组织车辆的年审工作。

⑥负责司机交接车检查、登记手续，对离队、辞职司机的车辆验收工作。

⑦每月定期跟随大车了解司机的思想、路况、路桥费、加油以及车辆技术状况等情况。

（6）安全员的责任。

①编制安全学习、培训内容，安排驾驶员参加安全学习，做好学习考试、考勤情况记录。

②发生交通事故时，应迅速赶到事故现场，协助交警处理交通事故。

③完整记录、保存交通事故档案（包括事故的经过和处理证书、单据等），及时向领导汇报情况，分析事故原因，制定防范措施。

④负责车辆的规费、保险以及各类证件的办理工作，确保车辆畅通运行。

⑤负责驾驶员驾驶证的资格审核、登记工作，严格把关，对使用过期证件、伪造证件的司机，一律不准驾驶车，确保车辆安全。

⑥负责事故车辆的提取和外厂维修工作，及时向保险公司申请办理事故车辆的索赔工作。

⑦负责车辆证件、办理费用、交通事故、机械事故、事故修理等相关文件的保管归档工作，以及驾驶员离职时档案和相关工作的交接。

⑧承担由于工作失职给公司造成的经济损失。

（7）汽车班长的责任。

①以身作则，遵守各项规章制度，带领全班人员积极完成部门领导交给的任务。

②定期向领导汇报本班员工的思想、工作情况，安全行车及车辆技术状况，准时参加部门会议并向本班传达会议及通知精神。

③组织班内的安全、业务学习，并做好学习内容、考勤记录。

④督促本班员工遵纪守法，爱护车辆，提高服务质量，注意行车安全，减少事故发生。

⑤定期向部门领导提出存在的问题及合理化建议。

⑥每天进行一次车容、车貌及卫生检查。

（8）司机的责任。

①司机必须遵守《中华人民共和国道路交通管理条例》以及省、市、区的有关交通法规，安全行车，并遵守公司的一切规章制度。

②出车前必须提前十五分钟到岗，按出车前规定项目对车辆进行认真检查，严禁不验车上路或带病上路。

③司机应了解所开车辆的性能，严格按生产厂家技术要求操作，如因操作不当造成机械事故，要追究司机的责任，并由司机承担因此造成的经济损失。

④司机行驶途中要经常停车检查车胎气压是否正常，货柜是否锁好，篷布捆绳是否松动以及油表轮固是否紧固。

⑤无特殊情况，一般不得私自改变行车路线。

⑥下雨天司机要勤于检查篷布是否漏雨，以免造成运输途中雨水将货物浸湿情况，如系人为责任，司机要承担全部损失。

⑦司机出车执行任务，遇特殊情况不能按时返回的，应及时报告主管，并说明原因。

⑧司机对主管人员的安排应无条件服从，若有其他意见或建议（对工作安排有意见的），事后可向主管或上级领导反映。

⑨未经领导批准，司机不得将车辆交给他人驾驶。

⑩协助有关人员检查、统计车辆油耗、维修、各种费用等情况。

⑪因公用车要凭主管开具的派车单出车，并认真登记来回公里数和路桥点及费用，交车管登记、备档。

⑫司机在行车前必须带齐所有证件并妥善保管，以备交警和车管部门检查，回公司后交回仓库管理员，并做好登记。

⑬司机在使用车辆时必须做好出车前、收车后的检查工作，一般日常保养的工作由司机自行完成，如司机只开车不保养，要对司机进行处罚；做到勤保养、少维修的，应给予表扬和奖励。

⑭出车前检查配备的工具是否齐全，如果在中途有机械事故发生，因没带齐配备工具而不能及时维修造成损坏的，由司机负责。

⑮车辆交接时必须按清单检查随车配备工具，如发现丢失工具应照价赔偿并给予处罚。

⑯当发生交通事故时，要依照交通与保险法规规定的程序妥善处理，不得故意逃避责任，逃逸或不配合处理者后果自负。

⑰司机必须参加车队组织的安全学习会。

（9）维修主管的责任。

①负责车队维修班的管理工作，建立相关的维修制度。

②编排全队车辆维修计划。

③负责本班人员的工作安排。

④不准将未入库配件直接用于维修。

⑤严格检查所购汽车配件的质量，杜绝伪劣配件的使用，如因配件存在质量问题发生机械交通事故，维修主管负有不可推卸的责任。

（10）采购员的责任。

①采购员必须根据维修计划进行采购，要求与质量高、信誉好、配件齐全的供应商洽谈，尽量在价格上争取优惠，购买后交维修工验收。

②采购员采购配件时应有一名相关人员一道进行。

③采购员采购回来的物料必须交由主要维修工人及仓库管理员检验，合格后登记入库，不合格的配件由采购员负责退回，否则追究采购员责任。

3. 操作规程、各项制度

(1) 驾驶员装货、卸货程序。

①装货。

a. 司机在接到派车单后，首先要弄清收货人的所在地，不清楚的可打电话询问。严禁不明线路、毫无目的地出车，否则，所产生的费用由司机承担。

b. 装货时，司机必须监督装车，核对好品名、数量和收货人，力求在允许的情况下尽可能多装，但要掌握好尺度，既不能严重超负荷损坏车辆，也不能挤压货物造成货物损坏；货物装车完毕后，司机签字确认，在货物交接清楚的情况下所产生的货损货差由司机负责。

②卸货。

a. 驾车进入卸货场地，要严格遵守站场停车规定，不得乱停乱放。

b. 卸货前要确认收货人是否正确，验明收货人的证件，核对品名、数量、发货单位或发货人，确保送货准确无误。“货到付款”类型的货物应先收款后卸货。

c. 卸货过程中，司机要自始至终在现场监督卸货，如出现问题自己处理不了的，应及时与车队取得联系，征求处理意见。

d. 卸货后，必须要收货人在签收货单上签字、盖章，回车队后及时交调度员归档。

(2) 车队维修制度。

①车辆的维修必须在车队维修组进行，维修组要定期对车辆进行一级、二级例行检查保养。

②维修过程中，必须有主修监督指导，确保维修质量，并做好维修记录。

③车辆遇到突发事故时，必须及时做好抢修工作，由车队组织人员配合修理组进行抢修。

④车辆出现问题，司机未通知车队维修工而发生事故时，应由司机负责任，并追究处理；油电路发生故障时，应由司机排除和处理，处理不了的故障再由维修工处理。

⑤车辆在高速公路上发生故障时，应及时向车队汇报，做好抢修工作，如因无水、无油所发生的机械事故应由司机负责任，按经济损失总额的35%扣取；如果需要更换轮胎、油电路发生故障，司机应全力进行维修，以免拖车所造成的经济损失，否则追究责任。

⑥车辆发生交通事故后，应及时向交通部门报案，向车队汇报，保护好现场，司机不能远离。如果司机为所造成事故的主要责任者，则司机负全部责任；如果司机为所造成事故的次要责任者，则由他方或保险公司负责。因倒车

不小心造成的小事故，应由司机负全部责任，照价赔偿后不追究责任。

⑦因车辆超高、超载经交通部门处罚的，应由公司负责；因司机违反交通规则所造成的吊或扣证件的经济损失由司机负责。

（3）保养、检查、维修细则。

①建立维修档案，内容包括车号、时间、维修部位、更换部位、配件名称、维修人员签字。

②根据车号编制保养计划，做好定期保养，一保由司机自行负责。

③平时要按规定的项目对所负责的车辆进行保养和检查，发现车况异常要自行检修，若自己不能处理，则应立即报告主管，根据主管的指派协助维修工完成修理作业，必须在作业现场监督维修的工作质量，发现问题应及时提出，以便及时处理。

④出车前要认真检查方向部位，传动部位，制动装置（刹车总泵、油气管是否破漏），水、电解液、油各系统的标准值，灯光设备等，一切正常后方可出车。回公司后洗车，认真检查底盘有无漏油现象，还要检查刹车、离合器等。

⑤维修时先由司机填写维修申请，维修组提出意见，再由车队长签字后交给维修组进行维修。在维修过程中发现其他部位有隐患要告知司机，说明情况，如需同时维修的，由司机补填维修申请单。

（4）报批维修计划。

维修工和司机将维修部位及原因，需要更换或加工的零件所需费用和时间等，以报告的形式向车队提出，共同分析可行性报告，签署意见，按程序报请公司审批。

（5）车辆的管理、使用。

①定人定车，实行以班组的模式量化管理，配合修理工，以十台车为一组，设立组长，负责所属车辆的检修，对组员反映的车况进行综合汇报，监督配件的质量及维修质量的评定。

②维修人员修复车辆后必须由司机与组长进行车辆测试，提出意见，再由维修人员（组长）进行档案汇存。

③对维修专业人员技术发挥的评定，应成立技术顾问小组，该小组由老司机、主修工组成；对车辆机械故障的技术分析、评定，应做到公平、公开、公正，一视同仁，避免司机与修理工在责任的承担上互相推脱。

④实行奖惩制度，对爱车、护车、勤保养的司机、维修工给予奖励；对盲目追求个人利益，出车前不检查车况的司机给予惩罚。

（6）安全制度。

①司机必须遵守《中华人民共和国道路交通法规》，在行驶中做到“礼让三先”，杜绝开英雄车、霸王车，时刻牢记“安全”二字。

②每月 5 日和 25 日，由安全员组织司机学习安全常识和有关交通法规，并围绕日常行车所遇见的情况展开讨论。

③在学习期间充分发扬民主，开展“批评与自我批评”，提高车队的正规化素质。

④安全员每月要有 10 次跟随大车了解司机的思想、路况、路桥费的核查及车辆的技术状况等。

(7) 违规、违章及事故细则。

①司机要按照交通规则行车，树立安全第一的思想，消除事故隐患。

②司机因违章驾驶而被交管部门处罚的，公司不予报销。

③发生交通事故，要妥善处理（视情节轻重决定是否报交警处理），并立即告知主管和安全员以备处理。

④司机驾车外出时发生机械故障而使车辆损坏，若不主动报告主管和安全员的，由其承担此次车辆维修的全部费用，并按惩罚细则处罚。

⑤采取弄虚作假手段骗取、骗报钱财的，将严肃处理。

⑥事故发生后，要保护好现场，司机不能远离。如果司机为所造成事故的主要责任者，则司机负全部责任；如果司机为所造成事故的次要责任者，则由他方或保险公司负责。因倒车不小心造成的小事故等，应由司机负全部责任，照价赔偿后不再追究其责任。

⑦因车辆超高、超载经交通部门处罚的，应由公司负责；因司机违反交通规则所造成的吊或扣证件的经济损失由司机负责。

⑧维修过程中，由车队统一申购应使用的配件和用品。由车队审核或主修工申请，经财务审核、公司审批，由主要修理工人和车队有关人员、行政部、财务部监督进行购买。如出现突发机械故障时，车队使用原计划的 3000 元备用金进行购买。无特殊情况下，不能使用备用金；否则追究责任，上报公司处理。

（七）项目组主要岗位责任描述

1. 项目负责人

(1) 岗位职责。

①根据设立的工作目标，制订项目的工作计划并组织实施。

②对项目所有业务运作的结果负责，检查和控制各项业务操作的过程和结果。

③指挥和协调运输业务与服务跟踪之间的运作，提高每个岗位员工的工作效率。

④保证业务运作资源，确保各项业务操作的正确完成，并采取措施降低业务运作的成本。

⑤了解和掌握客户的业务需求和相关规定，保持与客户的良好沟通和合作

伙伴关系。

⑥管理业务单证和报表，及时完成业务费用的收支结算工作。

（2）岗位考核。

①业务运作的衡量指标。

a. 运输时间可靠性：100%。

b. 残损率：0。

c. 准时回单率：98%。

d. 运输工具质量及格率：100%。

e. 到达入库及时率：99%。

②业务信息系统的数据录入。

a. 及时率：98%。

b. 准确率：100%。

c. 完整率：100%。

③业务单证处理（填写，传递）。

a. 及时率：98%。

b. 准确率：100%。

c. 完整率：100%。

2. 车队主管

（1）直接上级：项目负责人。

（2）直接下级：车辆调度、司机。

（3）岗位职责。

①掌握每日运送客户的业务量，合理调度配载车辆，及时发运和降低成本。

②跟踪检查运输业务的关键环节，确保达到衡量指标。

③直接管理车队，保证运作质量。

④对业务单证及报表进行审核和上报。

⑤完成直接上级下达的任务。

（4）岗位职权。

①指挥运输业务的运作。

②考核直接下级岗位员工。

（5）岗位考核。

①运输业务。

a. 运输时间可靠性：100%。

b. 残损率：0。

c. 准时回单率：98%。

d. 运输工具质量及格率：100%。

e. 到达入库及时率：99%。

②运输业务数据录入。

a. 及时率：98%。

b. 准确率：100%。

c. 完整率：100%。

③运输业务单证（传递，填写）。

a. 及时率：98%。

b. 准确率：100%。

c. 完整率：100%。

3. 客户服务主管

（1）直接上级：项目负责人。

（2）直接下级：业务接口人、货损货差处理人。

（3）岗位职责。

①全面管理业务运作，确保各项业务考核指标达到公司的要求。

②对业务操作、服务质量、货损货差处理进行跟踪检查，及时处理协调运作中出现的问题。

③全面贯彻质量控制的管理思想，落实执行业务运作管理系统及质量管理系统，确保质量评估各项指标在95分以上。

④定期与BB电脑或收货方联系，听取意见和建议，并制定相应的措施。

⑤审核业务运作单证和报告并整理好相关的档案资料。

⑥定期与客户沟通，建立良好的合作关系，了解意见，不断创新，改进工作。

⑦完成直接上级布置的工作任务。

（4）岗位职权。

①指挥业务运作。

②考核直接下级岗位员工。

（5）岗位考核。

①业务运作的衡量指标。

a. 客户满意率：90%。

b. 质量保证能力（ISO 9000评估）：95%。

②业务信息系统的数据录入。

a. 及时率：98%。

b. 准确率：100%。

c. 完整率：100%。

③业务单证处理（填写，传递）。

a. 及时率：98%。

b. 准确率：100％。

c. 完整率：100％。

（八）运输价格表

运输价格见表3－4。

表3－4　运输价格

到站	汽运		时间（天）	行包		时间（天）
	元/千克	元/立方米		元/千克	元/立方米	
北京		270	4		280	3
天津		270	4		280	2.5
成都		270	5		280	3.5
重庆		260	5		270	3.5
兰州		270	6		275	4
贵阳		250	4		260	3
昆明		250	4		260	3
石家庄		265	4		280	3
郑州		240	3.5		250	2
武汉		200	3		200	2
沈阳		300	5		320	4
长春		310	5		330	4
哈尔滨		320	6		340	4.5
乌鲁木齐		340	9		360	5

备注：单个到货地点或0.3立方米按30元/件计费，市内送货按80元/趟收取送货费。

本章小结

越来越多的第三方物流企业已经认识到研究物流市场发展规律，具备物流系统产品开发、系统规划与设计能力的重要性，许多物流服务项目正是在此基础上进行的。为了适应变化的环境，提升第三方物流企业的市场竞争力，必须优化企业的战略和进行系统性的规划设计，以求得最有利的物流系统。本章首先讨论了物流服务系统的参与者，接着阐述了物流市场模式及战略联盟，最后研究了物流服务产品的设计开发，并提供了物流解决方案范本，将理论与实践相结合。

思考与练习

1. 第三方物流解决方案的主要条款有哪些？请结合第三方物流解决方案范本进行阐述。

2. 我国第三方物流市场模式有哪些？在实施中应树立哪些理念？
3. 基于时间效益的第三方物流配送方案设计实现的方式和方法是什么？
4. 在研究第三方物流市场时为什么要关注物流战略联盟？

实践要求

拟写第三方物流解决方案。

Logistics

第三方物流的业务管理

学习目标

1. 熟悉第三方物流业务管理中的运输管理、配送管理、仓储管理、装卸搬运及流通加工管理、费用管理、合同管理以及第三方物流管理主要业务流程中的相关内容。

2. 掌握第三方物流服务项目监控中客户服务监控、成本与生产效率监控、仓库运输和存货监控的相关内容。

第一节　第三方物流的基本业务管理

一、第三方物流运输管理

第三方物流运输管理是对整个运输过程的各个部门、各个环节以及运输计划、发运、接运、中转等活动中的人力、物力、财力和运输设备进行的合理组织、统一使用；通过实时控制、监督执行，以求用同样的劳动消耗创造更多的运输价值，取得最好的经济效益。

（一）影响第三方物流运输管理的因素

运输与保管不同，运输是在运动中进行的，具有点多、面广、线长、流动、分散等特征，在全部物流费用中所占的比重最高。针对这一特点，第三方物流企业应从全局出发，努力达到运输距离适中、运输能力节省、运输费用低、中间转运少、到达速度快、运输质量高等目标。

第三方物流运输应注意以下五个方面的影响因素。

1. 运输距离

运输过程中，运输时间、运输费用等技术经济指标都与运输距离有一定的比例关系，运输距离的长短是考察运输安排是否合理的一个最基本的因素。

2. 运输环节

每增加一个运输环节，势必要增加运输的附属活动（如装卸、包装等），各项技术经济指标也会因此而发生变化。因此，减少运输环节将对合理运输起到一定的促进作用。

3. 运输工具

各种运输工具都有其作业的优势领域，对运输工具进行优化选择，最大限度地发挥运输工具的特点和作用，是运输合理化的重要一环。

4. 运输时间

在全部物流运作时间中，运输时间占绝大部分，尤其是远程运输。因此，运输时间的缩短对整个流通时间的缩短将起到决定性作用。此外，运输时间的缩短还有利于加速运输工具的周转，提高运输线路的通过能力。

5. 运输费用

运输费用在全部物流运作费用中占有很大比例，运输费用的高低在很大程度上决定着整个物流系统的竞争能力。实际上，无论对货主还是对物流企业自身，运输费用的相对高低都是判断其运输合理化的一个重要标志。

（二）不合理运输的表现形式

1. 空驶

空车无货载行驶可以说是不合理运输的最严重形式。造成空驶的主要因素有这样几种：

（1）没有利用社会化的运输体系，依靠自备车送货提货，出现单程空驶。

（2）由于工作失误或计划不周，造成货源不实，车辆空去空回，造成双程空驶。

（3）由于车辆过分专用，无法搭运回程货物，形成单程回空周转。

2. 对流运输

这是指同类的或可以互相代替的货物间的相向运输。它是不合理运输中最突出、最普遍的一种，具体表现为：

（1）明显对流，即同类的货物沿着同一线路相向运输。

（2）隐蔽对流，即同类的货物在不同运输方式的平行线路上或不同时间内进行的相反方向的运输。

3. 迂回运输

由于物流网的纵横交错以及中间的机动性、灵活性，在同一始发站和终点站之间往往有不同的运输路线可供选择，凡是不经最短路线的绕道运输就称为迂回运输。

4. 重复运输

这是指同一批货物由产地运抵目的地，没经任何加工和必要的作业，又重新装运到别处的现象。它导致了物资流通过程中多余的中转、倒装、虚耗装卸，造成车船的非生产性停留，增加了车船、货物作业量，延缓了流通速度，增大了货损，增加了费用。

5. 无效运输

这是指被运输的货物杂质较多，如煤炭中的矿石、原油中的水分等，使运输能力浪费于不必要的物资运输上。

（三）运输合理化的有效措施

运费成本在物流成本中所占的比重最大。日本通产省对六大类货物物流成本的调查结果表明，其中运输成本占40%左右，如果将产品出厂包装费也计入运输成本，则运输成本占物流成本的50%以上。因此，运输合理化有重要意义。使运输合理化的措施有以下几方面。

1. 运输网络的合理配置

应该区别储存型仓库和流通型仓库，合理配置各物流基地（或物流中心），基地的设置应有利于货物直送比率的提高。

2. 选择最佳的运输方式

要决定选择水路、铁路、公路还有航空运输。如果选择公路运输还要考虑车型（大型、轻小型、专用），用自有车完成还是委托给运输公司。

图 4-1 对公路、铁路和水路三种运输方式的成本进行了比较，其中也包含终端的装卸费用。纵轴上的 C_1、C_2、C_3 点表示相应的终端费用，当运输距离小于 D_1 时公路运输费用最低，D_1 至 D_3 的距离内铁路运输最便宜，而当运输距离大于 D_3 时，则以水路运输为最省。

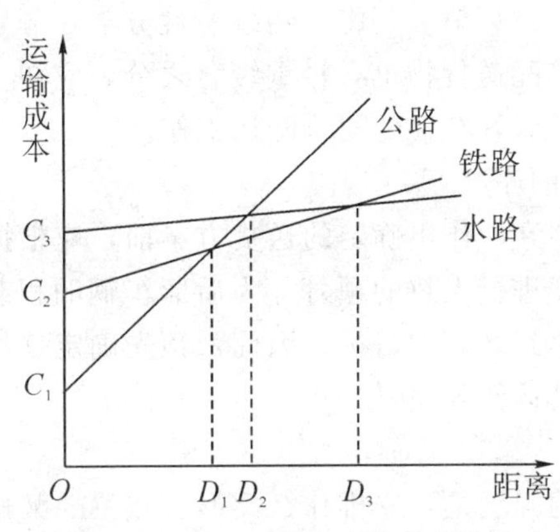

图 4-1 不同运输方式的成本比较

3. 提高运送效率

努力提高车辆的运行率、装载率，减少空车行驶，缩短等待时间或装载时间，提高有效的工作时间，降低燃料消耗。

4. 推进共同运输

提倡部门、集团、行业间的合作和批发、零售、物流中心之间的配合，以提高运输工作效率，降低运输成本。

当然，运输的合理化必须考虑包装、装卸等有关环节的配合及其制约因素，还必须依赖于有效的信息系统，才能实现其改善的目标。

运输合理化要考虑输送系统的基本特性。对城市之间、地区之间的长距离运输（干线输送），由于货物的批量大，对时间要求不很苛刻，因此，运输合理化应着眼于降低运输成本。对于地区内或城市内的短距离运输（端末输送），以向顾客配送为主要内容，由于货物的批量小，应及时、正确地将货物运到，这种情况下的合理化目标应以提高物流的服务质量为主。

二、第三方物流配送管理

（一）配送作业的流程

1. 划分基本配送区域

首先将客户所在地的具体位置作系统统计，并作区域上的整体划分，再将每个客户包括在不同的基本送货区域中，以作为配送决策的基本参考。例如，以行政区域或交通条件划分不同的送货区域，在区域划分的基础上再作弹性调整来安排送货顺序。

2. 车辆配备

由于配送货物品种、特性各异，为提高送货效率，必须首先对特性差异大的货物进行分类。在接到订单后，将货物按特性分类，分别采用不同的送货方式和运输工具。其次，配送货物也有轻重缓急之分，应初步确定哪些货物可配或不可配在同一车，以做好车辆的初步配送工作。

3. 暂定配送先后顺序

在考虑其他影响因素、作出确定的送货方案前，应根据客户订单的送货时间，将送货的先后次序进行大致的预订，为后面车辆的积载做好准备工作。计划工作的目的是保证达到既定的目标。因此，预先确定基本送货顺序可以有效地保证送货时间，提高运作效率。

4. 车辆安排

车辆安排要解决的问题是，安排什么类型、吨位的配送车辆进行最后的送货。一般企业拥有的车型及其数量有限，当本企业车辆无法满足需求时，可使用外雇车辆。在保证送货运输质量的前提下，是组建自营车队还是雇车运输，视经营成本而定。

5. 选择配送路线

如何选择配送距离短、配送时间省、配送成本低的路线，需要根据客户的具体位置、沿途的交通状况等因素作出判断。除此之外，还须考虑客户或所在地点环境对送货时间、车型等方面的特殊要求。

6. 确定最终的送货顺序

做好车辆安排及选择好最佳的配送路线后，依据各车辆负责配送的先后顺序即可将客户的最终送货顺序加以明确。

7. 完成车辆积载

原则上，知道了客户的配送顺序之后，只要将货物依“后送先装”的顺序装车即可。但有时为了有效利用空间，还应根据货物的性质、形状、体积及重量等作出弹性调整。此外，对于货物的装卸方法也应考虑货物的性质、形状、重量、体积等因素后再作出具体决定。

在以上各阶段的操作中，还须注意以下几点：明确订单内容，了解货物的性质，明确具体送货地点，适当选择配送车辆，选择最优的配送路线，充分考虑各作业点的装卸货时间。

（二）配送管理合理化

1. 配送合理化的基本思想

配送合理化的一个基本思想就是“均衡”，从配送总成本的角度权衡得失。在配送管理实践中，切记配送合理化的原则和均衡思想，这将有利于我们防止“只见树木，不见森林”，做到不仅注意局部的优化，更注意整体的均衡。这样的配送管理对于企业最大经济效益的取得才是最有成效的。

2. 不合理配送的表现形式

（1）资源筹措的不合理。配送要做到较大批量资源的筹措，通过筹措资源带来的规模效益来降低资源的筹措成本，使配送资源成本低于客户自己筹措资源的成本，从而取得优势。资源筹措不合理的表现形式为配送计划不准，资源筹措过多或过少，在资源筹措时不考虑建立与资源供应者之间长期稳定的供需关系等。

（2）库存决策的不合理。配送应充分利用集中库存总量低于各客户分散库存总量，从而大大节约社会资源，同时降低客户实际平均分摊的库存负担。因此，配送企业必须依靠科学管理来实现一个低库存的总量。配送企业库存决策不合理表现为储存量不足，不能保证随机需求。

（3）价格的不合理。有时候，由于具有较高服务水平的配送价格也稍高，客户不一定都会接受。但是，价格制定得过低，使配送企业在无利或亏损的状态下运行，则会损伤配送企业，这也是不合理的。

（4）配送与否的决策不合理。客户需要大批量的货物时，一般都会直接通过社会物流系统批量进货，而不去选择通过配送来中转进货，因为前者比后者更能节约费用。因此，在这种情况下，不直接进货而采取配送就属于决策不合理。

（5）经营观念的不合理。在配送实施中，经营观念的不合理不但会使配送优势无从发挥，而且会破坏配送的形象，这是配送时尤其需要注意克服的。

3. 配送合理化的判断标志

（1）库存。库存是判断配送合理与否的重要标志。它主要包括两个方面：库存总量和库存周转。对于库存总量而言，配送中心库存数量加上各客户在实行配送后库存量之和应低于实行配送前各客户库存量之和；对于库存周转而言，由于配送企业的调剂作用，以低库存保持高的供应能力，库存周转一般应快于配送前各客户的库存周转。

（2）资金。其指标主要包括资金总量、资金周转以及资金投向的改变。以资金周转为例，从资金运用来讲，由于整个节奏加快，资金充分发挥作用，同样数量的资金，过去需要较长时间才能满足一定供应需要，实行配送后在较短时间内就能达此目的。因此，资金周转是否加快，是衡量配送合理与否的标志。

(3) 成本和效益。总效益、宏观效益、微观效益、资源筹措成本都是判断配送合理化的重要标志。由于总效益及宏观效益难以计量，在实际的判断中，常以按国家政策进行经营而完成的国家税收以及配送企业和客户的微观效益来判断。成本及效益对合理化的衡量，还可以具体到储存、运输等配送环节，使判断更为精细。

(4) 社会动力节约。社会动力的合理化使用是依靠运货动力的规划和整个配送系统的合理流程及社会运输系统的合理衔接来实现的。送货动力的规划是任何配送中心都需花力气解决的问题。该合理化标志可以简化判断如下：①社会车辆总数减少，而承运量增加；②社会车辆空驶减少；③一家一户自提自运减少，社会化运输增加。

(5) 物流合理化。配送必须有利于物流合理。可从以下几个方面判断配送是否合理：①是否降低了物流费用；②是否减少了物流损失；③是否加快了物流速度；④是否发挥了各种物流方式的最优效果；⑤是否采用了先进的技术手段。

4. 配送合理化的途径

为了提高配送的经济效益和合理化程度，根据配送合理化标准可采用以下策略：

(1) 恰当设置配送中心。配送中心的数量及地理位置是决定能否取得高效益的前提条件。配送路线的选择，直送或配送的决定，都是在配送中心数量、位置已确定的前提下作出的。如果这个前提条件本身有缺陷会很难弥补，所以恰当设置配送中心是取得效益的基础。在此前提条件下，准确地选择配送路线，恰当地决定配送或直送，才能提高配送的合理化程度，从而实现系统总体的最优。

(2) 加强配送的计划。在配送活动中，临时配送、紧急配送或无计划地随时配送是导致经济效益大幅度降低、配送不合理的主要因素。临时配送是因为事前计划不善，未能考虑正确的配装方式及恰当的配送路线，临近配送截止日期才被迫安排专车、单线进行配送，使车辆不易满载，浪费资源。紧急配送指为了满足紧急订货需要，只要求按时送到货物，来不及认真安排车辆配装及配送路线，从而造成载重及里程的浪费。一般的配送活动为保证服务水平，有可能拒绝紧急配送，但是如果经过了认真核查并有调剂准备的余地，紧急配送也是可实行的。随时配送是指对配送要求不做计划安排，客户有一次需求就送一次。该方式不能保证配装及选择路线，会造成较大浪费。

(3) 推进一定综合程度的专业化配送。专业化配送可通过采用专业设备、设施及操作程序，来取得较好的配送效果并降低配送过分综合化的复杂程度及难度，从而达到配送合理化。

(4) 推行加工配送。通过加工和配送相结合，充分利用本来应有的中转，不增加新的中转就可以取得配送合理化。借助于配送，加工的目的可以更明确，和客户联系可以更紧密，避免了加工的盲目性。两者的有机结合，能够在投入不增加太多的情况下取得两种优势、两个效益，是提高配送合理化程度的重要途径。

(5) 推行共同配送。通过共同配送，可以以最近的路程、最低的配送成本完成配送，从而提高配送的合理化程度和经济效益。尤其是当单独配送的配送量较小、车辆不能满载也难于确定最优路线时，采取共同配送方式可大大降低成本，提高效益。

(6) 推行定时配送。定时配送是配送合理化的重要内容。只有及时配送商品，提高供应保证能力，客户才能放心地实施低库存或零库存，从而有效地安排接货的人力、物力，追求工作的最高效率。从国外的经验看，定时配送系统是现在许多企业追求配送合理化的重要手段。

(7) 推行及时配送。及时配送是大幅度提高供应保证能力的重要手段，是配送企业快速反应能力的具体体现，也是企业配送能力的体现。及时配送成本较高，但它是提高配送合理化程度的重要手段。

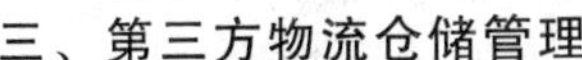

三、第三方物流仓储管理

(一) 第三方物流仓储管理的地位与作用

第三方物流仓储管理是指第三方物流企业对仓库和仓储物资进行的管理。第三方物流仓储管理的地位与作用可以分为宏观和微观两个方面。

1. 宏观方面

良好的仓储管理不仅是社会再生产得以顺利进行的必要条件和保存物资原有使用价值的必要环节，而且是促进资源合理利用的重要手段。当一部分企业储备物资超过了保证再生产所必要的界限时，从整个社会的再生产层面上看，这就是对资源的一种浪费。从技术上讲，现有的仓储理论能够解决库存的合理数据问题，这就为合理利用资源提供了可能。我国是一个人均资源相对有限的发展中国家，充分利用有限的资源对我国的经济协调稳定发展更具有现实意义。

2. 微观方面

良好的库存管理不仅能保证企业在生产过程中获得及时、准确、质量完好的物资供应，还有利于企业保存较多的流动资金，降低产品成本，从而提高企业经济效益和竞争力。库存过多，不仅会造成物资积压，增加保管费用，而且会过多地占用流动资金。因此，企业库存资金比重的大小固然与企业性质以及行业特点有关，但在很大程度上也取决于仓储管理水平的高低。另外，在企业产成品的成本构成中，物料成本占有很大比重，对这部分成本进行控制与管理也是仓储管理的职能之一。

（二）第三方物流仓储管理的任务

1. 坚持为社会主义现代化建设服务的方向

仓储必须坚持为企业、为生产服务的宗旨。企业有自己独立的经济利益，但当这种局部利益与整体利益、国家利益发生矛盾时，作为社会主义的物资仓储事业，要以国家利益为重。

2. 合理储备物资

过多的物资储备固然可以提高供应能力和生产任务的把握程度，但却占用了流动资金，而且增加了保管储存费用，这在经济上是不合理的。所以，仓储管理必须对各项物资的储备量予以正确的规划，以保证其合理的储存数量。

3. 降低物料成本

物料成本是企业产品成本的重要组成部分，降低物料成本对提高企业经济效益具有重要意义。因此，仓储管理必须不断改善管理手段与方法，在采购、运输、验收、保管、发放、出库等各个环节上应不断地采用先进、科学的方法。

4. 确保库存物资安全

防止火灾和盗窃，保证仓储物资不受额外损失，是仓储管理的一项重要工作。因此，一切物资均应存入适合的仓库，并制定严格的保护制度。仓库消防系统要有专人负责，使其始终处于正常状态。

（三）第三方物流仓储管理的内容

第三方物流仓储管理既包括经济内容，又包括纯技术方面的内容，具体表现在以下四个方面。

1. 仓库的选址与建筑

它包括仓库选址的原则，仓库建筑面积的确定，库内运输道路与作业的布置等。

2. 仓库机械作业的选择和配置

它包括如何根据仓库作业特点和所储存物资的种类及其理化特性，选择机械装备以及应配备的数量，如何对这些机械进行管理。

3. 仓库的业务管理

它包括如何组织物资入库前的验收，如何存放入库物资，如何对库存物资进行保管、保养、发放出库等。

4. 仓库的库存管理

它包括如何根据企业的生产需求状况，储存合理数量的物资，既不会因为储存过少引起生产中断造成损失，又不会因为储存过多而占用流动资金等。

此外，第三方物流仓储业务的考核，新技术、新方法在仓库管理中的运用，还有仓库安全及消防等，也是仓储管理的内容。

（四）第三方物流仓储管理的发展

第三方物流仓储管理由简单到复杂，直至现代化管理的出现，是与整个社会的生产力发展水平相适应的。在沿海经济发达地区以及某些技术、资金力量比较雄厚的部门，已经开始建立自动化立体仓储，仓储管理也以较快的速度向现代化目标迈进。但从总体情况来看，我国的仓储管理水平与世界上一些发达国家相比，无论是在理论上还是在实践上，都存在着一定的差距。因此，我们目前还需从以下几个方面做好第三方物流仓储管理。

1. 组织好物资的收、发、保管、保养工作

应深入研究物资的科学管理，研究和掌握影响物资变化的各种因素，采取科学的保管、保养方法。搞好物资从入库到出库各环节的质量管理，做到快进快出，及时供应，尽量缩短物资在各业务环节上的停留时间，加快物资运送速度，保证库存物资的准确。充分发挥现有第三方物流仓储设施的潜力，不断提高库容利用率。

2. 认真开展第三方物流仓储技术的研究

开展仓储技术的研究工作，是实现仓库作业机械化、自动化的重要途径。过去，由于对仓储技术的科学研究工作重视不够，我国的仓储自动化水平较低。要迅速改变这种状况，必须加强对仓储技术的科学研究，尽快将国内外现代科学技术的新成果运用到我国的仓储管理中去。

3. 建立健全第三方物流仓储管理制度

为了保证第三方物流仓储活动各个环节都能正常地工作运转，必须协调好第三方物流仓储活动过程中的人、机器设备、工具、物料等之间的关系。这就要求有严格的管理制度，使得人们按照规定的工作内容、工作程序、工作时间及方法进行操作。

四、第三方物流装卸搬运及流通加工管理

（一）第三方物流装卸搬运管理

1. 装卸搬运的概念

装卸是指物品在指定地点以人力或机械设备装入或卸下；搬运是指在同一场所内，对物品进行以水平移动为主的物流作业。在实际操作中，装卸和搬运密不可分，两者都属于运输的范畴，后者是短途运输，前者则是运输的准备或运输的终端。

2. 装卸搬运合理化的基本原则

为了在装卸搬运作业过程中使物流合理化，应遵循以下各项基本原则：

（1）减少环节，简化流程。装卸搬运作业是在运输和保管活动的连接点上进行的，所以必须很好地考虑连接时间和地点，千方百计地使其配合。由于装卸并不会提高物品的价值，反而还会因破损、污损等原因降低价值，因此，不

必要的搬运和装卸应尽量避免。

（2）协调作业，提高效率。在实际工作中，即使采用传送带进行简单的搬运工作，也是由在传送带上移动和两端的装卸三个动作组成的，如果这些作业不能协调地进行，就不能高效率地作业。因此，必须分析每个作业过程，考虑每个基本动作的平衡和适时，避免商品在中途发生停滞或等待。

（3）周全考虑，提高搬运灵活性。堆放在搬运途中的商品必须再度搬运，所以在堆放商品时必须事先考虑周全，以便以后的搬运易于进行，这被称为搬运灵活性。为了提高搬运灵活性，包装必须便于商品的提起；为了用起重设备起吊重量大的木箱，木箱应易于挂上绳索。所有这些都必须考虑周全。

（4）集中作业，集散分工。集中作业能使作业量提高到一定水平，为实现装卸搬运机械化、自动化创造条件。装货点和卸货点应尽可能集中，并把同类货物放在一个专业区进行。另外，成件货物集装化和散装货物散装化是在装卸搬运过程中实现物流合理化的两个重要方面，应实行集装、散装分工作业。

（5）标准通用，实行集装单元化。只有使装卸搬运作业与物流的其他环节之间，各工序之间，装货点与卸货点之间，以及在管理、工艺、设备、设施等方面达到协调，才能提高效率。装卸搬运的货物单元、包装、标志、用语等，应当标准化、系列化、通用化，这是实现装卸搬运现代化的重要条件。

（二）第三方物流流通加工管理

1. 流通加工的概念

流通加工是指在物品从生产领域向消费领域流动的过程中，为促进销售、维护产品质量和提高物流效率，对物品进行加工。其表现有提高原材料利用率，进行初级加工，提高加工效率及设备利用率，发挥各种输送手段的最高效率，改变某些产品功能等不同形式的流通加工。

2. 流通加工合理化的基本原则

流通加工合理化的含义是实现流通加工的最优配置，不仅要做到避免各种不合理流通加工，使流通加工有存在的价值，而且要做到最优的选择。实现流通加工一体化主要应考虑以下几个方面：

（1）加工与配送相结合。加工一方面要按配送的需要进行，另一方面又是配送业务流程中的一个环节。加工后的产品直接投入配货作业，而不必单独设置一个加工的中间环节。配送之前的加工可使配送服务水平大大提高，实现加工配送一体化。

（2）加工与配套相结合。在对配套要求较高的流通中，配套的主体来自各生产单位，但是完全配套有时无法全部依靠现有的生产单位进行适当的流通加工。因此，有必要促成配套，大大提高流通的桥梁与纽带作用。

（3）加工与运输相结合。流通加工能有效衔接干线运输与支线运输，促进两种运输形式的合理化。利用流通加工，在支线运输转干线运输或干线运输转支线运输的环节，按干线或支线运输合理化的要求进行适当加工，从而大大提高运输及运输装载水平。

(4) 加工与商流相结合。通过加工有效促进销售，使商流合理化，也是流通加工合理化的考虑方向之一。加工和配送的结合提高了配送水平，强化了销售，是加工与商流合理结合的一个典型例证。

五、第三方物流费用管理

(一) 第三方物流费用的构成及分类

1. 物流费用的构成

(1) 人工费用：为物流从业人员支出的费用，如工资、奖金及各种补贴。

(2) 作业消耗：物流作业过程中的各种物质消耗，如包装材料、燃料、电力等的消耗和车辆、设备、场站设施等的磨损。

(3) 利息支出：属于再分配项目的支出，用于各种物流环节占用银行贷款的利息支出。

(4) 物品消耗：物料、制品、协作件、商品等对象在物流作业中的合理损耗。

(5) 管理费用：组织物流过程的各种费用，如上网费、入会费、线路租用费、办公费、差旅费等。

2. 物流费用的分类

(1) 按费用支出形式分类，可以分为本企业支付的物流费用和支付给其他物流服务组织的物流费用。前者称为直接物流费用，包括材料费、折旧费、银行利息支出、维护保养费、管理费等；后者称为委托物流费，包括包装费、运输费、手续费、保管费等。

(2) 按物流主要流动部分分类，可分为物流作业环节费用、物流信息费用和物流链管理费用。物流作业环节费用包括包装费、运输费、加工费、营业性加工费等；物流信息费用包括入网费、线路租用费等；物流链管理费用包括物流现场管理费、物流机场管理费等。

(3) 按物流运作的逻辑过程分类，一般可划分为物流筹备费、生产物流费、销售物流费、退货物流费和废品物流费等。物流筹备费包括物流计划费用、物流准备费用等；生产物流费包括用于各种生产性物流活动发生的包装、仓储、装卸、运输、加工等的费用；销售物流费包括围绕销售活动而发生的存储、运输、装卸、加工等的费用；退货物流费包括由于退货、换货所引起的物流费用；废品物流费包括因废品、不合格品所形成的物流费用。

(二) 第三方物流费用的管理

1. 影响物流费用的因素

(1) 进货方向的选择。进货方向决定了企业货物运输距离的远近，同时也影响着运输工具的选择、进货批量等多个方面。因此，进货方向是决定物流费用水平的一个重要因素。

(2) 运输工具的选择。运输工具的选择，一方面取决于所运货物的体积、重量及价值大小；另一方面又取决于企业对某种物品的需求程度及工艺要求。因此，选择运输工具既要兼顾生产与销售的需要，又要力求物流费用达到最低。

(3) 存货的控制。对存货实行控制，严格掌握进货数量、次数和品种，可以减少资金占用、贷款利息支出，降低库存、保管、维护等费用。

(4) 货物的保管制度。良好的货物保管、维护、发放制度可以减少物品的耗损、霉烂、丢失等事故，从而降低物流费用。

(5) 产品废品率。影响物流费用的一个重要方面还在于产品的质量，即产品废品率的高低。生产高质量的产品可杜绝因次品、废品等的回收、退货而发生的各种物流费用。

(6) 管理费用。管理费用直接影响着物流费用，节约办公费、差旅费等管理费用可以降低物流费用总水平。

(7) 资金利用率。企业利用贷款进行生产和流通，必然要支付一定的利息。资金利用率的高低影响着利息支出的大小，从而也影响着物流费用的高低。

2. 物流费用的管理

进行合理的物流费用管理，需要做好以下几个方面的工作：

(1) 确定费用管理对象。物流费用具有不确定、难以分解等特点，这就为其管理与核算增加了一定的难度。因此，物流管理的前提是确定费用管理对象，使费用管理与核算有据可依。

(2) 制定费用标准，实行预算管理。确定物流费用管理对象，也就是人为地把项目繁多、难以分离的物流费用进行划分，在此基础上进行物流费用预算管理。

(3) 实行责任制度，明确权责关系。如前所述，物流费用遍布社会再生产的每个环节和过程，同样，企业的每个环节和过程也都要发生物流费用。要想管好物流费用，除了制定费用标准，还需在物流各部门实行责任制，实行全过程、全人员费用管理，明确各自的权力和责任。

(4) 加快物流速度，扩大物流量。从物流速度与流动资金需要量的关系来看，在其他条件不变的情况下，物流速度越快，所需流动资金越少。通过减少资金占用，减少利息支出，同时尽可能减少流通环节和节约物流时间，实行直达运输，减少物资集中和分散运输的次数，可以加快物流速度，降低物流费用。

六、第三方物流合同管理

第三方物流合同管理的成效直接关系到企业的经营管理业务，所以企业必须加强合同管理，确保合同的严肃性和法律的权威性，充分发挥合同在商品购销管理中的作用。

（一）现代物流服务合同的当事人

依据现代物流服务合同的定义，物流服务合同分为整体物流合同和分物流合同。其中，整体物流合同的双方当事人为总物流服务商与客户方，分物流合同的双方当事人为总物流服务商与各分包商。

（二）现代物流合同的特点

1. 双方合同

现代物流服务合同的双方均负有义务，享有权利。如物流服务商有完成规定服务的义务，以及收取相应费用的权利；客户方有支付费用的义务，以及接受完善服务、向服务商索赔的权利。

2. 要式合同

物流单据是物流服务合同的证明，其本身不是运输合同。

3. 有约束第三方的性质

物流合同的双方是物流服务商与客户方，而收货方有时并没有参加合同签订。物流服务商应向作为第三方的收货方交付货物；收货方可直接取得合同规定的利益，并自动受合同的约束。另外，现代物流服务合同有时也包括转委托和其他服务业务。

（三）第三方物流服务合同的订立

物流服务商为了承揽相关服务项目，会对自己的企业、经营范围作广告宣传，并用运价成本、提单条款等形式公开说明。

在涉及单一物流服务形式时，一般由物流服务商主动联系客户，并签订相关合同；在涉及综合物流服务，如包括仓储、运输甚至多式联运时，经过对比、权衡后，由客户方或其代理人向提供物流服务的企业提出物流服务申请，说明货物的品种、数量、起运地、目的地、运输期限要求等相关服务内容。物流服务商根据申请的内容，结合自己的运营路线和所能使用的运输工具及其班期等情况，决定是否接受委托。如果认为可以接受，则在双方商定费率及费用支付形式，货物交接方式、形态、时间，集装箱提取地点、时间等情况后，由物流服务商在交给客户方的场站收据副本联上签章，以证明接受委托。这时物流服务合同即告成立，客户方与物流服务商的合同关系确定并开始执行。

（四）现代物流服务的相关法律问题

1. 现代物流服务商的性质与法律地位

（1）以本人名义与客户方订立物流服务合同的，应作为物流服务中的合同服务商，根据合同，对全程服务负责。

（2）以本人名义参加物流服务全程中某个或几个环节的实际操作的，物流服务商只对自己承担的环节负责。

（3）以本人名义与承担其他环节的分包商订立合同的，物流服务商自己既是发货方，又是收货方。

（4）以本人名义与各衔接点的货运代理人订立委托合同以完成该点的衔接及其他服务工作的，物流服务商自身表现为委托人。

（5）以本人名义与全程服务所需要涉及的各方订立相应合同的，在这些协议中，物流服务商都作为发货方出现。

2．物流服务商的赔偿责任

综合物流服务是根据综合物流服务合同进行的。该合同的一方是物流服务商，他有履行合同的责任，对服务的全程负责。在服务的全过程中，无论是自己完成全部工作，还是将部分工作通过委托合同和分运合同转交给代理人，物流服务商都要对全部工作负责。

3．现代物流服务中的客户方及其赔偿责任

现代物流服务中的客户方有两种：一种是订立第三方物流服务合同的人；一种是交货人。这两种人有时是统一的，即订立合同与交货是同一人；有时是不统一的，一般取决于要运输的货物涉及的贸易合同采用的价格条件。如贸易合同以 FCA 成交，则订立物流合同的人一般是买方，而交货人是贸易合同中的卖方。在这种情况下，这两种人均视为客户方。

七、第三方物流服务项目的监控

（一）概述

1．监控的目标

物流服务项目的监控是以正确的成本与效益的衡量为基础的。对物流管理服务的提供者来说，监控的目标包括以下三个方面：

（1）物流配送系统必须以精确的时间、精确的地点以及精确的服务方式满足客户的需求。客户服务是物流配送系统的关键，优质的客户服务有利于被服务的企业获取竞争优势。

（2）物流配送系统的运作必须以不断降低存货水平为前提，而计划、生产、物流的重新组合可以减少周转时间，从而降低存货水平。也就是说要用信息替代存货，同时要加快信息处理速度。

（3）迫于竞争的需要，必须以低成本和高效率运作完成物流配送。精确的运作已成为最佳物流配送系统的衡量标准。

因此，第三方物流服务提供者对物流配送系统的合理监控对企业的物流管理而言非常重要。监控物流配送系统必须建立衡量客户服务满意度、存货可得性以及成本控制三方面的标准。

2. 对物流配送系统的监控必须注重的问题

现代企业管理中最主要的问题是由繁多的数据引起的。现代信息与通信设备（条码扫描器、自动收款机、电子数据交换系统、无线电射频系统等）为搜集大量数据提供了捷径，而电子计算机则能快速准确地处理这些数据。然而，如果没有监控与管理系统把重要信息从大量的信息中提取出来，管理与监控人员就很难有效地进行管理。

因此，对物流配送系统的监控必须注意的第一个问题就是要把重点放在重要数据上，而不要浪费时间整理那些琐碎无用的资料。监控的核心是集中，因此，应把精力集中于那些能说明系统是如何工作以及问题源于何处的关键点。这些数据将有助于管理与监控人员发现并纠正监控系统中尚未发现的问题。

例如，在客户服务中，要衡量哪些是客户最容易感受到的服务，比如订单完成量、客户实际的订单循环（周期）时间、完整订单完成率、电话不通的概率等；在仓储中，最关心的问题是人员和设备的配备及效率，如每工时的分拣量。

对物流配送系统的监控必须注意的第二个问题是确定适当的报告周期。理想的情况是把时间间隔或报告周期建立在可控活动的基础上。如果系统要监管的是花费在公用仓库上的费用，适当的报告周期应是30天，因为周期再短的话，就难以核算出实际的费用支出。若第三方物流企业要监控物流配送中心劳动力的利用情况，就必须以小时和天为单位时间报告结果，如果按月度报就不能及时发现问题，从而严重影响整个系统效率的提高。

有关时间间隔和频率方面的建议如下：

（1）客户服务方面。

①客户满意度：以月度为单位，每年作一次满意度调查。

②订单完成率：以周为单位，每月作一次报告。

③总的订单周转时间：以月为单位。

④电话接通率：以天为单位，每月作一次报告。

（2）存货方面。

①库存单位（SKU）数、批量和存放位置必须实时控制。

②对比预算情况的报告应按与补货系统同样的周期来编写，如按周或按日编写。

（3）劳动力利用情况。

①仓库监控可以作为计算机仓库管理系统的一部分实时进行。报告应以日、周或月为单位，按设施或部门总结其结果。

②在人工控制仓库，每天都应有记录，每周应写出一份管理报告。

（4）精确性。

①对存货数量和准确的位置连续循环地进行监控。对货物的监控频率是由其自身的类别来决定的，对高价或快速周转的货物应进行较高频率的监控。

②订单准确性由扫描器与条形码来判定。这样监控的频率是实时的，按日和周作出报告，每月作一个总结。

我们很难用一个例子来说明监控和报告的间隔频率，这是因为每个报告的间隔取决于它所衡量的要素和所使用的控制系统。

（二）客户服务的监控

1. 客户服务监控系统需要测量的两大类变量

对综合（整合）的、管理型的物流服务提供者来说，他们对企业各要素（运输、仓储等）的协调负有基本责任，即应使物流配送系统有效地运作，达到以精确的时间、精确的地点把产品送给客户的目标。物流配送服务的目标是使客户满意，因此，客户服务监控系统需要测量两大类变量：

（1）产品交货过程中的客户满意度。这是一个“软”数据，不是精确，且主观性较强，然而非常重要。

（2）内部统计数据。它们是对客户满意度最具影响的因素。这些数据的内容随时间与行业不同而有区别。客户最常关心的是产品的可得性、交货周期、信息和通信系统的反应速度等。这些方面的表现水平都是可以测量的，但不同时间、不同行业对不同的指标有不同的重视程度。

2. 保证指标设计与应用的合理性步骤

（1）进行客户调查。客户调查可以确定客户的需求、竞争对手的能力和表现水平，以及由于当前服务水平的改变而引起的经济上的得失。

（2）内部的审计。审计有助于确定当前的服务，取得当前服务水平的成本，需要改进的服务方面的问题及较好的（或较差的）服务对成本的影响。

（3）确定服务目标。每个服务变量的目标都必须以客户需求、竞争对手的服务水平以及企业内部的能力和经济性为基础。

（4）设计监控系统。监控常以实时方式进行，以交易行为过程系统中的统计数据积累为手段。在某些情况下，必须从分包协作者那里取得必要的信息，如公路运输公司的送货时间和公共仓库的订单处理时间等。

（5）设计报告系统。每个服务要素都应以定期的管理报告形式给出。报告通常按月制作并递交，而负责的部门应以天与周来检查详细的数据。表4-1是一个典型的客部服务测量报告，这个报告测量了四个主要的服务项目，并进行了评价。

表 4-1 客户服务测量报告

(a) 任务完成情况

任务完成情况指标	仓库		
	地点 1	地点 2	总计
订单完成率（%）			
目标完成数			
订单处理总数			
货物处理总数			
表现（%）			

(b) 订单周期

订单周期	地点 1	地点 2	地点 3	地点 4	地点 5	总计	准时（%）
1~7 天							
8~14 天							
15~21 天							
22~28 天							
28 天以上							
其他							

(c) 差错率

差错率指标	No.	No.	No.
订单下达（%）			
仓库（%）			
运输（%）			
票据（%）			
其他（%）			
总计（%）			
目标（%）			

(d) 客户满意度

客户满意度指标	No.	No.	No.
投诉次数			
收到客户反应次数			
所占比例（%）			

为了确定客户对服务水平的满意度，进行客户服务调查是必要的。调查中要考虑三个关键的问题：用什么方式与客户联系？哪些客户服务要素需要调查？需要调查多少客户？

3. 联系方式

客户满意度调查是从市场研究的方法中派生出来的。对客户的调查有多种方法，常用的有以下四种：

（1）小组会议：从市场销售部、订单或客户服务部、配送中心操作部及计算机支持系统部门选出4～5人组成代表小组，代表相应的部门，亲自到客户的对应部门拜访。一般只选4～5个大客户来拜访。调查前需要做大量的准备工作，包括相应的演示材料、会议设施，小组组长准备一份书面报告，以保证能对客户需求有最快速的反应。

（2）个人采访：由经过培训的采访人员从许多客户中选择几个进行采访，就事先准备好的一些问题提问。这样做可以获得有关数据，但主要的目的是获知客户对服务的感受和关心之处。个人采访中的一个重要问题是询问客户对自己竞争对手能力与表现的认识。

（3）电话采访：许多客户不愿接受个人采访，认为太浪费时间，电话采访正好弥补了这一点。电话采访获得的结果一般是定量的，背景信息却少之又少，但这种采访方式成本较低。

（4）问题调查：对提供物流配送服务的第三方的调查也可以采用此法。调查方将调查问卷寄到客户手中，并随函附上用于回寄的已贴上邮票的信封。这种方法能获取的信息一般是定量的，能得到的信息非常有限，也很难得到有关竞争对手的细节性的资料。

4. 调查表的设计

调查表的设计通常以概括性地提出要解决的问题来展开。设计中要考虑两个主要问题：

（1）服务的重要性。

（2）影响客户对供应商评定等级的因素。

调查表一般含1～5个由被调查者自由发挥的问题，如服务的重要性，是否完全满意以及需要改进的地方。调查表的主体为一系列服务要素，表4-2就是一个典型的例子。

根据表4-2可以明确三个方面的问题：

（1）服务要素的重要性。

（2）客户对服务的满意程度。

（3）与同行竞争对手相比的好坏。

要求完成采访的客户数或完成问卷调查的客户数（样本量）可以通过统计方法确定。根据采购量的大小，客户可以分为三大类，即大客户、前100或

200 名的客户、其他。大客户一般通过小组会议的方式调查，前 100 或 200 名的客户通过个人采访或电话采访的方式调查，只要有 50%的样本或更多一点就可以了。值得注意的是，问卷发出后，通常只有 20%～40%的回收率，因此，必须运用大量技巧以提高回收率。

调查结果的可信度和准确度可用统计技术方法来验证。一般来说，可信度只要达到 90%，抽样调查结果就能反映大众化的问题，准确度允许有 10%～20%（2000 年统计）的浮动。

表 4－2 对服务质量的重要性、目前服务水平和竞争对手的表现的调查问卷

服务要素	服务质量的重要性			目前服务水平			竞争对手的表现		
	不重要	中等重要	重要	不能满足要求	基本满足要求	完全满足要求	不如	相同	强
1. 订单周期（送货速度）									
2. 产品可得性									
3. 按时送货									
4. 存货、开单、送货时间等的信息									
5. 订单下达的程序									
6. 纠正程序									
7. 处理投诉的程序									
8. 现场人员									
9. 客户服务代表的态度									
10. 发票准确度									
11. 运输准确度									
12. 应急反应能力									
13. 退货程序									
14. 产品包装（收货时状态）									
15. 标志方面									
16. 仓库远近									

5. 客户服务监控的问题

对客户满意度进行连续调查与监控是十分重要的，可以通过两种不同的方式来完成：

（1）每隔 1 年或 2 年进行一次客户服务调查，精选样本和调查问卷并保留一些关键性数据，以获取连续的调查记录。

（2）遵循一些公司的做法，每季度以信函或电话的方式对前 100 名顾客中的 25 个进行抽样调查。这样就为管理系统提供了一种每季度和内部统计测量数据相比较的方法。

（三）成本与生产效率的监控

对物流系统成本的监控（以配送为例）是第三方物流企业为客户提供的一

项重要服务。对成本监控的讨论应从两个方面展开：

（1）按主要功能（运输、仓储等）所需设备的成本来划分的总成本。

（2）生产效率，即描述一次作业、一个人或一台机器的投入产出比。

1. 物流成本的监控

公司的成本管理体系一般是建立在成本分类账户基础之上的。成本一般与产品、计算时期有关。一般情况下，劳动力或材料成本可分别计入一个特定的订单中。而有些成本，如租金或折旧，是与时间有关的，它们可计入同期所生产的产品中。

在成本计算系统中，租金或折旧会被计入功能活动和设备之中，并在部门会计时期（一般为月度）中报告。

因此，物流配送系统的成本可以从每台设施的月度要素成本中得到。物流配送部门将知道以活动、设施和成本中心计算的物流配送成本。通常在月末、年末进行成本分析，同时还要将本年度执行计划或预算与前一年度相比较。

物流配送中心的成本一般细分为以下方面：管理费用、劳动力成本、补贴、租金（建筑物折旧）、税费、设备租金、折旧及其他等。

成本可以计入下列项目之一：进货物流费用，出货物流费用，内部设施之间的物流费用。

由其他公司支付的运费可以减去。每个公司都有不同的计入运输成本的习惯，但总成本是一致的。

虽然成本的细分可以给出一些供监控用的信息，但用以监控的成本还需作进一步的分析。因为每日、每周和每季度的量是不同的，绝对值很难说明问题，所以一般物流项目经理对设备的控制要用到一些成本的相对数。经常使用的两个成本比率：

（1）成本占收入的比例。大部分公司的预算是按销售额作出的，根据历年货运成本与销售额的比例来分配费用。仓库费用额是很大的，可能占销售额的2%。

（2）成本占重量的比例。这一比例常被第三方或公共仓库用于确定存储与发运的货物。类似的比例也可以根据订单处理数、处理箱数等来确定。

其他方面，如订单的下达、客户服务和配送网络管理等信息也可用类似的方法获得。

运输成本由会计期间的累积成本乘以运输的重量或周期销售收入得到。

这些有用的比率形成了最基本的物流配送成本监控系统，由于数据量较大，一般需要用电脑和相关软件来处理。

2. 物流系统生产效率的监控

以上介绍的成本监控方法已采用多年。这些技术具有灵活性，可以监控许多设施和产品流。然而成本监控需要更详细的数据，并且要接近于成本发生时间。利用这些比率与成本发生时间的比率进行的监控，就称为生产效率的监控。从技术上说，任何生产效率的监控都需要计算出一个比率，用以表明在给定的时间或给定的投入下的产出量。例如，在监控仓库时，就要以成本与收益的比率，或成本与所发送货物重量的比率为指标。生产效率主要用来与历史的表现或竞争对手的表现作对比。在评估生产成本时，需要更详细的信息，以便能对每个具体操作作出评估。

在仓储中常用的产出单位包括订单数、货物种类、箱、公斤等，投入单位包括工时或时间（分钟）、工时费用等。

不同的对象可以通过换算来规范，以使它们具有可比性。劳动力的投入也可以换算成工时费用，以便计算出工资水平和加班费或不同班次的差别。

我们来看一个例子。假定仓库本月发运了 2000 个订单，每个订单平均有 5 种产品，那么仓库总共发运了 10000 个产品，这就是产出。以工时来表示投入，假如仓库有 16 个雇员，如果都以正常月（168 小时）来衡量，则总共投入 2688 小时。本月的生产效率可以用几种方式来表示，如 0.74 订单/工时、3.72 单位/工时、1.34 小时/订单、0.27 小时/单位。

3. 生产效率的测量

用以上方法可以对客户服务计算出类似的数据，也可以对所有仓储设施进行生产效率测量，以便进行纵向或横向的比较。然而，作为一个有实际用处的工具，对每个人和各个不同的工作组（如分拣、订包、装货），测量系统应分别报告其生产效率。许多公司采用这种方法，如以个人、功能、总计的生产效率分别测算，用于监控物流配送系统的效率。

建立生产效率测量系统的程序如下：

（1）列出所有在仓库中需要进行的工作。需要列出的工作可以在管理人员会议上讨论确定，或通过研究决定。开始的工作类别可包括接收、存储、补货、订单分拣、订单组合和打包、运输与装货、退货处理。

需要注意的是，因为每个类别应有足够的工作，以提供一定时间或人员之间的平均统计数据，所以所列项目不可以太长或太详细。

（2）分析每项工作，确定基本工作内容，对其表现建立一个测量方法。这类分析可以通过一个详细的工程方法研究，也可以通过简单的管理人员讨论会对每项工作确立一系列的关键的、必须完成的事项以及最佳表现的衡量。例如，订单分拣包括分拣订单、取托盘、取出贮货箱、挑拣在订单中规定的货物、在分拣区放置完整的订单等工作内容，可用以下指标进行衡量：挑拣货物的种类数、挑拣的订单数以及货物种类数。

（3）总时间（按每日或每周的生产和生产效率）。生产效率控制人员应完成工作表格中所有的本周工作内容的填写。利用计算机工作表软件可以计算出每个人的生产效率和所有劳动力的平均生产效率。

(4) 确定工作标准。确定工作标准虽然是在生产效率量度以外的一个工作步骤，但也是控制人员成本的重要步骤。确定工作标准的方法有很多，在此只作简单的介绍。

①积累一段时间的数据，比较过去与当前的表现水平。计算进货、卸货时所用的时间，计算收货的数量，然后对收货小组的个人和平均表现进行计算。一般情况下，去掉所有的平均表现差的数据，然后计算平均数，这就是历史标准。

②在不同设施间进行生产效率比较时，每工时卸货的单位数可以与所有设施的平均数相比较，比较的结果可以作为标准，这个标准称为比较标准。

③进行时间研究，以便对每项活动分配合理的表现水平。用秒表记录最好的叉车司机的卸货时间，用这个时间作为卸货标准。这就是工程标准。

④还有一种方法为现在许多配送部门所采用。运用这种方法时，分析人员需要做好以下工作：

a. 对作为一项标准所需的任务进行细分，使其成为在内容上有一定通用性的一系列活动。

b. 在标准时间的数据库中找出每项基本活动的时间。

c. 求出整个操作中的每个要素或活动累积的时间。

d. 增加缓冲因素以找出个人方便的时间和因疲劳或无法预测的中断而拖延的时间（PF&D）。

以叉车操作员的工作标准为例，此种方法可以表示为以下的形式（见表4－3）。

表4－3 叉车操作员的工作标准

工作内容	所需时间（分钟/托盘）
开至托盘	0.10
叉入托盘	0.05
提升叉子	0.10
开至30.48米的堆放区	0.40
放下托盘	0.15
开至起始位置	0.40
小计	1.20
PF&D	0.18
总计	1.38

现实中，对大部分仓储活动建立一套生产标准是可行的。它们可以被用于确定每项业务需要的人员数，以及通过与预定目标进行比较来给每个操作人员

制定合适的任务量，以提高生产效率。

（四）仓库、运输和存货的监控

1. 仓库的监控

第三方物流企业对仓库的监控内容包括：

（1）每时期的成本，包括装卸、储存、附加服务、特殊服务等的耗费。

（2）以订单、箱或重量表示的进货量、出货量、存储量。

（3）投入产出比。

通常第三方物流企业与客户签订合同时也会规定服务水平和生产效率目标，这与以资产为基础的公司自己运作类似。显然，日常的控制由第三方负责，被服务的公司不需进行短期成本控制，而公司物流部的长期控制则是由合同条款和竞争性招标来控制的。

2. 运输的监控

物流企业的运输成本一般是很大的，发达国家的典型物流配送系统中运输成本平均占销售收入的4%。因此，尽量减少运输开支并提供与费用相对应的服务水平是很重要的。

一般物流配送监控系统对运输的监控至少包括两个方面内容：

（1）将整车或大批量的原材料供应给大客户。这些货物可以是包装或托盘化的，也可以是干散货或液体散货。运输方式包括铁路运输、公路运输、水路运输、航空运输。

（2）从物流配送系统中心向客户的小批量配送。可以采用所有的运输方式。

物流监控系统应记录所有发运的货物、客户服务水平、发生的成本等。监控是在两个相关但又分开的系统（货物流与资金流）中进行的。

（1）货物跟踪：现代货物跟踪系统必须提供货物的实时信息，包括提供货物的位置与状态。这些信息将提供给服务与销售人员以及客户，以确保有效率的运作。现代货物跟踪系统较为昂贵，但由于服务的改进，竞争优势是显著的。

（2）运费账单审计与以合同运价方式支付的公共承运人的运费：要考虑到起始点的位置、货物类别、货物体积和重量、运输距离、包装形式和地域。运费账单必须在审计后支付。运费账单处理系统能为审计、支付账单和控制系统提供详细的数据。

系统可以用手工操作，也可以计算机化。现在发达的系统由条码和其他扫描系统及高级处理软件组成。发达国家典型的物流配送部门把这些服务分包给一个或多个第三方，由他们负责运作。许多企业有三个独立的第三方公司：

（1）一个或多个网络运输公司从配送中心提货并发送给收货人，制作运费账单并送到支付运费的服务公司。

(2) 由一个运输服务公司通过比较托送人的发货通知和商定的运价，审计运费账单。然后由服务公司代表托送人支付正确的账单，或把审计过的账单交给另一个应支付的公司。

(3) 货物运动和交付的跟踪系统。它是以电子数据交换（EDI）为特点的网络，可以由供应链中包括货主、收货人、承运人、配送中心运作者或外部网络提供者在内的任何一方来运作。

3. 存货的监控

存储和保持产品存货的成本是物流配送系统设计需要考虑的一个重要方面。

(1) 存货在任何一个公司的资本投资中都占很大的比例。例如，在美国的制造业中，货物平均每年周转4次，而存货成本通常占销售额的50%。因此，每100个单位的销售中，有12.5个单位是用于存货。

(2) 保持存货的成本可以是很大的，它不但包括利率成本，还包括产品老化、损坏、保险等成本。

大部分的存货存在于物流配送系统中，通常配送订单是根据制造厂和销售量以及配送要求而产生的。监控投资和保证货物的安全是配送系统的主要功能。物流配送监控系统必须随时获得有关存货的数据，因此它必须能精确地知道有多少库存单位存在以及目前存放在何处。

在较小的和老式的仓库中，汇总的存货记录一般集中在存货文件中，而在仓库中的有效位置的记录则在另一个文件中。现在的做法是使用较为复杂的仓库管理系统，把两者（数量和位置）结合起来。

存货信息是以实时形式（与交易同时发生）或根据批量每小时或每天更新的。最新的方法是通过条码的扫描系统准确地记录存货的产品和位置。

然而，出错仍然是难免的。为了尽量减少错误，最好的方法是定期盘点。这种监控方法需要一个人或一个小组对产品及位置进行盘点，然后把结果输入电脑终端，电脑系统可以显示被盘点到的货物。在另外的系统中，存货盘点人员可以定期地对所有地点的货物进行盘点。

每月汇报存货的准确性，通常被视为物流配送系统质量保证的一部分。典型的无条码化仓库的准确性是95.98%，即每次盘点可能有两个错误（数量和位置），总的货物盘点正确率不应低于95%。在条码系统中，准确性大于99%是常事。如发生错误，一般是系统相关的错误而非仓库货物保管的错误，除非遭窃或货物损坏发生。

第二节　第三方物流管理的主要业务流程

一、现代第三方物流服务业务概述

（一）第三方物流服务的特征

第三方物流服务较传统物流服务更具专业性、战略性、整合性，突出表现为以下几个方面。

1. 第三方物流服务具有战略同盟性

与传统运输企业相比，第三方物流服务企业为客户提供的不是一次性的运输或配送服务，而是一种具有长期契约性质的综合物流服务，其最终职能是保证客户物流体系的高效运作和供应链管理的不断优化，其服务范围不仅包括运输、仓储业务，而且更加注重客户物流体系的整体运作效率与效益。供应链的管理与优化是它的核心服务内容。它的业务涉及客户企业销售计划、库存管理、订货计划、生产计划等整个生产经营过程，远远超越了一般意义上的交易贸易，与客户形成了一种战略合作伙伴关系。

2. 第三方物流服务企业与客户的利益一体化

第三方物流企业是以一种投资人的身份为客户提供服务的，这是它身为战略同盟者的一个典型特点。为了适应客户的需求，第三方物流企业往往自行投资或合资为客户建造现代化的专用仓库、个性化的信息系统以及特种运输设备等，为客户节省了大量的建设费用，而这种投资的风险则由其自身承担。这种投资的收益很大程度上取决于客户业务量的增长，这就形成了双方利益一体化的基础。

3. 第三方物流企业的利润基础是利益一体化

从本质上讲，来源于现代物流的科学管理所产生的新价值，就是我们所提到的第三方物流企业利润的源泉。这种新价值是由第三方物流企业与客户共同分享的，这就是利益一体化，即我们强调的“双赢”。所以与运输企业相比，第三方物流企业的利润不是来自于运输费用、仓储费用等直接收入，而是来源于与客户一起在物流领域创造的新价值。

（二）第三方物流服务的基本业务

第三方物流服务业务一般可以分为基本仓储运输服务的、物流系统规划与设计、其他增值服务三类。其中，仓储管理和运输服务分别占物流服务业务的56％和43％。因此，从某种意义上说，仓储运输功能是物流体系的一个缩影。

1. 运输管理

运输是第三方物流企业的一项基本业务，也是供应链上物资实现转移的一种基本手段。这种运输模式采用多式联运，实现对客户的“门到门”服务，所以作业活动复杂，影响运输成本及运输的质量。第三方物流企业作为发货人与收货人的中间方，应对物流资源进行整合，充分发挥第三方物流运作的优势。为此，在第三方物流企业的运输管理中，需要对各种货物进行运输需求整合及运输路线优化。

所谓运输需求整合，是指第三方物流企业根据多个客户的需求，将具有相同运送时间、地点要求的运输需求，在不影响运输质量的前提下进行拼车混装，从而达到整合的目的，最终实现规模经济。

运输路线优化则是帮助第三方物流服务供应商在多种可能的运输线路中选择距离最短、运费最省的一条作为运输路线。运输路线优化的有效实现需要借助完整的地理信息系统的支持。

2. 仓储管理

在第三方物流管理中，仓储被赋予了包括运输整合、产品及原料组合、库存管理等一系列增值的服务内容。

(1) 运输整合。当原料或产品的运输需求不足整车，就需要采用零担和拼箱作业。第三方物流企业可以通过零担或拼箱货物运入、运出距离相对较近的仓库，将较小的货物整合为较大的货载，从而大大减少运输费用，如图 4-2 所示。

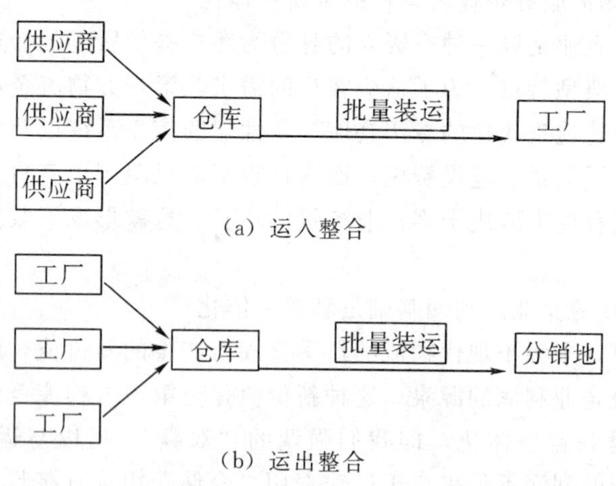

图 4-2 第三方物流的运输整合功能

(2) 产品及原料组合。顾客在下订单时，往往要求的是生产线上各种产品的组合，而各公司又是在不同的地点生产各类产品，如果厂家没有储存物资，那么他就不得不到各个地点去完成各个订单，这样就会造成货物到达时间的参差不齐。第三方物流企业按照订单要求进行产品组合，并且安排合适的时间送货，可以避免以上情况的发生。

(3) 库存管理。库存管理是第三方物流仓储管理中的一项增值服务，也是第三方物流区别于传统仓储的主要服务内容之一。

根据人均对物品的需求程度，可将库存分为单周期库存和多周期库存。单周期库存也叫一次性订货，这种需求的特点是偶发性和物品生命周期性；多周期库存需求的特点是在长时间内需求反复发生，库存需要不断补充，这在实际仓储中较为多见。

多周期库存又分为独立需求库存与相关需求库存两种类型。所谓独立需求是指需求变化独立于人的主观控制能力之外，因此，其数量与出现的概率是随机、不确定和模糊的；相关需求数量和需求时间与其他变量存在一定的相互关系，可以通过一定的数学关系推算出来。独立需求对一定的库存控制来说是一种外生变量，相关需求则是控制系统的内生变量。不管是哪种库存控制，所要解决的都是三个问题，即确定库存检查周期、确定订货量、确定订货点。

（三）设定第三方服务水平时应注意的问题

1. 服务应与客户的特点、层次相符

由于客户的需求处在不断的发展和变化之中，在确定物流基本服务的基础上，应制定多等级的物流服务或服务组合。企业在确定物流服务时，应把物流服务当作有限的经营资源对待，根据客户的经营规模、类型和对服务水平的不同要求采取不同的对策。

2. 权衡服务、成本和企业竞争力之间的关系

由于物流服务与物流成本之间存在“效益背反”的关系，高水平的第三方物流服务必然导致较高的成本。如通过航空运输代替汽车运输可以降低客户的存货，但航空运输的成本高于汽车运输的成本。可见，合理的物流服务水平应与物流成本和公司总收益保持平衡，最终实现物流服务的整体最优。

二、运输业务流程概述

物流系统依靠运输作业克服了货物从发货地到收货地的空间距离，创造了货物的空间效应。运输的一般业务流程包括接单、发运、到站和签收四个环节，如图 4－3 所示。

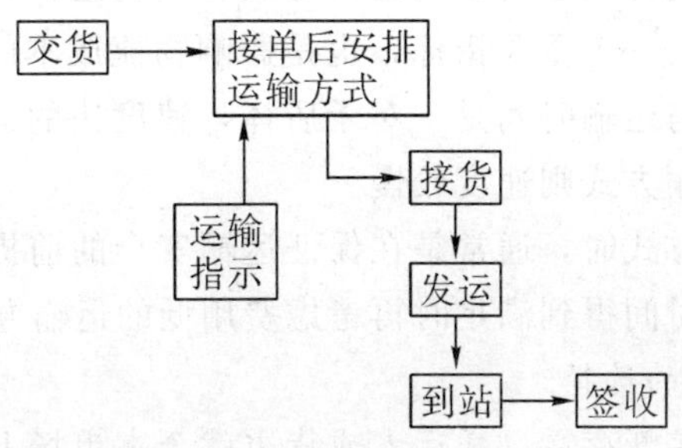

图 4－3　运输业务流程

在运输业务操作中应重点关注以下问题。

（一）运输业务的定价

1. 按成本定价

为这种定价策略制定费率时主要是在收回固定成本和可变成本的基础上，再加上边际利润。这实际上是给出了运输价格的下限。这种定价相对较低，因此很有吸引力。在这种定价策略下，影响运输成本的主要因素是运输距离和运量。

随着运输距离的增加，运输价格也会逐渐提高，虽然不如运输距离增加的幅度大。最简单的形式就是单一定价，如相同等级和重量的信件在邮局享受同样的费率。还有一种形式是递减原则，就是运输价格以较小的比例随着运输距离上升，因为两端点的成本和固定成本与运输距离是无关的。如铁路运输的固定成本高于公路运输，因此铁路运输价格随运输距离增加的幅度要明显小于公路运输。

2. 按服务价值定价

这种定价方式建立在市场对运输的需求和竞争程度的基础上，按照市场所能承受的程度来制定运输价格。事实上，这种定价方法给出了运输价格的上限。费率的制定是为了使运费收入和运输产生的可变成本的差距最大化。

（二）运输方式的选择

在各种运输方式中，如何选择适当的运输方式对于物流运作是一个非常重要的问题。一般来讲，应该在既定的客户服务水平和一定的物流服务成本之间找到一个平衡点。

由于各种运输方式和运输工具都有各自的特点，而且不同特性的货物对运输的要求也不一样，所以要制定一个选择运输方式的标准是很困难的。但是，根据物流运输的总目标确定一个基本的原则是可行的。

在运输方式的选择上，可以从货物品种、运输期限、运输成本、运输距离、运输批量等几个具体的项目来考察。需要注意的是，保证运输的安全性是选择的首要条件。为了做到货物运输的安全，首先应了解货物的特性，如物理和化学特性等，然后选择安全可靠的运输方式。货物运输在途时间和到货的准确性是衡量运输效果的一个重要指标，也是影响物流成本的主要因素。但在一般情况下，运输费用与运输时间是一对矛盾体，速度快的运输方式一般费用较高，运输费用低的运输方式则速度较慢。

因此，选择运输方式时，通常是在保证运输安全的前提下再衡量运输时间和运输费用，在到货时间得到满足时再考虑费用低的运输方式。

（三）运输服务商的选择

只要运输业没有垄断存在，托运人或货主就会在市场上面临众多不同的运输服务商，需要对选择哪个具体的运输服务商作出决策。

1. 服务质量比较法

在运输费用相同的情况下，客户总是期望得到更好的运输服务。因此，服务质量往往成为客户选择不同运输服务商的首要标准。服务质量主要从以下两个方面体现：

（1）运输质量。如果运输保管不当，就会对货物质量产生影响，降低或使其失去原有的价值。因此，客户在选择运输服务商时会将运输质量作为一个重要的因素来考虑。

（2）服务理念。由于运输技术以及运输工具的发展，目前各运输服务商之间的运输差异正在缩小。为了吸引客户，服务商需要不断更新服务理念，以求服务的差异性。

2. 运输价格比较法

价格一直是各个行业一个最简便也是最有效的竞争手段。随着竞争的日益激烈，对于某些货物来说，不同运输服务商提供的服务质量几乎相同，因此运输价格很容易成为各服务商最后的竞争手段。

3. 综合选择法

一般而言，客户在选择运输服务商时会综合考虑多个因素，如同时考虑服务质量和运输价格，以及服务商的声誉、品牌、经济实力、服务网点等。

（四）运输路线的选择

1. 起点和终点重合

物流管理人员在进行路线选择时经常会遇到起点同时也是终点的情况。这种情况一般发生在自营运输中。如配送车辆从分拨中心出发，把货物运至零售商处，再返回分拨中心重新装货或配送车辆从零售店送货至顾客等。

这类起点和终点相结合的问题通常被称为“旅行推销员”问题，一般采用经验试探法比较有效。经验表明，当运行路线不发生交叉时，经过各站点的次序是合理的；同时，如有可能应尽量使运行路线呈凸状。

2. 多个起点和终点

如果有多个货源地同时服务于多个目的地，那么我们就需要指定各目的地的供货地，同时找出供货地、目的地之间的最佳路径。这类问题经常发生在多个工厂、供货商或者仓库向多个客户运送同种产品的状况下。解决这类路线问题，常常运用一类特殊的线性规划法来选择最优路径。

（五）行车路线和时间表的制定

1. 车辆运行路线的制定

现实生活中各种条件的限制使行车路线和时间表的制定变得十分复杂，如各站点工作时间不同，不同运输车辆载重量和容积不同，一条线路上允许的最长行车时间不同，不同路段上的驾驶速度不一样等，这些都是必须考虑的现实因素。对于这类问题，有一种比较简单的应对方法——扫描法。

这种方法分两个步骤：第一步，将站点的货运量分配给送货车；第二步，安排各个站点在线路上的先后次序。具体如下：

(1) 以仓库为圆点，放置一把直尺，将其按顺时针或逆时针方向旋转，直至直尺与某个站点相交。如果累计的货量未超过送货车的载重量或载重容积，就继续扫描。当扫描到某一点，累计的货量超过送货车的载重量或载重容积时，停止扫描，将最后一个站点排除后将路线确定下来。再从这个被排除的站点开始，继续扫描，开始一条新的路线。这样扫描下去，直至所有站点都被分配到线路上去。

(2) 以行车距离最小化为目标，确定每条线路上站点的运行顺序。站点顺序的确定可以参照上面提过的“凸状”原则或“旅行推销员”法。

2. 时间表的制定

由于限制条件的复杂，时间表的制定问题呈现出各种不同的解决方案。在具体的运作环境中应用定量分析的可行方法之一是三分法，即预览求解——审核。假定一个要求在合理时间内解决的问题，而且要求达到一定的质量指标，就可以建立起一个尽量切合实际问题的模型。解决实际问题的过程分三步：第一步，分析人员要预览实际问题，考察有无例外情况或明显无须求解的送货/取货；第二步，通常要求借助计算机，就是对简化后的问题求解并将结果呈送分析人员；第三步，分析人员对数学求解的结果进行审核，根据实际情况对结果加以修正。

三、仓储业务流程概述

仓储业务流程是指各相对独立的仓储业务作业环节运行时必须遵循的程序。它类似于工业企业生产过程中的工艺加工流程。按照物资运行的程序，以下将分别介绍物资入库业务、物资保管业务和物资出库业务的流程管理。仓储业务流程如图 4-4 所示。

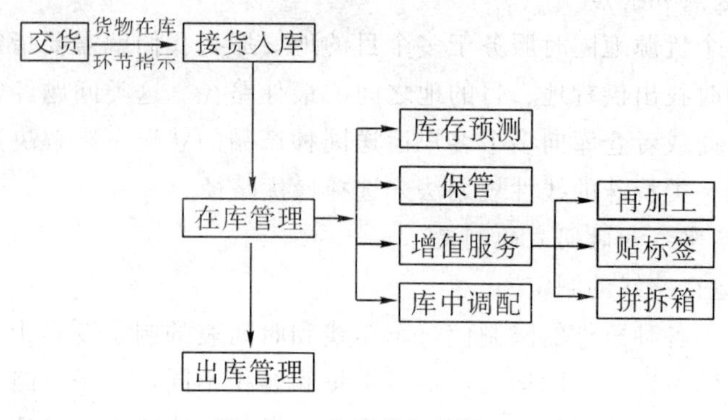

图 4-4 仓储业务流程

（一）物资入库业务流程

物资入库业务是仓储业务的起点，它包括物资接运、物资验收及物资入库三个业务阶段。

1. 物资接运业务

物资接运业务是直接同物资供给者或物资承运者发生经济联系的业务。物资接运业务管理的内容和程序包括核对资料凭证，做好接货准备，当收到承运人的到货通知后，及时核对物资进货计划、订货合同等有关资料，掌握到货物资的种类、性质、数量、包装形式等，由调度室负责接车，按指定的卸货位置引车就位，并对到库物资进行检验，接着指挥卸车，填写卸车记录和到货交接单据，办清内部交接手续。

2. 物资验收业务

物资验收是继物资接运之后的一项业务管理活动。该活动的主要任务是查明物资质量状态和数量，为物资入库和保管打下良好的基础。物资验收业务应遵守严肃、及时、准确的管理原则。具体而言，该业务的程序包括验收准备、核对资料凭证和检点实物。其中，验收准备又包括根据所验物资的性质、数量、形状，确定存放位置和保管方法；测算需要的货位面积和设备机具；准备需用的检点工具。对于有关业务凭证的核对，主要的依据是供应商提供的质量证明书、承运部门的运单等。

3. 物资入库业务

物资经过验收合格，即应办理入库业务。在现代化仓储管理中，入库业务就是把各种入库物资的种类、品名输入信息控制系统，制定好存储区域。

（二）物资保管业务流程

1. 物资分类保管规划

按照物资性质的不同进行分类保管是保管业务的基本要求。合理规划库区、仓库容量又是分类保管物资的前提条件。

确定库房、货场分类储存方案的基本要求：能充分利用库房、货场的有效面积或容积，提高物资的储存能力；能保证物资保管期间的安全，有利于品质维护；能使物资在保管作业中速度最快、费用最低；能充分发挥物资搬运设备的效用，提高机械设备的利用率。

物资分类保管应该遵循的原则：物资性质互相有影响的不能同库存放；物资保管要求温度、湿度条件不同的不能同库存放；灭火方法要求不同的物资不能同库存放。

2. 物资盘点

物资盘点是对库存的全部物资进行清点数量的一项业务管理活动。根据仓储业务管理实践，可供选择的盘点方法主要有以下几种：

(1) 动态盘点法。它是指对要出库的物资进行盘点，清点其余额，与入库记录进行比照。这种方法的优点是随时可以知道各种物资的正确存量，盘点工作量小。

(2) 循环盘点法。它是指按照物资入库的先后次序，有计划地对库存保管的物资循环不断地进行物资盘点。保管人员每天按照计划盘点一定量的在库物资，直至把全部物资盘点完毕，再进行下一循环。

(3) 全面盘点法。它是指对库存的全部物资，按照规定的日期进行全面清点的一种方法。这种方法常用于月末、季末、年终定期盘点，其特点在于必须在规定的时间内完成物资清点工作。

（三）物资出库业务流程

1. 物资出库业务的内容和程序

物资出库业务的内容及程序主要包括核对物资出库的有关资料凭证，备料，全面复核查对以及清点交接。其中，核对凭证由仓库的业务部门负责，主要包括仓单、出库申请单等的核对，核对相符后通知保管人员备料。备料有两种形式：一种是在原货位将应出库的物资按质按量备料，无须装卸搬运作业，但必须划清标记界限；另一种是在货位备齐出库物资送到待发场所装车发送。全面复核查对则是为了防止可能出现的差错，其内容包括货品质量是否合格，技术证件是否齐备，物资名称、型号是否正确，备料数量是否相符，物资包装是否合格等。在出库业务的最后便是清点交接，即将物资与证件向提货人当场点交，办理交接手续。

2. 物资代运业务

为了进一步提高客户满意度，提供物资代运业务很有必要。

(1) 物资托运方式。物资托运主要有整车托运和零担托运两种方式。其中，整车托运是指当要托运的物资能够装满一个货车所标记的载重量，或是重量不够但货物体积能够装满一个货车容积时而采取的一种托运形式；零担托运是指当需要托运物资的重量不够装满一个货车所标记的载重量或体积也不够装满一个货车容积时而采取的一种托运方式。

(2) 物资代运业务的内容。①物资托运准备。根据物资性能要求，做好托运前物资的包装，保证物资托运中的安全。填制货运运单，做好托运物资的标记，特别是易碎、易燃、易爆物资的标志要清晰、醒目、耐久。②组织托运物资的装车作业。组织、协调、指挥现场作业活动，最大限度地利用动力的载重吨位和装载空间。在承运部门限定的时间内按质、按量、高效安全地完成货物装载任务。③同承运部门办清交接手续。不论是整车托运还是零担托运，都要同承运部门办清交接手续，包括实物点交、装载技术审验、包装标准的审查等。最后，代运单位应将货物运单的附联迅速函告托运单位，以便做好接货准备工作，并及时办清财务结算。

四、订单业务流程概述

在第三方物流企业的订单业务流程中，订单处理既是业务的开始，也是服务质量得以保障的根本。高效的订单管理是保证第三方物流高效运作和使客户满意的关键。订单业务的处理演变为各个环节的单证处理并贯穿于整个物流供应链中，成为一条主线，将各个环节有机地联系在一起。因此，订单的业务流程是整个物流供应业务流程的反映。第三方物流企业的订单业务流程如图 4-5 所示。

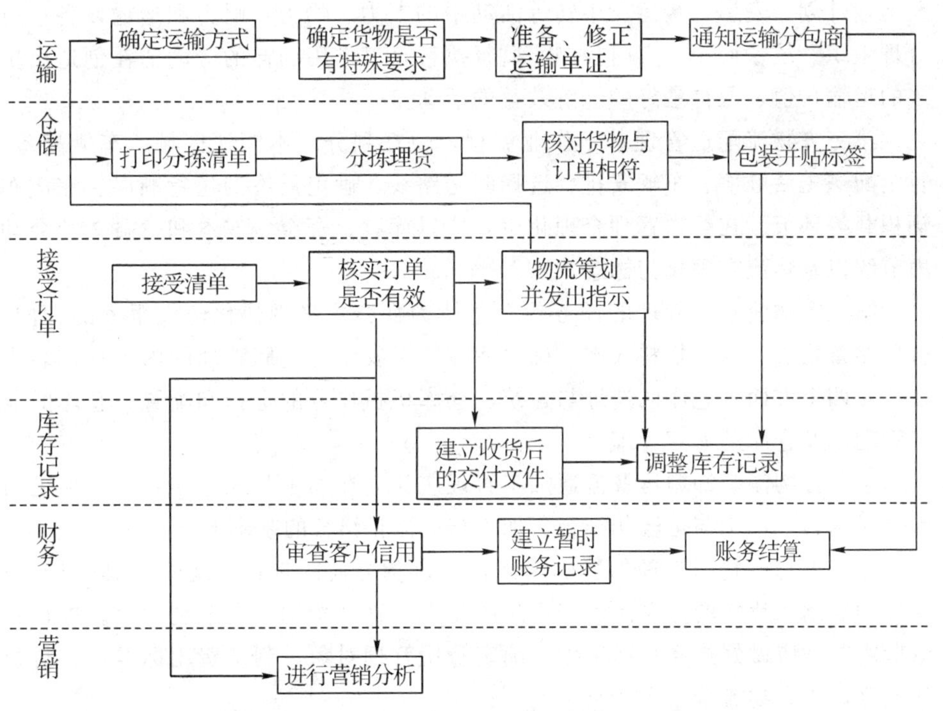

图 4-5　第三方物流企业的订单业务流程

托运人以纸面或网络传输的形式，委托第三方物流服务提供商进行货物托运。通常情况下，向物流公司进行货物托运的是发货人或收货人，或者是各自的代理商。需要指出的是，第三方物流企业接到任何一方的订单后，其处理流程大致相同。不同的是，从发货人处接到的订单信息是发货人的销售订单信息，而从收货人处接到的订单信息是收货人的采购订单信息。第三方物流企业根据托运人提供的货物描述及要求，合理安排服务计划。订单处理系统的当事人包括托运人、物流企业、分包商及收货人。

第三方物流企业接到客户订单后，将进行以下工作：

（1）检查订单要求是否全部有效，确认订单信息是否完全。

（2）提请信用部门审查客户的资信情况。

（3）根据客户信用情况，提请营销人员进行营销分析。

（4）提请会计人员记录有关往来账目。

（5）根据货物描述及客户需求，进行服务的合理策划与设计。

（6）根据货物托运信息与各分包商联系，委派任务。

本章小结

第三方物流企业的运输管理是指对整个运输过程的各个部门、各个环节以及运输计划、发运、接运、中转等活动中的人力、物力、财力和运输设备进行合理组织、统一使用，实时控制、监督执行，以求用同样的劳动消耗创造出更多的运输价值，取得最好的经济效益的活动。

第三方物流配送管理基于作业流程，包括划分基本配送区域、车辆配备、暂定配送先后顺序、车辆安排、选择配送路线、确定最终的送货顺序、完成车辆积载等环节。在配送管理合理化中，应以库存、资金、成本和效益、社会动力节约以及物流合理化为标志。

第三方物流仓储管理的任务包括坚持为社会主义现代化建设服务的方向、合理储备物资、降低物料成本、确保库存物资安全。仓储管理的内容具体表现在这样四个方面：仓库的选址与建筑、仓库机械作业的选择和配置、仓库的业务管理以及仓库的库存管理。

第三方物流装卸搬运及流通加工管理应建立在加工与配送相结合、加工与配套相结合、加工与运输相结合、加工与商流相结合的基础上。

第三方物流费用管理的影响因素包括进货方向的选择、运输工具的选择、存货的控制、货物的保管制度、产品废品率、管理费用、资金利用率。进行物流费用管理应做好这样几项工作：确定费用管理对象，制定费用标准，实行责任制度，扩大物流量。

第三方物流合同管理的成效直接关系到企业的经营管理业务，所以企业必须加强合同管理，确保合同的严肃性和法律的权威性，充分发挥合同在商品购销管理中的作用。现代物流合同的特点为双方合同、要式合同、有约束第三方的性质。

第三方物流服务项目的监控包括客户服务的监控，成本与生产效率的监控，仓库、运输和存货的监控。

第三方物流管理的主要业务流程包括运输管理、仓储管理、订单业务管理。在运输管理中涉及运输业务的定价、运输方式的选择、运输服务商的选择、运输路线的选择、行车路线和时间表的制定等内容。在仓储业务流程管理中涉及物资入库业务、物资保管业务、物资出库业务等内容。

思考与练习

1. 实现运输合理化的有效措施有哪些?
2. 如何理解物流配送加工业务的一体化?
3. 简述第三方物流仓储服务的形式和管理要点。
4. 第三方物流服务项目的监控包括哪些内容?如何监控?
5. 第三方物流成本管理的方法有哪些?

案例

独具特色的第三方物流企业业务运作

一、"全程托盘化,挑战零破损"

随着全球商务活动对电子化、专业化和合理化要求的日益提高,物流能力的滞后对商务活动的制约越来越明显,引起了人们对物流管理与技术水平同步提高的广泛关注,"总费用最省、效率最高、速度最快"成为现代商务活动对物流服务的新要求。物流集装化技术的出现和大量应用,快速地提高了物流服务能力,在物流标准化、通用化的基础上,在物流全过程中采用物流集装化技术而形成的托盘化作业已经成为衡量物流现代化水平高低的重要标志。托盘化作业除了具备独特的自身优势外,还具备物流集装化技术的共同优势。

2005 年 5 月,中国远成集团有限公司(以下简称远成集团)斥巨资取得独家经营权的国内 3 对行邮专列,是目前国内首次开行的直达、运行速度最快(每小时达 160 千米)的货运专用班列。为了利用行邮专列实现货物的"次日达"或"隔日达",远成集团大胆地提出了"全程托盘化,挑战零破损"的经营理念,购置了大量的合金托盘和木质托盘,使得货物的集装与码放时间前置,提高了装卸作业效率,实现了货物的快速移交,降低了货差破损率,获得了明显的效果,以极高的服务性价比获得了广大客户的青睐。

全程托盘化大大提升了远成集团的服务水平,具体表现在以下四个方面。

1. 装卸效率的提高

通过托盘化,将货物集小为大,使得中小散件、杂货在物流作业过程中能够形成一定的规模优势,大大提高了货物装卸与搬运速度,缩短了作业时间,提高了作业效率。每节行邮车体(23 吨,最大容积为 160 立方米),装卸速度由 3 小时降为 1.5 小时,达到了快速装卸、快速分离的目的,为货物的装卸、搬运作业机械化与自动化创造了条件,提高了作业效率，减少了作业人员的劳动强度，极大地解放了重体力劳动人员。

2. 货损货差的降低

实现托盘化后，减少了货物数目清点的工作量与复杂程度，简化了货物在物流过程各环节、不同运输方式间的交接工作，缩短了货物交接时间，提高了货物的交接速度与准确性。

科学研究表明，物流过程中最容易产生破损的环节是两端的装卸过程。托盘化后，货物由每件为单位装卸变为以一个托盘为单位进行作业，不需直接接触，大大降低了货物因为多次接触而发生的破损，破损率得到了有效控制，由原来的0.43%降低为0.21%。在增强货物安全性的同时，托盘化还可以减轻或避免货物对运输工具与作业环境的污染。

3. 包装费用的节省

集装器具具有搬运和运输以及包装的功能，促使货物包装的合理化、简单化，单件货物的包装要求随之降低，甚至不需要包装，有利于节省货物的包装费用。

4. 仓储利用率的提高

具有包装容器功能的托盘比普通货物更便于堆码、保管，从而有效地提高了仓库、货场单位面积的储存能力。

托盘作为现代物流的基础工具之一，虽然目前得到了极为广泛的应用，但因其规格标准化工作的严重滞后，各行各业所使用的托盘尺寸规格繁多而不统一，造成托盘通用化程度低，大大地降低了托盘的使用范围与效果，使得托盘应有的优势与作用未能得到充分发挥。

二、远成物流城际配送，一石激起千层浪

远成物流城际配送班车自2004年11月10日开通以来，每周业绩均以150%以上的速度增长，在成都的各个物流市场引起了很大震动，正可谓“一石激起千层浪”。到目前为止，远成物流四川公司城际配送项目已经拥有14条配送专线，仅成都市就有15个集散点。为方便客户，远成物流四川公司计划在成都市设立30～40个货物集散点，到2006年底，城际配送网络已覆盖了四川省内所有的二级城市和经济发达的三级城市。一位在成都物流界工作多年的业内人士感叹道：“物流巨头——远成集团加入到省内配送，该到四川省内物流专线洗牌的时候了。目前省内专线比较乱，是该由实力强大的公司来推动和规范市场了。”

远成物流城际配送业务开展至今，在四川省内专线配送领域已经创立了自己的品牌，为广大客户带来了多方面的效益，“安全、服务、速度、价格”是远成物流制胜的四大法宝。

1. 安全

远成物流采用的全部是自有全封闭箱式货车，由专业人士进行货物配载、调度及对车况和路况的跟踪，使货物的破损率减小到最低程度。在2005年11月下旬，成都货运市场发生了几起恶性事件，数家货运公司携客户的代收货款潜逃，给厂家和商家带来了巨大的经济损失。许多厂家和商家冲着远成品牌的信誉，纷纷要求远成为他们提供服务。他们都认为选择远成这艘物流界的航母，就是选择了安全。引用Goodyear在西南地区配送中心的负责人的话就是“选择远成就是选择安全”。

2. 服务

远成物流采用的是贴心的个性化服务，只要客户一个电话，他就会提供“门到门、站到门、站到站、门到站”的多种服务方式供客户选择。为了更好地为客户提供服务，促进厂商对二级市场的开拓，远成物流还办理代收货款业务，并在最短的时间内通过银行转账的方式返给厂家，加速了客户的资金周转和保证了资金的安全性。用商家的话说就是“再也不用去取货款和担心货款被卷走，要用时只要在银行取就行了”。

3. 速度

在速度上，远成物流奉行“一诺千金，欲速必达”的服务宗旨。24小时到货的服务承诺，定点班车的开行，使客户没有了压货之忧。虽然成都冬季雾天很多，高速公路经常封闭，但城际配送操作部制定了几套备用的应急方案，总能确保货物安全准时地到达客户手中。

4. 价格

远成物流一贯采取“双赢策略”，他看中的是市场，而非短期利润。他坚信“只有真正为顾客创造价值的企业才能永续生存”，所以一直采取优惠的价格为客户服务，靠专业化运作以提高车辆利用率和合理配载来获取微薄的利润，这就是远成物流“全城最低价”的由来。

随着城际配送业务的开展，受益的不仅仅是客户，还有远成物流自身。首先，城际配送业务的开展促使远成物流向多元化经营方向发展，从铁路运输的框架中跳出来，尝试多种运输方法；通过城际配送弥补了铁路干线的不足，对原先的网络进行了延伸，为其他分公司的业务扩展提供了很好的契机。

其次，城际配送加快了其下属二级分公司的货物流动，节约了省内运输成本。目前二级城市分公司的成立，必须解决的问题是要将分公司的货物及时地运回成都发送集散地。如果每天都空车前往，成本将会很大；但是在城际配送业务开展后，汽车的使用率提高了，加上很多省外公司要求送货上门，车辆往返一般都能够满载，降低了分公司的综合物流成本。

第三，城际配送促进了网络的发展。虽然城际配送的大多是零散货物，但是通过这条途径可以让更多的客户认识和了解远成物流，扩大了客户群体。远成物流成都公司目前已设立了20家分公司，30多个营业网点，完成了二级分公司的网络铺设。

城际配送业务的开展，拓宽了一批批物流实践者的视野，使他们把眼光放得更高、更远，使传统的物流企业向综合型物流企业迈进了一大步。

（资料来源　宋杨：《第三方物流模式与运作》，中国物资出版社，2006 年版）

案例思考题

远成物流是如何开展其第三方物流业务的？

实践要求

对一家物流企业进行调研，收集并熟悉其订单、运输、仓储、配送等业务的单证。

Logistics

第五章 第三方物流的合同管理

学习目标

1. 理解第三方物流合同的概念及其特征。

2. 了解第三方物流合同管理的内容和措施。

3. 了解《中华人民共和国合同法》中关于第三方运输、仓储的条款。

4. 掌握第三方物流合同的撰写方法。

关键词 第三方物流合同

第一节 第三方物流合同的概述及管理要点

一、第三方物流合同的概念

(一) 第三方物流合同的含义

目前，合同在企业的经济交易中发挥着越来越重要的作用，企业开始重视合同的签订并加强了对合同的管理，第三方物流企业也同样如此。

第三方物流服务需要企业与第三方物流企业经过协商后，在双方认可的基础上，签订相关的协议，用以明确双方的责任、权利和义务并规范双方的行为，这份协议即为第三方物流合同。

(二) 第三方物流合同的特征

第三方物流不仅要把资产或业务外包出去，还要为满足客户与物流企业双方的业务发展需要而为客户量身制定解决方案，所以第三方物流合同涉及的环节多、时间长、需求复杂。第三方物流合同具有以下特征。

1. 第三方物流合同应为双务有偿合同

第三方物流合同中一方提供物流服务，另一方付给报酬，双方均享有合同规定的权益，并须向对方履行相应的义务。

2. 第三方物流合同应为诺成合同

第三方物流合同的当事人各方意见一致，合同即成立。物流合同包括大量的货运内容。在我国的司法实践中，货运合同已经脱离传统民法上实践合同的范围，而成为诺成合同。因为在物流标的物交付之前，物流服务需求方和物流服务企业可能已经为履行合同进行了准备，支出了成本，如果以交付标的物为合同成立要件，则不利于保护双方当事人的利益。

3. 第三方物流合同应为要式合同

物流合同中一般涉及运输、仓储、加工等内容，运输中可能又包括远洋运输、公路运输、铁路运输、航空运输等，双方的权利、义务关系复杂，只有具备一定形式（比如书面形式），才能使物流合同得到更好的履行，才能更好地保护合同当事人的合法权益。

4. 第三方物流合同应有约束第三者的性质

第三方物流合同的主体通常是第三方物流企业和物流服务需求方，虽然收货方有时并没有参加合同签订，但第三方物流企业应向作为第三者的收货方交付货物，收货方可直接取得合同规定的利益，并自动受合同的约束。

二、第三方物流合同的管理

（一）第三方物流合同管理的内容

在第三方物流服务工作中，合同是确定第三方物流企业与客户之间权利、义务关系最重要的法律文本。合同既是业务的最终结果，又是业务实施过程中的执行依据，更是解决业务纠纷的主要依据，其重要性显而易见。物流业务合同是影响物流营销和服务战略的一个重要因素，加强第三方物流合同的管理工作应从合同订立前的准备工作到合同的订立以及合同履行过程的监控和合同完成后的归档等各环节，对合同进行科学的全过程、全方位管理。具体来说，第三方物流合同的管理主要包括以下阶段。

1. 第三方物流合同的准备阶段

合同签订是关系到企业生存发展的大事，尤其是第三方物流合同。由于第三方物流业务的时间跨度较长、服务范围较广，企业在签订合同时应避免操之过急。首先，应加强企业物流部门的管理者之间、管理者和员工之间的交流沟通，明确企业物流外包项目和外包目的。其次，应对第三方物流企业进行调查了解，选择合适的第三方物流企业。在确定准备合作的第三方物流企业后，企业应与第三方物流企业进行广泛的沟通，增进彼此的了解。一方面，企业要了解第三方物流企业的服务能力是否符合自身的要求；另一方面，要向第三方物流企业详细介绍自身的情况。

2. 第三方物流合同的订立阶段

在合同双方彼此了解之后，合同管理进入实质性阶段，即合同的订立阶段。此阶段包括合同的起草、谈判和最终订立。在这一阶段，企业应就合同涉及的必要内容和条款详细地与第三方物流企业进行谈判和协调，确保合同内容全面，措辞严密。双方对合同内容的理解应一致，以避免产生歧义和发生纠纷。

3. 第三方物流合同的履行阶段

第三方物流服务并不意味着企业可以甩手不管；恰恰相反，企业必须随时了解合同的履行情况，监督第三方物流企业的服务，及时发现问题，解决问题，从而保证合同的顺利实施。

4. 第三方物流合同的归档阶段

第三方物流合同履行后，企业要对合同进行归档管理。第三方物流合同履行完毕后，企业要对合同的执行情况进行全面评估，总结经验教训，就出现的问题查明责任，提出改进措施，完善管理制度，不断改进自身的物流外包业务。

（二）第三方物流合同管理的具体措施

企业一旦实施了物流外包，就必须加强对第三方物流合同的管理，具体措施如下。

1. 强化合同管理意识，建立完善的合同管理制度

企业应从思想上树立合同管理的科学理念，真正认识到合同管理对物流外包的重要性，强调按合同办事，通过学习交流提高全员的合同管理意识。合同管理应从完善管理制度入手，制定切实可行的合同管理制度。其主要内容为成立专门的合同管理机构，指定专业人员对合同进行持续性全过程管理（包括签订前的调查准备、合同文本管理、合同履行监控和纠纷处理、评价和总结合同执行的情况等）。

2. 建立信息交流平台

从第三方物流合同的订立到履行的全过程，离不开充分的信息交流和沟通。有效的合同管理应建立信息平台，使合同双方的信息沟通制度化，保证及时地进行交流，从而增进彼此的理解，避免误会，以保证合同的顺利实施。

3. 建立监控和评价机制

在合同订立后，企业应建立合同履行的监控和评价机制，密切跟踪合同履行过程中的各个环节，注意收集合同执行的信息，搜索相关资料，并进行相应的信息处理，将合同实施情况按照规定的标准进行评价和分析，找出偏差，以便及时解决问题。

4. 加强合同管理人才的培养

第三方物流合同内容复杂，专业性强，其管理人员不仅要具备较高的合同管理知识和法律知识以及物流管理的经验，还要对企业的整体目标和物流需求有全面的理解。因此，企业要重视人才，选择素质高、能力强的人员参与合同管理，同时加强在职培训，提高管理人员的素质，只有这样才能保证合同的有效管理。

（三）第三方物流合同的后续管理

第三方物流合同的成功履行依靠双方的长期密切合作。第三方物流服务在合约执行的阶段通常争议颇多，若未能采取有效的对策，合作双方往往会对簿公堂。因此，为保证第三方物流企业有效地履行合同，实现合同的目标，企业有必要对第三方物流合同的执行过程进行及时的跟踪与反馈，加强后续管理工作。

1. 加强合作双方的交流和沟通

在第三方物流合同管理过程中，信息的交流和沟通应是贯彻始终的。在合

同履行过程中，双方应通过召开会议或其他形式定期进行沟通，在一种制度化而又较轻松的环境下坦诚交流。重点是确认双方对项目的期望值和外包目标，对合同的进展情况及时交流，并可以根据具体情况进行协商，作出一定的调整。

2. 加强企业内部的交流和沟通

合同的履行离不开全体员工和各部门的共同努力和协作，但是物流外包将对企业的生产经营方式产生重大影响，企业的生产、营销、财务、人力资源等部门的运作方式和工作内容必须进行相应的变革。因此，企业应加强与员工关于物流外包的重要性及其具体工作程序的交流和沟通，使员工成为利益共享、风险共担的团结合作的整体，只有这样才能保证外包合同的顺利实施。

3. 及时解决合同履行中出现的问题

当合同履行出现问题时，企业应及时和第三方物流企业协调，分析原因，找出解决方案。如果是对方的责任，应及时按照合同和法律规定，行使合同履行抗辩权，通过合同保全、合同变更、合同权利义务转让等方式加以解决，最大限度地减少企业的损失。在可能的情况下，以尽量减少必要的损失为原则，给第三方物流企业适当的时间来挽回，同时也可避免因转向其他的第三方物流企业而增加额外的交易费用。当企业利益严重受损时，企业可根据合同，搜集证据，利用法律手段要求赔偿。

4. 认真总结合同实施过程，不断改进

企业在合同履行后应将合同妥善存档，并对合同实施的全过程进行总结，学习他人的先进经验，吸取教训，不断改进，以取得更大的成功。

第二节 《中华人民共和国合同法》中有关第三方运输、仓储的条款

《中华人民共和国合同法》（以下简称《合同法》）于1999年3月15日由第九届全国人民代表大会第二次会议通过，并于1999年10月1日起正式实施。《合同法》中有关于第三方运输、仓储的条款。其中，《合同法》中的第十七章运输合同的第二百八十八条至第二百九十二条是关于运输合同的一般规定，第三百零四条至第三百一十六条是关于货运合同的规定，第三百一十七条至第三百二十一条是关于多式联运合同的规定；第二十章仓储合同的第三百八十一条至第三百九十五条是关于仓储合同的一般规定。

一、《合同法》中有关第三方运输的条款

货运合同，是指承运人将货物运送至约定的地点，托运人向承运人支付运费的合同。

《合同法》中的第十七章运输合同是关于第三方运输的合同条款，具体内容如下。

（一）一般规定

(1)《合同法》第二百八十八条规定：运输合同是承运人将旅客或者货物从起运地点运输到约定地点，旅客、托运人或者收货人支付票款或者运输费用的合同。

运输合同中有承运人（第三方物流服务商）和托运人两方当事人。在合同涉及的客体为货物时，通常还有收货人参与合同关系。托运人可能是法人也可能是公民个人，可能是货物所有人也可能不是货物所有人。在多数情况下，收货人是托运人以外的人；在少数情况下，收货人就是托运人本人。如果运输合同涉及的收货人与托运人并非同一人，则运输合同有承运人、托运人和收货人三方当事人，这样就产生了第三方物流业务。

(2)《合同法》第二百八十九条规定：从事公共运输的承运人不得拒绝旅客、托运人通常、合理的运输要求。

本条是关于从事公共运输的承运人（第三方物流服务商）的承诺义务的规定。

(3)《合同法》第二百九十条规定：承运人应当在约定期间或者合理期间内将旅客、货物安全运输到约定地点。

本条是关于承运人（第三方物流服务商）按时、安全、准确运输义务的规定。承运人的权利与义务在运输合同中居于重要地位。承运人依照业务内容担负一系列的义务，但其基本义务就是在约定期间内将货物安全运输到约定地点。

(4)《合同法》第二百九十一条规定：承运人应当按照约定的或者通常的运输路线将旅客、货物运输到约定地点。

本条是关于承运人（第三方物流服务商）遵守有关运输路线指示的义务的规定。这里的“通常的运输路线”，应是指货物运输中，从出发点到目的地之间对双方当事人来说最为经济有效、对托运人或收货人最为有利的运输路线。

(5)《合同法》第二百九十二条规定：旅客、托运人或者收货人应当支付票款或者运输费用。承运人未按照约定路线或者通常路线运输增加票款或者运输费用的，旅客、托运人或者收货人可以拒绝支付增加部分的票款或者运输费用。

本条是关于旅客、托运人或者收货人支付票款或者运输费用义务的规定。运输合同原则上为双务有偿合同。在运输合同中，承运人（第三方物流服务商）有将货物或旅客由此地运往彼地的义务，旅客、托运人或收货人则有向承运人按规定支付票款或运输费用的义务。根据权利与义务相统一的原则，旅客、托运人或收货人按照约定支付票款或者运输费用是其应尽的义务。运输合同多为标准合同。在标准合同条件下，票款运费已由承运人事先拟定，旅客、托运人或收货人只有同意或不同意的权利，一旦同意即视为约定。在一些集体运输企业，尤其是运输个体户或专业户作为承运人所签订的非标准合同条件下，双方可就票款、运输费用的数量、付款方式、付款期限、付款地点等予以商定。对此种约定法律奉行合同自由原则，不加干预。旅客、托运人或收货人亦应按照约定支付票款或运输费用。

（二）货运合同

(1)《合同法》第三百零四条第一款规定：托运人办理货物运输，应当向承运人准确表明收货人的名称或者姓名或者凭指示的收货人，货物的名称、性质、重量、数量，收货地点等有关货物运输的必要情况。

第二款规定：因托运人申报不实或者遗漏重要情况，造成承运人损失的，托运人应当承担损害赔偿责任。

本条第一款是关于托运人准确申报货物运输情况义务的规定。根据本条第一款规定，托运人办理货物运输有准确申报的义务。托运人应向承运人（第三方物流服务商）表明的合同的主要内容包括收货人的名称或者姓名，收货地点，货物的性质、重量、数量，其他有关货物运输的情况。这是一项弹性规定，这里的“其他情况”因货运合同类型不同等原因而差异很大，故立法在此留一活性规定，便于根据实际情况确定。

本条第二款是关于托运人申报不实或者遗漏重要情况的违约损害赔偿责任的规定。如果托运人申报不实，或者遗漏重要情况，很可能造成承运人的直接损失。如果报错收货人，将导致承运人无法按时交货而影响其收入；报错地点，将导致承运人多走冤枉路而加大开支；报错货物性质、重量、数量，将导致安全事故等致使承运人受损。根据本条第二款的规定，托运人应当承担损害赔偿责任。但在交接运送货物过程中如因承运人未尽验收之责，则承运人对该损害也有过错，应按各自过错大小承担相应责任。

(2)《合同法》第三百零五条规定：货物运输需要办理审批、检验等手续的，托运人应当将办理完有关手续的文件提交承运人。

本条是关于托运人文件交付义务的规定。货物运输合同大都属于规范性合同，有自己的特殊要求。除一般货物外，国家出于维护社会公益的目的，通常会规定某些货物的运输，如特殊货物和动植物、出入关货物、危险品等的运输，需要到有关行政机关办理审批、检验等手续。根据本条款规定，需凭证明文件运输的货物，托运人应当将办理完有关手续的文件提交给承运人（第三方物流服务商），如托运人未按规定提出有关办理手续的证明文件，承运人有权拒运。对于由于托运人提供虚假的办理完有关手续的证明文件或者未提供有关手续的证明文件而导致的迟延运输，货物毁损、灭失，承运人不承担或免除相应的违约责任。

（3）《合同法》第三百零六条第一款规定：托运人应当按照约定的方式包装货物。对包装方式没有约定或者约定不明确的，适用本法第一百五十六条的规定。

第二款规定：托运人违反前款规定的，承运人可以拒绝运输。

本条是关于托运人妥善包装义务的规定。

本条第一款规定中的“适用本法第一百五十六条的规定”是一个援引式的规定。根据第一百五十六条的精神，关于对包装方式没有约定或者约定不明确的，即在包装方式没有统一的专业包装标准和双方事先没有约定或约定不明确的情况下，双方当事人可以就包装方式进行协议补充。不能达成补充协议的，按照合同有关条款进行交易。如仍不能确定的，应当按照通用的方式包装；没有通用方式的，应当根据货物的性质、重量、运输种类、运输距离、气候以及承运设备装载等条件，采用足以保护标的物的包装方式。

本条第二款规定，托运人违反第一款规定，即违反妥善包装义务的，承运人（第三方物流服务商）可以拒绝运输。这里的“拒绝运输”有两层意思：一是指在运输合同成立以前，如果托运人不能妥善包装，承运人有权拒绝缔约，托运人不能以承运人负有承诺而提出抗辩。二是指在运输合同成立以后，如果托运人违反妥善包装义务，承运人因托运人的根本违约而拥有法定的合同解除权，得以解除与托运人之间的货物运输合同，不再承担运输义务。需要指出的是，如果是由于货物包装缺陷产生破损致使他人货物或运输工具，机械设备被污染、腐蚀和损坏，或者造成人身伤亡的，托运人应承担赔偿责任。但承运人明知包装不合格而承运的，对该损害也应负责。

（4）《合同法》第三百零七条第一款规定：托运人托运易燃、易爆、有毒、有腐蚀性、有放射性等危险物品的，应当按照国家有关危险物品运输的规定对危险品妥善包装，作出危险物标志和标签，并将有关危险物品的名称、性质和防范措施的书面材料提交承运人。

第二款规定：托运人违反前款规定的，承运人可以拒绝运输，也可以采取相应措施以避免损失的发生，因此产生的费用由托运人承担。

本条第一款是关于托运危险物品的妥善包装，作出危险物标志和标签，并将有关危险物品书面材料提交承运人（第三方物流服务商）义务的规定。根据本条第一款的规定，托运人托运易燃易爆、有毒、有腐蚀住、有放射性等危险物品的，应当按照《危险货物运输规则》等国务院有关危险物品运输的规定承担相关基本义务。此义务实际上是托运人申报义务的具体化。由于危险物品托运的严肃性，本条规定托运人向承运人表明危险物品有关情况应采用书面形式。

本条第二款是关于托运人违反上述义务，承运人应持的态度和采取的措施的规定。根据此款规定，托运人违反上述义务的，承运人可以拒绝运输，即承运人有权拒绝与托运人缔结运输合同，或者在运输合同成立、履行过程中解除合同。承运人还可以采取相应措施以避免损失的发生，但因此产生的费用由托运人承担。

(6)《合同法》第三百零八条规定：在承运人将货物交付收货人之前，托运人可以要求承运人中止运输、返还货物、变更到达地或者将货物交给其他收货人，但应当赔偿承运人因此受到的损失。

本条是关于托运人单方变更或解除货物运输合同的规定。根据本条规定，在承运人（第三方物流服务商）将货物交付给收货人之前，托运人可以请求承运人中止运输、返还货物、变更到达地或者将货物交给其他收货人，但应当赔偿承运人因此受到的损失。托运人不仅应承担债务不履行的损害赔偿，而且应承担因恢复原状而发生的损害赔偿。

(7)《合同法》第三百零九条规定：货物运输到达后，承运人知道收货人的，应当及时通知收货人，收货人应当及时提货。收货人逾期提货的，应当向承运人支付保管费等费用。

本条是关于货物运输到达后，承运人（第三方物流服务商）与收货人的相关义务的规定。这可以从三个方面来理解：①承运人将物品运送到达目的地后，应及时通知收货人，以便收货人请求运送货物的交付。但是，如果托运人有处分权而依有效指示已排除收货人的受领权，或者运送货物到达后直接交与收货人时，则不必另行通知。②收货人有接到到货通知后及时提货的义务。这里的"及时"在既无法定期限标准又无双方约定的情况下，可依交易习惯或按照诚信原则确定。收货人提货时，应向承运人出示提货凭证，这是保证货物准确交付、提货规范化的需要。③收货人有支付应交费用的义务。根据本条规定，收货人的应交费用是指托运人未付或者少付的运费以及其他费用。这里的"其他费用"是指运货人有支付相关费用的义务，此条规定是为了全面保障债权人即承运人的利益。

(8)《合同法》第三百一十条第一款规定：收货人提货时应当按照约定的期限检验货物。对检验货物的期限没有约定或者约定不明确，依照本法第六十一条的规定仍不能确定的，应当在合理期限内检验货物。

第二款规定：收货人在约定的期限或者合理期限内对货物的数量、毁损等未提出异议的，视为承运人已经按照运输单证的记载交付的初步证据。

本条是关于收货人提货时应当按照约定的期限检验货物的义务及收货人索赔时效的规定。

根据本条第一款的规定，收货人应按照约定的期限检验货物。这一方面是为了督促收货人及时验收、及时提货，另一方面是为了定纷止争。如果收货人未在约定期限内检验或未在约定期限内检验出货损，承运人便得以免责。检验货物的具体期限并无固定限制，允许货物运输当事人予以约定。如果没有约定或者约定不明确，则依照《合同法》第六十一条的规定；如果仍不能确定，则应按照诚实信用原则，结合具体情况确定合理期限。

根据本条第二款的规定，收货人检验货物后发现货物损坏、损失等与合同内容不符的情况，应立即向承运人提出异议。如果收货人没有在约定的期限内或合理期限内对货物的数量、毁损等提出异议，根据本条规定，视为承运人已经按照运输单证的记载交付的初步证据。在约定期限或者合理期限内，收货人未提出异议，或者是货物检验合格，或者是收货人疏于发现。

(9)《合同法》第三百一十一条规定：承运人对运输过程中货物的毁损、灭失承担损害赔偿责任，但承运人证明货物的毁损、灭失是因不可抗力、货物本身的自然性质或者合理损耗以及托运人、收货人的过错造成的，不承担损害赔偿责任。

根据本条规定，承运人（第三方物流服务商）对于运输过程中货物的毁损、灭失应承担损害赔偿责任。承运人的这种责任比一般违反合同的责任更重，因为除了不可抗力外，对于一般的意外事件，承运人也要承担赔偿责任。这里的“运输过程中”是指从承运货物时起，至货物交付收货人或者依照有关规定处理完毕时止。“毁损”是指托运的货物因损坏而价值减少。“灭失”是指承运人无法将货物交付给收货人，既包括货物的物质上的灭失，也包括占有的丧失及法律上不能回复占有的各种情形。

(10)《合同法》第三百一十二条规定：货物的毁损、灭失的赔偿额，当事人有约定的，按照其约定；没有约定或者约定不明确，依照本法第六十一条的规定仍不能确定的，按照交付或者应当交付时货物到达地的市场价格计算。法律、行政法规对赔偿额的计算方法和赔偿限额另有规定的，依照其规定。

本条是关于确定货物的毁损、灭失的赔偿额的规定。承运人（第三方物流服务商）对货物毁损、灭失的赔偿责任范围可分以下两种情况：未保价运送的货物受损和保价运送的货物受损。根据本条规定，货物的毁损、灭失的赔偿范围，当事人有约定的，按照其约定；当事人没有约定或约定不明确的，可依照本法第六十一条规定协议补充；不能达成补充协议的，按照合同的有关条款或者交易习惯确定。

(11)《合同法》第三百一十三条规定：两个以上承运人以同一运输方式联运的，与托运人订立合同的承运人应当对全程运输承担责任。损失发生在某一运输区段的，与托运人订立合同的承运人和该区段的承运人承担连带责任。

本条是关于数个承运人（第三方物流服务商）以同一运输方式联运时，各承运人的责任的规定。数个承运人以同一运输方式联运的，与托运人订立合同的承运人应当对全程运输承担责任。与托运人订立合同的承运人作为缔约一方，一般情况下，负责全程运输的组织工作，直接与托运人发生关系。他不像各运输区段的承运人，只要在运输区段完成了运输任务就履行了全部义务，而是自始至终与承运人之间有权利、义务关系存在。与托运人订立合同的承运人对全程运输享有权利、承担义务，同时对全程运输负责。当损失发生的运输区段不明确时，应首先由与托运人订立合同的承运人负责。这对于保护托运人的利益有重要意义。当损失发生在某一运输区段时，与托运人订立合同的承运人与该区段的承运人承担连带责任，即债务方为两人以上。

(12)《合同法》第三百一十四条规定：货物在运输过程中因不可抗力灭失，未收取运费的，承运人不得要求支付运费；已收取运费的，托运人可以要求返还。

本条是关于货物在运输过程中因不可抗力灭失，承运人（第三方物流服务商）丧失运费请求权的规定。货物在运输过程中因不可抗力灭失，这就使作为货物运输合同一方当事人的托运人、收货人的利益要求客观上已无法得到满足。这在民法理论上称作债的目的不能达到。根据本条规定，承运人承运的货物在运输过程中因不可抗力灭失的，承运人虽不负赔偿责任，但丧失部分的货物未能取得运费的，承运人丧失运费的请求权，不得请求托运人或者收货人支付运费。托运人已支付运费的，可以请求承运人返还，承运人不得拒绝。

(13)《合同法》第三百一十五条规定：托运人或者收货人不支付运费、保管费以及其他运输费用的，承运人对相应的运输货物享有留置权，但当事人另有约定的除外。

本条是关于承运人（第三方物流服务商）对运输货物的留置权的规定。留置权，是指债权人按照合同约定占有债务人的动产，当债务人不按照合同约定的期限履行债务时，债权人可依法留置该财产，以该财产折价或者以拍卖、变卖该财产的价款优先受偿的担保物权。享有留置权的债权人叫作留置债权人，留置的财产称为留置物。在货物运输合同中，承运人是留置债权人，不支付运费、保管费及其他运输费用的托运人或收货人是留置物所有人。法律规定承运人享有留置权，目的在于利用物之交换价值担保承运人的运费、保管费及其他相关费用的请求权。

(14)《合同法》第三百一十六条规定：收货人不明或者收货人无正当理由拒绝受领货物的，依照本法第一百零一条的规定，承运人可以提存货物。

本条是关于承运人（第三方物流服务商）提存货物的规定。提存是指由于债权人的原因而无法向其交付合同标的物时，债务人将该标的物交给政府机关而消灭合同的制度。债务的履行往往需要债权人的协助。如果收货人无正当理由而拒绝受领或者不能受领，收货人虽然应负担受领迟延责任，但承运人的债务却并未消灭。在此场合，承运人仍应随时准备履行，为债务履行提供的担保也不能消灭。为体现公平，提存缺席的设立规定承运人的收货人不明或者收货人拒绝受领货物时，可以将货物提交给有关机关，从而免除交付义务。这符合效益原则，有利于货物运输的良性运行。

（三）多式联运合同

(1)《合同法》第三百一十七条规定：多式联运经营人负责履行或者组织履行多式联运合同，对全程运输享有承运人的权利，承担承运人的义务。

本条是关于多式联运经营人负责或者组织履行多式联运合同的规定。所谓多式联运合同，是指多式联运经营人（第三方物流服务商）以两种以上的不同运输方式将货物从接收地运至目的地的合同。多式联运经营人对全程运输享有承运人的权利，承担承运人的义务。

多式联运经营人的权利包括：①有权向托运人、收货人收取符合规定的各项费用。②如能证明其本人、受雇人、代理人或为履行联运合同而服务的任何人，为避免事故的发生及其结果，已经采取一切可能的合理措施时，则有权拒绝赔偿责任。③如果多式联运经营人由于发货人或其雇佣人或代理人的过失或疏忽而遭受损失，多式联运经营人有权向发货人提出索赔。

多式联运经营人的义务包括：①必须将多式联运单据项下的货物运至目的地，完成多式联运合同规定的义务。②在运输的责任期间，对货物的灭失、损坏、延迟交货等造成的损失承担赔偿责任。③如果多式联运经营人故意欺诈，在多式联运单据上列入有关货物的不实资料，或者漏列有关应载明的事项，或货物的损失是由多式联运经营人故意造成的，则有义务负责赔偿因此而遭受的任何损失或费用。④在发货人如期按规定支付各项费用后，必须向收货人交付货物。

(2)《合同法》第三百一十八条规定：多式联运经营人可以与参加多式联运的各区段承运人就多式联运合同的各区段运输约定相互之间的责任，但该约定不影响多式联运经营人对全程运输承担的义务。

本条是关于多式联运的经营人与各区段承运人之间责任划分的规定。在多式联运中，多式联运的经营人作为联运合同的缔约者和组织者，各区段承运人作为联运合同的实际履行者，他作为共同一方与托运人、收货人发生多式联运的法律关系。在多式联运经营人组织履行多式联运合同的情况下，他一般又处于各运输区段的托运人地位，与各运输区段的承运人发生关系。

(3)《合同法》第三百一十九条规定：多式联运经营人收到托运人交付的货物时，应当签发多式联运单据。按照托运人的要求，多式联运单据可以是可转让单据，也可以是不可转让单据。

本条是关于多式联运的经营人签发多式联运单据的规定。所谓多式联运单据，是指多式联运经营人（第三方物流服务商）在接管货物时，向发货人（托运人）签发的，证明多式联运合同以及证明多式联运经营人接管货物，按照合同条款交付货物的单据。它是多式联运合同的证明，是多式联运经营人已接管货物的收据，也是多式联运经营人交付货物和收货人提取货物的凭证。

(4)《合同法》第三百二十条规定：因托运人托运货物时的过错造成多式

联运经营人损失的，即使托运人已经转让多式联运单据，托运人仍然应当承担损害赔偿责任。

本条是关于托运人的损害赔偿责任的规定。托运人对多式联运承运人（第三方物流服务商）的损失应当承担违约损害赔偿责任。多式联运合同依法成立即对合同当事人具有法律约束力，当事人必须认真履行。包括托运人、多式联运承运人在内的任何一方因自身过错而违反合同规定的，均应承担违约责任。托运人对多式联运承运人的损害赔偿责任的归责原则是过错责任原则，即因托运人托运货物时的过错造成多式联运承运人的损失的，托运人应当承担损害赔偿责任。

（5）《合同法》第三百二十一条规定：货物的毁损、灭失发生于多式联运的某一运输区段的，多式联运经营人的赔偿责任和责任限额，适用调整该区段运输方式的有关法律规定。货物毁损、灭失发生的运输区段不能确定的，依照本章规定承担损害赔偿责任。

本条是关于多式联运经营人的货物损害赔偿责任的规定，可从以下三个方面进行理解：

第一，多式联运经营人（第三方物流服务商）应对其责任期间货物的毁损、灭失承担违约损害赔偿责任。多式联运经营人的责任期间，一般自其接管货物时起到交付货物时止。根据《合同法》的规定，多式联运经营人对全程运输承担承运的义务，因此多式联运经营人也有安全运输货物的义务。对于货物的毁损、灭失，应当承担损害赔偿责任。

第二，货损发生区段明确时，多式联运经营人的损害赔偿责任实行“网状责任制”，即如果货物的毁损、灭失发生于多式联运的某一运输区段时，多式联运经营人的赔偿责任和责任限额适用调整该区段运输方式的有关法律规定。这种网状责任制度的主要缺点是责任制度不确定，随发生损失区段而定，事先难以掌握。

第三，多式联运经营人对隐蔽损害应当依照本章规定作为承运人承担损害赔偿责任。在多式联运中，货损发生的运输区段有时不易查清，则网状责任制通常是用“隐蔽损害一般原则”规定多式联运经营人的责任，即对这类货损采用某项统一规定的办法确定经营人的责任。根据本条规定，如果货物毁损、灭失发生的运输区段不确定，多式联运的经营人依照本章规定承担损害赔偿责任。

二、《合同法》中有关第三方仓储的条款

仓储合同，又称仓储保管合同，是指当事人双方约定由仓库营业人（第三方物流服务商）为存货人保管储存货物，存货人为此支付报酬的合同。

仓库营业人为保管货物的一方当事人。仓储合同一经成立，仓库营业人即

承担以下义务：①依照存货人的要求，向存货人开具由其签名的仓单的义务。②按合同的约定，承担接受存货人交付储存的货物并将其入库的义务。③按照合同约定的储存条件和保管要求，妥善保管保管物的义务。④在储存的货物出现危险时，有及时通知存货人的义务。⑤在合同约定的保管期限届满或因其他事由终止合同时，应承担将储存的原物返还给存货人或存货人指定的第三人的义务。

存货人的义务主要有以下几项：①按照合同的约定交存货物入库。②支付保管费。③偿付仓库营业人因保管货物所支出的必要费用。④按照合同的约定及时提取货物。

《合同法》中的第二十章仓储合同是关于第三方仓储的合同条款，具体内容如下。

(1)《合同法》第三百八十一条规定：仓储合同是保管人储存存货人交付的仓储物，存货人支付仓储费的合同。

仓储合同法律关系的主体是保管人（第三方物流服务商）和存货人。保管人，指拥有一定设施，从事仓管业务的法人、其他经济组织和自然人。存货人，指将一定货物交付保管人，由其储存的法人、其他经济组织和自然人。仓储合同法律关系的客体是仓储行为。债权法律关系的客体是债务人的行为。仓储合同是为实现一定的仓储行为而进行的，双方当事人签订合同的目的也是围绕这一行为展开的。仓储合同法律关系的内容，即双方当事人的权利、义务是确定的。保管人有提供仓储行为的义务，同时享有获得仓储费的权利；存货人有支付仓储费的义务，同时享有将货物提供给保管人由其储存并保管的权利。

(2)《合同法》第三百八十二条规定：仓储合同自成立时生效。

从本条可以看出，仓储合同是诺成合同。所谓诺成合同，是指当事人一方的意思表示一旦为对方同意即能产生法律效果的合同，即“一诺即成”的合同。此种合同的特点在于当事人双方意思表示一致（达成合意）之时合同即告成立。本法区分了合同的成立和主效两个法律概念。本法对合同的成立与主效做了明确的区分，有利于解决合同纠纷、确立合同不成立、合同无效而产生的不同责任。

(3)《合同法》第三百八十三条第一款规定：储存易燃、易爆、有毒、有腐蚀性、有放射性等危险物品或者变质物品，存货人应当说明该物品的性质，提供有关资料。

第二款规定：存货人违反前款规定的，保管人可以拒收仓储物，也可以采取相应措施以避免损失的发生，因此产生的费用由存货人承担。

第三款规定：保管人储存易燃、易爆、有毒、有腐蚀性、有放射性等危险物品的，应当具备相应的保管条件。

本条第一款规定了存货的告知义务，即存货人应当向保管人（第三方物流服务商）说明存储物的性质，危险物品或易变质物品的名称、种类、化学成分及性质等等，并提供相应的材料，如存储物的说明书、化学检验单等。

本条第二款规定了保管人在存货人违反告知义务的情形下，有拒绝收取仓储物的权利，或者采取相应措施避免损失发生的权利，如转移仓位、增加保管手段等，同时有权要求存货人支付由此产生的费用。

本条第三款是关于保管人应当具有相应保管条件的规定，即在储存易燃、易爆、有毒、有腐蚀性、有放射性等危险物品时，保管人应具有相应的防火、防化、防毒等必要措施的能力。

(4)《合同法》第三百八十四条规定：保管人应当按照约定对入库仓储物进行验收。保管人验收时发现入库仓储物与约定不符合的，应当及时通知存货人。保管人验收后，发生仓储物的品种、数量、质量不符合约定的，保管人应当承担损害赔偿责任。

本条是关于保管人（第三方物流服务商）依照合同应承担验收入库仓储物的义务的规定。本条规定了当入库仓储物与约定不符合时，保管人有及时通知存货人的义务，以及保管人验收后发生仓储物不符约定时应承担的损害赔偿责任。保管人应当按照约定对入库仓储物进行验收，即保管人应承担验收入库仓储物的义务。验收的内容，本法并未作规定，但通常认为应包括货物的品名、规格、数量、质量、外包装，以及无须开箱拆包直观可见可辨的质量情况等。保管人验收时发现入库仓储物与约定不符合的，应当及时通知存货人。也就是说，当货物不符合约定时，保管人有及时告知存货人的义务。通知的内容包括仓储物与约定不符之处，自己采取的措施等，通常也可以包括处理的建议。保管人验收后，发生仓储物的品种、数量、质量不符合约定的，保管人应当承担损害赔偿责任。

(5)《合同法》第三百八十五条规定：存货人交付仓储物的，保管人应当给付仓单。

仓单是表示所有权（物权）的证券，同时又有债权效力，为不至于混淆于狭义的有价证券，我们将仓单定义为：保管人（第三方物流服务商）接受存货人交付的仓储物后依法给付存货的单证。

(6)《合同法》第三百八十六条规定：保管人应当在仓单上签字或者盖章。仓单包括下列事项：

①存货人的名称或者姓名和住所；

②仓储物的品种、数量、质量、包装、件数和标记；

③仓储物的损耗标准；

④储存场所；

⑤储存期间；

⑥仓储费；

⑦仓储物已经办理保险的，其保险金额、期间以及保险人的名称；

⑧填发人、填发地和填发日期。

本条规定了仓单所应包括的八项内容，而这八项内容也是仓储合同的主要内容。实务中应注意两个问题：

第一，仓单上必须有保管人（第三方物流服务商）的签字或者盖章。仓单是物权证券，表明了仓储物的所有权关系，但在仓储合同履行期间却由保管人合法占有并进行管理，因而保管人应在仓单上签字或者盖章以证明其收到保存的货物。仓单以保管人的签字或者盖章为必要条件，否则应认为仓单是无效的，因为它不具有证明力。

第二，仓单上保险条款的适用问题。根据本条第七项的表述分析，仓单并不要求一定的保险条款，这一事项的有无根据双方的合同予以确定。仓单中如记有保险条款，则应明确地将保险金额、期间及保险公司的名称予以记载。所谓保险金额，是指投保人和保险人约定的保险事故或事件发生时，保险人应当赔偿或交付的最高限额，是计算保险费的依据。

(7)《合同法》第三百八十七条规定：仓单是提取仓储物的凭证。存货人或者仓单持有人在仓单上背书并经保管人签字或者盖章的，可以转让提取仓储物的权利。

本条是关于仓单属性的规定，同时规定仓单可以经背书转让。这可从以下两个方面进行分析：

第一，仓单是提取仓储物的凭证。我们知道，保管人（第三方物流服务商）与存货人之间的仓储合同旨在以双方合意为基础，确定就仓储物的保管而形成的权利、义务的具体内容。但在合同履行时，会因货主的变换而出现货物的所有人与合同当事人即存货人不一的情况。因而以仓单作为仓储物的凭证，更好地解决了这一问题。如上所述，仓单是文义证券，即以仓单上记载的内容为准，因而从某种意义上说，仓单有证明仓储物现实的所有关系的作用。保管人应根据仓单持有人出示的仓单交付仓储物，而不能以其不是原合同当事人而拒绝交付仓储物。

第二，仓单可以经背书转让。所谓“背书转让”，是指在仓单背面或者粘单上记载有关事项并签章的行为。转让人称为背书人，受让人称为被背书人。

(8)《合同法》第三百八十八条规定：保管人根据存货人或者仓单持有人的要求，应当同意其检查仓储物或者提取样品。

根据本条规定，仓单持有人享有要求保管人（第三方物流服务商）同意其检查仓储物和提取样品的权利。通常在商业运作中，尤其是在转换新货主时，货主（存货方和经背书转让的新的仓单持有人）为便于顺利交易，会比较关心存储货物的保管情况以便于以后的交易，因而本条根据这一现实需要赋予仓单持有人这项权利，以便仓单持有人方便有力地行使权利。但要注意的是，仓单持有人必须事先向保管人要求后才能行使这项权利，而不能擅自干扰保管人正常的业务活动。

根据本条规定，保管人还负有应仓单持有人要求同意其检查仓储物或者提取样品的义务。保管人应当遵照合同妥善地履行义务，并应接受仓单持有人合理的要求，检查货物或者提取样品。条文表述中用“应当”，可见立法者将之视为保管人的一项义务。保管人履行这项义务时应注意三个问题：一是要求检查的必须是仓单持有人，包括存货人和新货主；二是提取样品、检查货物的要求必须合理，与仓单记载的内容必须一致；三是保管人有阻止仓单持有人任意地干扰其业务活动的权利。

(9)《合同法》第三百八十九条规定：保管人对入库仓储物发现有变质或者其他损坏的，应当及时通知存货人或者仓单持有人。

本条是关于保管人（第三方物流服务商）的告知义务的规定，该项义务的发生以发现仓储物有变质或者其他损坏为前提条件。从条文的表述来看，以损坏发生的现实性为条件，即变质或者其他损害确实已经发生。但是当仓储物已存在变质或者其他损失发生具有可能性时，应将其作为该项告知义务发生的前提。保管人履行告知义务时必须及时。所谓“及时”，就是一经发现即不作耽搁地履行告知义务。如果保管人履行告知义务过于迟延，造成仓储物不必要损失的，应承担相应的责任。

(10)《合同法》第三百九十条规定：保管人对入库仓储物发现有变质或者其他损坏，危及其他仓储物的安全和正常保管的，应当催告存货人或者仓单持有人作出必要的处置。因情况紧急，保管人可以作出必要的处置，但事后应当将该情况及时通知存货人或者仓单持有人。

本条规定了保管人（第三方物流服务商）的两项告知义务，即催告存货人或者仓单持有人处置损坏仓储物的义务和事后告知存货人或者仓单持有人保管人已对损坏仓储物作了处置的义务。入库仓储物出现变质或者其他损坏，危及其他仓储物的安全和正常保管的，应当催告存货人或者仓单持有人作出必要的处置。所谓“催告”，是指让某人赶快行动或者做某事。因情况紧急，保管人作出必要处置后，负有将该情况及时通知存货人或仓单持有人的义务。所谓“事后”，是指在保管人实施必要的处置后，即在保管人来不及或者无法及时与存货人或者仓单持有人取得联系时而自行处置后。

(11)《合同法》第三百九十一条规定：当事人对储存期间没有约定或约定不明确的，存货人或者仓单持有人可以随时提取仓储物，保管人也可以随时要求存货人或者仓单持有人提取仓储物，但应当给予必要的准备时间。

根据本条规定，当事人对储存期间没有约定或者约定不明确的仓储物，存货人可随时提取的权利。所谓“储存期间”，是指仓储物由保管人（第三方物流服务商）保管的期间，即保管人履行仓储保管义务的期间。本条规定实际上是允许当事人对履行期限不作出约定的。当合同对储存期间没有约定或者约定不明确时，存货人可随时提取合同中规定的仓储物。这一规定便利了存货的交易。所谓“随时”，是指不论任何时候，即存货人只要需要提取仓储物品的一部分或全部，保管人都应当允许并提供便利。由于保管人可能同时管理大批的、多种多样的货物，因而存货人随时提取货物会给保管人造成正常开展业务的不便。因此，存货人在提取货物时应当事先告知保管人，以便其能够事先安排提取，这既有利于存货人及时地提取，同时也不会干扰保管人的正常业务活动。同样，当事人对没有约定储存期间或者约定不明确的，保管人也可以随时要求存货人提取仓储物，但应当给予必要的准备时间。

(12)《合同法》第三百九十二条规定：储存期间届满，存货人或者仓单持有人应当凭仓单提取仓储物。存货人或者仓单持有人逾期提取的，应当加收仓储费；提前提取的，不减收仓储费。

根据本条规定，储存期间届满，仓单持有人负有凭仓单提取仓储物的义务。这一义务的主体是仓单持有人，其内容包括两个方面：一是到期凭仓单提取仓储物；二是向保管人提交仓储物验收证明。这一内容实际上是由仓单持有人在提货后向保管人提交的证明，包括已收到仓储物，仓储物的品质、数量、包装等。保管人取得此项验收资料后便可对仓单持有人再行提出的请求（如货损、变质等）进行抗辩。若仓单持有人违反上述义务，应承担相应的责任。换言之，当仓单持有人逾期提取时应当加收仓储费，而提前提取则不减收仓储费。

(13)《合同法》第三百九十三条规定：储存期间届满，存货人或者仓单持有人不提取仓储物的，保管人可以催告其在合理期限内提取，逾期不提取的，保管人可以提存仓储物。

本条是关于储存期间届满，仓单持有人不提取仓储物时，保管人（第三方物流服务商）享有的权利的规定。储存期间届满，仓单持有人不依照合同约定提取仓储物，保管人享有的权利包括两个方面：

第一，保管人可以催告仓单持有人在合理期限内提取仓储物，即保管人通过一定方式告知并催促仓单持有人在合理期限内提取仓储物。如上所述，储存期间届满，保管人基于合同而发生的仓储保管义务履行完毕，没有义务再行保管仓单持有人的货物，因此此时便有权利要求仓单持有人及时提取货物。

第二，仓单持有人逾期不提取的，保管人可以提存货物。所谓“逾期”，即超过“合理期限”。当仓单持有人在保管人催告其提取仓储物的合理期限内仍不提取该仓储物时，保管人可以依照本条规定提存该仓储物。所谓“提存”，是指由于债权人的原因而无法向其交付合同标的物时，债务人将该标的物交给提存机关而消灭合同的制度。在仓储合同中，仓储物的所有权属于仓单持有人，因而他是所有权人，同时他有权要求保管人交付仓储物而成为债权人。

(14)《合同法》第三百九十四条第一款规定：储存期间，因保管人保管不善造成仓储物毁损、灭失的，保管人应当承担损害赔偿责任。

第二款规定：因仓储物的性质、包装不符合约定或者超过有效储存期造成仓储物变质、损坏的，保管人不承担损害赔偿责任。

本条第一款规定了在储存期间，仓储物毁损、灭失的，保管人应当承担违约赔偿责任。所谓“毁损”，是指货物的物质形态尚存在，但其品质已经降低或丧失，或其全部的或部分的功能已经失去。所谓“灭失”，是指货物的物质形态根本不复存在，如被烧毁、丢失等。

本条第二款规定了因仓储物包装不符合约定或者超过有效储存期造成仓储物变质、损坏的，保管人不承担责任。根据交易习惯，存货人在交付仓储物时，仓储物已经包装妥当，由保管人验收后也置于保管人保有之下，保管人无包装的义务，因而不应由其承担因包装不符合约定造成损失的赔偿责任。当然，如果当事人约定入库前由保管人负责包装，相应的责任即应由保管人承担。仓储物超过有效储存期造成仓储物变质、损坏，也是不可归责于保管人的。因为仓储物的内在品质是保管人无法处置的，他只能根据合同全面适当地履行合同义务，除此之外，不应承担其他义务。作为物权人的存货人（或者其他仓单持有人）对自己货物的品质是应予以充分考虑的，否则因超过有效储存期而导致仓储物变质、损坏的，保管人不承担责任。

(15)《合同法》第三百九十五条规定：本章没有规定的，适用保管合同的有关规定。

本条是当没有相应规定时，适用保管合同的有关规定。仓储合同是一种特殊的保管合同，在实践中与一般保管合同的签订、履行有许多相似之处，所以在上述条款未作规定时遵照保管合同的有关规定是合适的。保管合同是指保管存货人交付的保管物，并返还该物的合同。仓储合同与保管合同制度除了具体称谓不同外，其区别还包括：一是保管合同可以是有偿的也可以是无偿的，取决于当事人的意愿，在未作约定或者约定不明确时，应视为无偿；仓储合同是有偿合同。二是保管合同为实践合同，具有实践性；仓储合同为诺成合同。三是从现实生活来看，仓储合同的主体有一定的特殊性，即保管人一般为从事仓储保管业务的法人或依法经批准从事仓储保管业务的个体户和集体经营户；关于保管合同的当事人，现有法律法规未作限制。

第三节　第三方物流服务合同案例

在本节中，将以一个典型的美国第三方物流服务合同为范本，展示一个物流服务合同的具体内容。该合同以美国的物流服务环境为背景，是物流服务提供者与使用者根据其发展过程中遇到的一些问题总结而得来的。该合同对物流服务的业务范围，包括运送、仓储提供、额外服务、损失责任等作了具体规定，对保险、风险分担、索赔和诉讼也制定了相应的条款。该合同的重点是与仓储有关的服务，可以根据实际情况对其进行增减。该合同的格式大大减少了合同达成的时间与费用。

美国第三方物流服务合同

本合同在________物流公司（第三方物流企业）与________公司（客户）之间产生，于__年__月__日在____（某地）生效。

1. 服务、支付和期限

第三方将履行“业务范围”所规定的服务，支付费用与价目表中所定的服务费用一致。如果在合同下提供的物流服务的货币价值（在其中任何1个月内）比价目表提出的每月最小额要少，客户须支付不小于最小额的费用。

除非任何一方根据条款提出书面终止通知，合同期限自________日（起始日期）起3年，然后自动延期1年（续定条款）。合同的起始条款与续定条款中规定的终止日期前的60天，双方将重新洽谈下一个延期合同的物流、仓储费。

2. 运送

（1）货物运送以第三方作为指定收货人。客户可不以第三方作为指定收货人来运送货物。第三方有权拒绝或接受货物。如果第三方同意接受货物，客户应在得到第三方同意后，立即书面通知承运人，并送副本一份给第三方，说明第三方与货物没有利益关系。

（2）不符合规定的货物。客户不能把下列货物运送到第三方：①与货物清单中的规定不一致的货物；②与同一批次包装标记不一致的货物。第三方有权拒绝或接受任何不符合规定的货物。如果第三方接受了这种货物，客户应支付价目表中所规定的费用；若价目表中没有规定，则支付合理的费用。第三方一收到这些不符合规定的货物，将尽快通知客户，以获得有关指令。第三方不对因口头传递所造成的失误负责。

3. 仓储的提供

由第三方配送的所有货物在经过恰当标记和包装后送到仓库以便配送。客户在送货前应准备符合“业务范围”的货单。双方同意第三方根据协议规定的价格储存和搬运其他货物。

4. 送货要求

（1）没有客户准确的书面要求，第三方不运送或转运货物。根据客户口头传递信息进行货物发送造成失误时，第三方不承担责任。

（2）客户要求从仓库中提货，必须给第三方合理的提货期限。如果因为天灾、战争、公敌、罢工、扣押、骚乱等或第三方不能控制的任何情况以及因为法律的一些规定而造成货物的损失或损坏，第三方不承担过失责任。如果送货过程中遇到了特殊情况或困难，客户与第三方应适当延期。

5. 额外服务（特殊服务）

（1）不属于通常物流服务（“业务范围”内）的服务所耗费的第三方的劳动力，按第三方的通常费用标准收取费用。

（2）客户所需要的额外服务包括编制特定的存货报表，标出重量及包装上的系列数字或其他数据，进行货物的物理检验和填写物流运送清单等，这些服务按第三方的通常费用标准收取费用。

（3）为客户提供包装材料或其他特殊材料，按第三方的通常费用标准收取费用。

（4）由于事先安排，未在正常商业时间内收到或运送货物，客户应按第三方的通常费用标准承担合理的额外费用。

（5）邮资、电传、电报或电话的通信费用超过通常的服务标准的部分，以及在客户的要求下不采用邮政的正常方式而造成的费用，由客户支付。

（6）有时第三方在没有得到客户书面同意的情况下形成一些“非常”费用是必需的，客户因此同意支付第三方由此而产生的合理适当的费用。但是第三方在造成这些费用前，应尽可能从客户那里获得许可。如果这种许可是口头的，则第三方对口头传递信息所造成的失误不负责任。

6. 责任和损失限制

（1）损失责任。客户把私人财产送到作为受托人的第三方处，第三方在下列条件下同意接受这些财产：第三方对货物的丢失或损坏不负责任，由于第三方没有照管好而造成的丢失或损坏除外；对这些财产，第三方不为客户保火灾险或其他意外事故险，因火灾或其他事故造成的损失，第三方不负责任。

（2）保险。对因任何原因所造成的货物损失不由第三方负责保险，但第三方同意当前的保险单继续生效。该保险单包括：在协议的期限或延期内，对放在协议中指定的第三方仓库里的财产，如果遭受丢失、毁坏或损坏，作为受托人的被保险人，应根据法律规定进行赔偿，但这些赔偿（在其保险范围内）由保险公司代表第三方来支付。该保险单在协议期限包括延期内，应全部生效（除去一些除外条款）。若客户需要，第三方应提供该保险单的副本。

（3）损失计算。如果第三方使客户的货物丢失或损坏，对这种损失的赔偿将按货物的存货成本来估算。

(4) 装卸。第三方对由于进货、卸货或出货、装货的延误而造成的逾期费负责。第三方应竭尽全力提供及时的服务。

(5) 随后损失。不是由第三方的任何行为或疏忽而造成的损失，第三方不负责任。

7. 义务

第三方的责任包括监督管理、人员配备、看门服务、物流设备、办公家具、日常安全（包括下班后锁门和启动电子安全系统）、托盘、包装材料、捆扎和房屋的保养。

8. 风险分担

有关方都认识到第三方为提供服务将作出承诺并投资。双方同意下列条款：无须任何理由，任何一方在 90 天前以书面形式通知另一方，可终止该合同。该书面通知应有终止日期。无论因什么原因而终止，客户应补偿第三方全部的未摊提的贷款或租金，即由此而造成的损失，第三方应得到相应的补偿。

9. 合同双方的地位

(1) 合同双方应达成的共识。对于存储的货物，第三方不能被看作法规中规定的“仓库所有人”。第三方在任何时候都没有提出索赔、抵押、特免、抵销的优惠或合同中所规定第三方所处理的货物的权利。货物全部的、单一的、无疑问的权利仍属于客户。

(2) 在与合同中的任何条款不相冲突的前提下，对于合同中所规定的货物而言，第三方与客户之间的关系是受托者与寄托人的关系。第三方对于完成任务所需的方法和措施应有独立控制和自由处理的权力。他不是客户的代理人或雇员。为了使第三方能完成作为该合同的受托者的任务，客户应允许第三方按客户的利益，在任何适当的时间内，独立控制并对货物和房产进行检查。

10. 索赔通知和诉讼

(1) 所有的索赔必须在法庭宣判前以书面形式提交。

(2) 只有当这些索赔以书面形式提交，并且是在事件发生后 1 年内提出索赔，客户或第三方才能作出反应。

11. 口头传递信息

2 (2)、4 (1) 和 5 (6) 小节规定了因口头传递信息所产生的失误的责任。在与以上各节内容无冲突的条件下，客户以书面形式在发生口头交流的 24 小时内，对这些口头交流内容进行确认。第三方收到这些书面确认后，不能再以自己的理解行事，而应按书面确认的情况为准。但是，在第三方收到书面确认前，不必对据口头传递的信息内容所发生的行为负责。

12. 仓库（略）

13. 转让

未得到客户书面同意，第三方不能转让、转送、抵押或让渡这一合同或合同的任何一部分以及与合同有关的任何权利。但书面同意一旦发出是不能随便收回的。要特别指出的是，在这一规定中，第三方向持有股份的主要持股人或控股公司转让利益，不需经客户同意。

14. 授权

在合同上签名的人员或代理人应保证完成所有规定的工作，且受到法律保护。

15. 违约

下列情况被认为是第三方违约：

(1) 第三方在执行或遵守合同条款时有实质性的违约。

(2) 第三方向法院提出自愿破产的申请，或被法院宣布破产，或资不抵债，或为债主的利益进行转让，寻求或同意对所有资产任命第三方的接收人或清算人。如果第三方收到这一书面违约通知单 30 天后，违约还在继续，客户有权终止合同。与前述无冲突的情况下，第三方在收到违约通知后有 30 天时间来消除、纠正他的违约行为。

16. 继任者和受让人

该合同对各方的继任者和受让人具有法律效应。

17. 说明

说明仅供参考，适用于条款规定的工作范围。

18. 所适用的法律

该合同应根据________州的法律执行。

19. 合同的修改

生效后的合同不能以口头或其他任何方式改变、修改、作废、丢弃和终止，必须以书面协议的形式，经由双方签字同意后方可对合同进行修改。

（资料来源 http：//www.trade91.com/archiver/? tid-1531.html)

本章小结

物流服务需要企业与第三方物流企业经过协商后，在双方认可的基础上，签订关于购买物流服务与销售物流服务的协议，用以明确双方的责任、权利和义务，规范双方的行为，这份协议即为物流合同。

第三方物流合同的特征：为双务有偿合同，为诺成合同，为要式合同，有约束第三者的性质。

第三方物流合同的管理主要包括以下环节：合同的准备阶段，合同的订立阶段，合同的履行阶段，合同的归档阶段。企业要实施物流外包，必须树立正确的合同管理理念，采取科学有效的措施，加强合同管理，包括合同的后续管理工作。

《合同法》中第二百八十八条至第二百九十二条是关于运输合同的一般规定，第三百零四条至第三百一十六条是关于货运合同的规定，第三百一十七条至第三百二十一条是关于多式联运合同的规定。《合同法》中第三百八十一条至第三百九十五条是关于仓储合同的一般规定。本章列举和分析了这些《合同法》中有关第三方运输、仓储的条款。

本章还列举了以美国物流服务环境为背景的第三方物流合同范本。合同范本对物流服务的业务范围，包括运送、仓储提供、额外服务、损失责任等作了具体规定，对保险、风险分担、索赔和诉讼也制定了相应的条款。

思考与练习

1. 第三方物流合同有哪些特征？
2. 第三方物流合同的管理包括哪几个阶段？
3. 怎样加强对第三方物流的管理？
4. 列举三条《合同法》中有关第三方运输的条款。
5. 列举三条《合同法》中有关第三方仓储的条款。

实践要求

写一份完整的第三方物流合同。

1. 实践目的

选择身边的第三方物流企业为对象，联系本章所学理论，采用实地考察跟踪其物流全过程的方法，对第三方物流业务做进一步的了解，根据其业务写一份完整的第三方物流合同。培养学生的实际调研能力，让其尝试检验所学知识，并从实际中进一步学习了解第三方物流合同。

2. 实践意义

培养学生的实践能力，让学生更深刻地体会本章的内容，学会撰写第三方物流合同。

3. 实践要求

严格按照第三方物流合同的性质、规格来撰写此合同，其中要体现出该合同双方的权利和义务。

4. 实践步骤

(1) 选择身边的一家第三方物流企业进行企业调查；
(2) 选择该第三方物流企业中的一单业务进行分析；
(3) 撰写此单业务的第三方物流合同。

5. 实践结论

由学生自己填写。

Logistics

第六章 第三方物流信息系统

学习目标

1. 理解物流信息系统的概念。

2. 熟悉第三方物流企业信息系统的功能与特征。

3. 掌握信息技术在第三方物流企业中的应用以及几种典型的物流信息系统。

关键词 物流信息 物流信息系统

信息技术的应用对物流的高效与精确运作极其重要。有关专家提出："物流信息系统将成为物流企业真正的核心竞争力的推动源泉。"对于第三方物流企业而言，没有高效的信息系统作后盾，就相当于失去了未来的发展空间。

第一节 物流信息概述

20世纪60年代以来，数据采集技术、处理技术和通信技术的飞速发展，使物流信息得以及时地、大批量地获得，并能安全地存储和飞速地处理、传输。当前第三方物流企业的竞争主要围绕着信息资源的占有而展开，发展物流业的关键是实现物流信息化。因此，建立高效适用的第三方物流信息系统是应对市场挑战、提高第三方物流企业核心竞争能力的有效手段。

（一）物流信息

1. 物流信息的概念

根据我国国家质量技术监督局批准实施的《物流术语》，物流信息（Logistics Information）是反映物流各种活动内容、资料、图像、数据文件的总称。

2. 物流信息的分类

按照物流活动所起作用的不同，可将物流信息分为物流系统内信息和物流系统外信息。

（1）物流系统内信息是伴随着物流活动而发生的信息，包括订货信息、库存信息、生产指示信息（采购指示信息）、发货信息、物流管理信息等。一般说来，在企业的物流活动中，按照顾客的订货要求进行订货处理是物流活动的第一步，订货信息是全部物流活动的基本信息。接着，制造厂将订货信息和现有商品的库存信息进行对照，当商品库存不足时，应先根据生产指示信息安排生产（零售业中为根据采购指示信息安排采购）；当商品库存充足时，则根据订货信息将货物移出仓库准备发货。物流管理部门收集交货完毕的通知、物流成本费用、仓库车辆等物流设施的使用工作率等信息作为物流管理信息，从而进行物流管理和控制活动。

（2）物流系统外信息是在物流活动以外发生的，提供给物流活动使用的信息，包括供货人信息、顾客信息、交通运输信息、市场信息、政策信息，以及来自企业内生产、财务等部门的与物流有关的信息。

（二）物流信息系统

物流信息系统是企业管理信息系统的一个重要子系统，是通过对与企业物流相关的信息进行加工处理来实现物流的有效管理和控制，并为物流管理人员及其他企业管理人员提供战略及运作决策支持的人机系统。物流信息系统是提高物流运作效率、降低物流总成本的重要基础设施。

1. 物流信息系统的主要内容

（1）接受订货、发货业务。物流企业把物流中心和仓库的库存量、订货点、配送能力和往来客户的住址、结算账号等信息记录在电脑里。通过顾客的电脑、电话和传真或推销员的回访等接受订货后，将订货信息输入营业所和支店的电脑，并传送给信息中心。信息中心的电脑具有以下功能：处理各种订货信息并选择附近的发货仓库传送发货指示书；计算装载效率，选定运输车辆并计算出运输效率后发出配送指示。配送终了，要输入送达终了报告，以加强配送管理，同时还要输入销售额。另外，物流企业可依据订货信息和发货信息计算订货余额，进行订货管理和销售管理；同时，还可预测库存系统，进行实际库存管理，以及对订货信息、库存信息及其他营业活动信息等的查询。

（2）其他业务。主要包括：当库存信息低于订货点的需要量时，电脑可自动向补给仓库发出订货指标，补充库存；在规定的付款期限或每次配送后，系统会输出费用计算书，送给往来客户；预测部门可根据市场信息和订货信息进行计划订货，生产部门则可根据订货信息合理安排组织生产；计算物流费用，合理选择最佳运输手段及运输路线，控制物流成本。

（3）与其他系统的连接。物流信息系统一方面可以与其他企业建立信息系统的连接，处理大批定期订货信息、联机通信信息及银行进款等信息，自动交付物流费，实现信息交流与信息共享；另一方面可以采用联机信息传递方式对物流业者发出运输和发货要求，或从物流业者那里收集作业报告书和物流信息，与物流业者的信息系统进行信息交换。

2. 物流信息系统的结构

（1）物流信息系统的功能结构。依托互联网和信息技术的物流信息系统投入相对较少，又能显著提高企业物流的运营效率和管理水平，因此越来越多的企业愿意采纳这项集管理和信息技术为一体的系统。要实现各种物流价值，物流信息系统应实现的总体功能结构如下：

①仓储管理。使用仓储管理系统管理仓库的收发、分拣、补货、移库、盘点等等，同时还可以进行库存分析及与财务系统的集成。更加先进的仓储管理系统还能帮助企业实现“逆向物流”（返修、回收等），适应企业产品“推迟”策略对配送中心的管理需求。

②运输管理。使用运输管理系统优化运输模式组合，如空运、陆运或水运

等，寻求最佳的运输路线。运输管理系统还可以实现在途物品的跟踪，并在必要时调整运输模式，实现车队管理、运输计划、调度与跟踪、与运输商的电子数据交换等。

③订单管理。订单管理系统是办理从客户处接受订单，准备货物，明确交货时间、交货期限、剩余货物管理等作业的系统。办理接受订货手续是交易活动的始发点，必须准确迅速地办理接受订货的各种手续，高效有序地处理各种订单。

④账务管理。它包括应收账款管理、应付账款管理、费用稽核等。

⑤客户关系管理。它是对客户进行全面管理的系统，不仅要保存客户的基本信息，还要保存企业与客户之间以往的销售及服务信息。

⑥代码及参数管理。实体代码是信息系统的基础，代码设计与管理是信息系统的一个重要组成部分，设计出一个好的代码方案对于系统的开发和使用都极为有利。它可以使许多计算机处理变得十分方便，也可以使事务处理工作变得简单，还可以使系统变得灵活且易于维护。

⑦报表管理。它包括采购、销售、配送、库存、成本毛利等与经营管理有关的业务报表的管理。

⑧计划管理。计划管理在整个物流系统中起着指导全局的重要作用，是物流业务的控制与协调中心，因此与其他功能模块之间存在着非常复杂的联系。计划管理包括采购计划、补货计划、配送计划等业务的管理。

⑨信息管理。信息管理作为内外信息交流的吐纳口，是实现供应链管理的重要途径，主要承担着信息查询、信息下载和信息发布等功能，是联系企业与供应商、企业与客户的窗口。

⑩资源管理。为了充分发挥人力和设备资源的潜力，改进劳动生产率，需要建立员工的培训系统、绩效评估系统、设备档案和技术性能评估系统。对这些系统的管理就是资源管理。

（2）物流信息系统的层次结构。根据处理的内容及决策的层次，可以把物流信息系统划分为不同的层次。除了最基础的业务处理层和数据库支持层以外，物流信息系统还包括战略计划层、管理控制层、运行控制层等。

战略计划层主要负责建立各种物流系统的分析模型，辅助高层管理人员制订物流战略计划，解决中长期决策问题。

管理控制层主要负责建立物流系统的特征和评价标准，建立控制和评价模型，根据运行信息监测物流系统的状况。

运行控制层包括载运工具路径的选择和优化、仓库作业计划、库存管理等关系物流系统当前运行的短期决策。

（3）物流信息系统的软件结构。支持物流信息系统各种功能的软件系统或软件模块所组成的结构，就是物流信息系统的软件结构。如对应于运输管理，物流信息系统中的相关软件或模块组成一个软件结构，该软件结构由支持战略计划的模块、支持管理控制的模块、运行控制模块、业务处理模块以及它自己的专用数据文件所组成。

此外，物流信息系统的软件结构还包括为全系统所共享的数据和程序，包括公用数据文件、公用程序、公用模型库及数据库管理系统等。

第二节　第三方物流企业信息系统的功能与特征

第三方物流企业需要通过物流信息系统将整个物流过程整合起来。因此，第三方物流企业信息系统是最具有代表性的物流信息系统。这里仅对其信息系统的功能与特征展开讨论。

（一）第三方物流信息系统

物流信息系统是把各种物流活动与某个一体化的过程联结在一起的通道。第三方物流一体化过程包括四个层次：基础信息系统、管理控制系统、决策分析系统、战略计划制定系统。

第一个层次是基础信息系统，它是指物流信息系统接受客户指令或接受交易指令的系统，通过将第三方物流企业的基础信息系统与客户的信息系统集成，与客户共享物流信息，获得物流运作的基础信息。这一系统是第三方物流信息系统启动物流活动的最基本的层次，包括从客户系统获取订货内容、安排存货任务、选择作业程序、装货、搬运、开票及订单查询与处理等。

其处理过程：①接受客户订单信息进入信息系统；②按订单安排存货或安排采购；③选择作业程序；④指挥搬运、分拣、装货及按订单交货；⑤打印并传送票据。

基础信息系统的特征：格式规格化、通信交互化、交易批量化、作业逐日化、信息标准化。基础信息要方便与客户的信息系统集成和通信，还要有较强的安全保密措施。

第二个层次是管理控制系统，它要求第三方物流企业把主要精力集中在功能衡量报告上。功能衡量对于提高物流服务水平和资源利用等管理信息反馈来说是必要的。因此，管理控制以可估价的、策略的、中期的焦点问题为特征，它涉及评价过去的功能和鉴别各种可选择方案。

普通的功能衡量包括财务成本分析、顾客服务评价、作业衡量、质量指标等。功能衡量对第三方物流服务是非常重要的，一般客户都希望第三方物流服务能对物流系统作综合性分析，提供更多的物流信息与客户共享，客户可以利用这些信息与自身的信息系统集成，为企业决策提供市场及物流信息。

第三方物流系统是否能够在物流系统运作中随时鉴别出异常情况也是很重要的。有超前活力的物流系统还应该有能力根据预测的需求与预期的入库数预测未来存货短缺情况。某些管理控制的衡量方法（如成本的衡量）有非常明确的方法，有些衡量方法（如顾客服务）则缺乏明确的定义，需要采用一些分析方法建立评价指标。

第三个层次是决策分析系统。这一层次的信息系统把主要精力集中在决策应用上，以协助管理人员鉴别、评估和比较物流战略或策略上的可选方案。典型分析包括车辆日常工作计划、存货管理、设施选址以及作业比较和成本效益评价。对于决策分析，物流信息系统必须包括数据维护、建模和分析。与管理控制不同的是决策分析的主要精力集中在评估未来策略的可选方案，因此需要相对的零散模块和灵活性，以便于在较广的范围内选择。

第四个层次是战略计划制定系统。这一层次的系统把主要精力集中在信息支持上，以期开发和提升物流战略。它是决策分析系统的延伸。物流信息系统在制定战略层次时必须把较低层次数据结合进范围很广的交易计划中，便于评估各种战略的概率和损益的决策模型。

（二）第三方物流企业信息系统的功能

对于第三方物流企业来讲，其信息系统的主要功能如下。

1. 能获得信息

第三方物流企业信息系统必须具有容易而又始终如一的可得性，所需信息包括订货和存货状况。当企业有可能获得物流活动的重要数据时，应该很容易就能从计算机系统中重新得到。

信息的可得性对于客户服务与改进管理决策是非常必要的，因为客户不断地需要存储取货和订货方面的信息。可得性的另一方面是信息系统存取所需信息的能力，无论是管理上的、客户方面的信息，还是产品订货位置方面的信息。物流作业的分散化性质，要求能从国内甚至世界各地任何地方得到更新的数据，这样的信息可得性可以减少作业和制订计划上的不确定性。

2. 能准确地获得信息

第三方物流企业信息系统必须能准确反映当前物流服务状况和定期活动，以衡量订货和存货水平。准确性可以解释为物流系统报告与实际状况相吻合的程度。如平稳的物流作业要求实际的存货与物流信息系统报告的存货之间的吻合度最好在99%以上。当实际数据与物流信息系统报告存在误差时，就要通过缓冲存货或安全存货的方式来适应这种不确定性。正如物流信息的可得性，增加信息的准确性就可以减少不确定性，进而减少安全存货量。

3. 能及时地获得信息

第三方物流企业信息系统必须能够提供及时的、最快速的管理信息反馈。及时性是指一系列物流活动发生时与该活动在物流信息系统可见时的耽搁。例如，如果在某些情况下，系统要花费几个小时甚至几天才能将一个新的订货看作一个新的需求，因为该订货不会始终直接由客户数据库进入第三方物流企业信息系统，这种耽搁会使计划的有效性降低，进而使存货增加。

此外，尽管一些生产企业存在着连续的产品流，但如果第三方物流企业信息系统是按每小时、每工班甚至每天进行更新，则不能保证信息系统的及时性。显然，实时更新或立即更新具有及时性。实时更新往往会增加记账工作量，因此编制条形码、采用扫描技术和物流 EDI 有助于及时而有效地记录数据。全球卫星定位技术也有助于物流信息系统的及时性。

4. 能识别异常情况

物流作业要与大量的客户、产品、供应商和服务公司进行协作或竞争，要求第三方物流企业信息系统应能有效识别异常情况。在物流系统中，需要定期检查存货情况、订货计划，这两种情况在许多物流信息系统中要求手工检查。尽管这类检查愈来愈趋向自动化，但由于许多决策结构是松散的，并且需要人工的判断处理，而人工检查需花费大量时间，因此，要求第三方物流企业信息系统要结合决策规则，去识别这些需要管理者注意并决策的异常情况，让计划人员和经理人员把他们的精力集中在判断分析上。

5. 能灵活地获得信息

第三方物流企业信息系统必须具有灵活反应能力，以满足系统用户和客户的需求。第三方物流企业信息系统以虚有能力提供能迎合客户需求的数据，如票据汇总、实时查询、成本综合分析、市场销售汇总及分析等，一个灵活的第三方物流企业信息系统必须适应这一要求，以满足未来企业客户的各项信息需求。

6. 能友好规范地提供界面

第三方物流企业信息系统提供的物流报告的界面应该友好和规范，以适当的形式对物流信息进行表述，建立正确的物流信息表达结构，方便客户查询和阅读，方便客户打印和存档。物流报告的表现形式应与英语传统报告相结合，便于企业报关及管理人员阅读和分析。

总之，物流信息系统是第三方物流企业参与市场竞争的关键，是提高客户服务水平的基础。

（三）第三方物流企业信息系统的特征

第三方物流信息系统的控制从货主订单开始到将货物交付收货人结束。同其他领域的信息相比，第三方物流企业信息系统具有其自身的特征，主要表现在以下几方面。

1. 物流信息的通用性强

由于物流是一个大范围的活动，物流的信息源分布在一个很大的范围内，信息源点多，信息量大。如果这个大范围内未能实现统一管理或标准，信息就缺乏通用性。

2. 物流信息的动态性强，信息的价值衰减速度快

这对信息工作的及时性提出了很高的要求。在大的系统中，为了确保信息的及时性，信息的收集、传输、加工和处理都要加快速度。

3. 物流信息的种类多

不仅本系统内部各个环节有不同的信息种类，而且由于物流系统与其他系统之间有密切联系，因此，还必须收集这些类别的信息。这使得物流信息的分类、研究、筛选等工作的难度大大增加。

4. 信息系统具备智能化决策功能

现代物流的智能化已经成为电子商务情形下物流发展的一个方向。智能化是物流自动化、信息化的一种高层次应用。物流作业过程中大量的运筹和决策，如库存水平的确定、运输路线的选择、作业控制、自动分拣、物流配送中心经营管理的决策支持等问题都可以借助专家系统、人工智能系统等相关技术加以解决。

第三节 第三方物流企业信息技术的应用

物流信息技术是现代信息技术在物流各个作业环节中的应用，是物流现代化的重要标志。从数据采集的条形码系统到办公自动化系统中的微型计算机、互联网、各种终端设备等硬件以及计算机软件，都在日新月异地发展。

物流信息技术主要由通信、软件和面向行业的业务管理系统三大部分组成，包括基于各种通信方式基础上的移动通信手段、全球卫星定位技术、地理信息技术、计算机网络技术、自动化仓库管理技术、智能标签技术、条形码技术、射频技术、信息交换技术等现代尖端科技。它有效地为物流企业解决了单点管理和网络化业务之间的矛盾、成本和客户服务之间的矛盾、有限静态资源和动态市场之间的矛盾、现在和未来预测之间的矛盾，提升了物流行业的整体效益。

（一）条形码技术和射频技术

1. 条形码技术

(1) 条形码技术概述。条形码技术是在计算机的应用实践中产生和发展起来的一种自动识别技术，是为实现对信息的自动扫描而设计的。条形码技术可以大量、快速采集信息，非常适合物流系统对大量化和高速化信息采集的要求，是实现销售时点信息系统、电子数据交换、电子商务、供应链管理的技术基础。条形码技术包括条形码的编码技术、条形符号设计技术、快速识别技术和计算机管理技术。

条形码是由一组黑白相间、粗细不同的条状符号组成的。条形码隐含着数字信息、字母信息、标志信息、符号信息，主要用以表示商品的名称、产地、

价格、种类等，是全世界通用的商品代码的表示方法。条形码的黑色条对光的反射率低，而白色空对光的反射率高，再加上条与空的宽度不同，就能使扫描光线产生不同的反射接收效果，在光电转换设备上转换成不同的电脉冲，形成可以传输的电子信息。由于光的运动速度极快，所以可以准确无误地对运动中的条形码予以识别。

物流条形码是物流过程中的以商品为对象、以集合包装商品为单位使用的条形码。标准物流条形码由 14 位数字组成，除了第一位数字之外，其余 13 位数字代表的意思与商品条形码相同。物流条形码第一位数字表示物流识别代码。

(2) 条形码的编码方案。条形码是国际上通用的商品代码，我国的商品代码也采用的是条形码。条形码的主版由 13 位数字及相应的条码符号组成，在较小的商品上也可采用 8 位数字码及其相应的条码符号，主要组成有前缀码、制造厂商代码、商品代码、校验码。

(3) 条形码识别。条形码识别装置采用各种光电扫描设备，主要有以下几种：①光笔扫描器：似笔形的手持小型扫描器。②台式扫描器：固定的扫描装置。手持带有条形码的卡片或证件在扫描器上移动，就可完成扫描。③手持式扫描器：能手持使用和移动使用的较大的扫描器，用于静态物品扫描。④固定式光电及激光快速扫描器：由光学扫描器和光电转换器组成，是现在物流领域应用较多的固定式扫描设备。它被安装在物品运动的通道边，对物品进行逐个扫描。

2. 射频技术

(1) 射频技术概述。射频（Radio Frequency，RF）的基本原理是电磁理论。射频识别系统的优点在于不局限于视线，识别距离比光学系统远，射频识别卡具有可读写能力，可以携带大量数据，难以伪造，并且有一定智能性。射频识别技术适用于物料的跟踪、运载工具和货架识别等要求非接触数据的采集和交换场合。由于射频识别的标签具备可读写能力，这对需要射频改变数据内容的场合特别有用。

便携式数据终端（Portable Data Terminal，PDT）可以把采集到的有用数据存储起来，并可随时通过射频通信技术传送到计算机管理信息系统。操作时先扫描位置标签，货架号码、产品数量就都输入到 PDT，再通过射频识别技术把这些数据传送到计算机管理系统，就可以得到客户产品清单、发票、发运标签、该地所存产品代码和数量等。

(2) 射频识别系统的结构。射频识别系统的组成一般包括两个部分：电子标签（Tag）和阅读器（Reader）。电子标签中一般保存有约定格式的电子数据。在实际应用中，电子标签附着在待识别物体的表面。阅读器又称为读出装置，可无接触地读取并识别电子标签中所保存的电子数据，从而达到自动识别物体的目的。然后进一步通过计算机及计算机网络实现对物体识别信息的采集、处理及远程传送等管理功能。

(3) 射频技术的分类。射频识别技术根据频率不同可分为低频系统和高频系统；根据电子标签内是否装有电池为其供电可分为有源系统和无源系统；根据电子标签内保存的信息写入方式可分为集成电路固化式、现场有线改写式和现场无线改写式；根据读取电子标签数据的技术实现手段可分为广播发射式、倍频式和反射调制式。

(二) 电子数据交换技术

1. 电子数据交换技术概述

电子数据交换（Electronic Data Interchange，EDI）是一种新型的信息交换及商品交易方式。国际标准化组织（ISO）对 EDI 的定义："为商务或行政事务处理，按照一个公认的标准，形成结构化的事务处理或消息报文格式，从计算机到计算机的数据传输。"由于使用 EDI 能有效地减少直到最终消除贸易过程中的纸面单证，因而 EDI 俗称"无纸贸易"。

EDI 的三个基本要素：

(1) 计算机应用系统。它是生成和处理电子单证的真正实体。

(2) 通信网络。它是传输电子单证的载体。

(3) 标准化。它是应用系统生成统一规范电子单证的依据，以适应计算机应用系统之间的传输、识别和处理。

EDI 标准化是整个 EDI 最关键的部分。由于 EDI 是以事先商定的报文格式进行数据传输和信息交换的，因此，制定统一的 EDI 标准至关重要。EDI 标准主要分为基础标准、代码标准、报文标准、单证标准、管理标准、应用标准、通信标准、安全保密标准八个方面。

2. 电子数据交换的类型

EDI 包括早期的点对点直接专用方式、基于增值网的间接方式和基于因特网的 EDI 方式。

(1) 直接型的 EDI。直接型的 EDI 系统是通过用户与用户之间直接相连而构成的。EDI 的用户开发各自的系统，这样开发的系统只同自己的客户相联系，不同其他的系统相联系，即所谓的专用 EDI 系统。

(2) 基于增值网的 EDI。增值网（Value Added Network，VAN）是指能提供额外服务的计算机网络系统。增值网可以提供协议的更改、检错和纠错功能等。基于增值网的 EDI 单证处理过程包括：

①生成 EDI 平面文件。EDI 平面文件是通过应用系统用户的应用文件或数据库中的数据映射成一种标准的中间文件。这是一种普通的文本文件，用于生成 EDI 电子单证。

②翻译生成 EDI 标准格式文件。翻译器按照 EDI 标准将平面文件翻译成

EDI标准格式文件，即EDI电子单证。电子单证是EDI用户之间进行业务往来的依据，具有法律效力。

③通信。用户通过计算机系统由通信网络接入EDI信箱，将EDI电子单证投递到对方的信箱中，具体过程由EDI信箱系统自动完成。

④EDI文件的接收和处理。用户接入EDI系统，打开自己的信箱，将来函接收到自己的计算机中，经过格式校验、翻译、映射之后还原成应用文件，并对应用文件进行编辑、处理和恢复。

基于增值网的EDI技术比较成熟，已经有多年的运行经验，服务性和安全性也得到了认可，在国际贸易、报关、交通运输、政府招标、公用事业中有广泛应用。

(3) 基于因特网的EDI。由于增值网的安装和运行费用较高，许多中小型企业难以承受。即使是使用EDI的大公司也不能完全做到节省费用，因为它们的许多贸易伙伴并没有使用EDI。因特网的发展提供了一个费用更低、覆盖面更广、服务更好的系统，使中小型公司和个人都能使用电子商务。随着因特网安全性的提高，已呈现出部分取代增值网而成为EDI网络平台的趋势。

基于因特网的EDI又可分为三种类型：

①基于电子邮件的EDI，即采用多种因特网邮件扩展协议来传输EDI单证。MIME协议可以详细说明和自动识别具有任意类型内容的电子邮件，使邮件的客户机识别EDI主体的分段。在采用因特网电子邮件传输EDI单证时必须采用特殊的封装技术，首先对EDI单证进行必要的传送编码处理，并封装在因特网MBE电子邮件的体部，然后再利用因特网邮件传输系统进行传输。

②基于Web的EDI。基于因特网的EDI参与者，确定相应的EDI用户，确定相应的EDI标准，在Web上发布表单，供中小客户登录到Web站点后选择并填写。提交填写结果后，由服务器网关程序转换成EDI报文并进行常规EDI单证处理。对中小型企业来说，这种解决方案是可行的，只需一个浏览器和因特网连接就可完成。

③基于XML的EDI。可扩展标记语言（XML）是一种数据描述语言，它支持结构化的数据，可以更详细地定义和查询某个数据对象的数据结构以及如何解释消息，能做到无须编程就可以实现消息的传递。软件代理程序用最佳方式解释模板和处理消息，可以自动完成映射并产生正确的消息。与基于Web的EDI不同，基于XML的EDI可以在客户端处理消息，花费很小。通过模板，用户可以得到对其环境的最佳集成，模板可以存储在别处，动态结合到本地应用程序中。XML本身的交互操作性使基于XML的EDI参与者，无论是大企业还是中小企业都能从中获得好处。

3. 电子数据交换技术在管理中的应用

EDI是一种信息管理或处理的有效手段，是对供应链上的信息流进行运行的有效方法。EDI的目的是充分利用现有计算机及通信网络资源，提高贸易伙伴间通信的效益，降低成本。

（三）地理信息系统和全球定位系统

1. 地理信息系统

（1）地理信息系统概述。地理信息系统（Geographic Information System，GIS）以地理空间数据为基础，采用地理模型分析方法适时地提供多种空间的和动态的地理信息，对各种地理空间信息进行收集、存储、分析和可视化表达，是一种为地理研究和地理决策服务的计算机技术系统。

（2）地理信息系统的功能。地理信息系统的基本功能是将表格型数据（无论它来自数据库、电子表格文件或直接在程序中输入）转换为地理图形显示，然后对显示结果进行浏览、操作和分析。其显示范围可以从洲际地图到非常详细的街区地图，显示对象包括人口、销售情况、运输路线以及其他内容。

地理信息系统技术包括数据库管理、图形图像处理、地理信息处理等多方面的基础技术，在计算机软件和硬件的支持下，运用系统工程和信息科学的理论，通过科学管理和综合分析具有空间内涵的地理数据，为各行业提供规划、管理、研究、决策等方面的解决方案。

（3）地理信息系统的结构。地理信息系统包括车辆路线模型、最短路径模型、网络物流模型、分配集合模型和设施定位模型。

①车辆路线模型。该模型可用于解决在一个起始点、多个终点的货物运输中，如何降低物流作业费用并保证服务质量的问题，包括决定使用多少辆车、每辆车的行驶路线等。

②网络物流模型。该模型可用于解决寻求最有效的分配货物路径问题，也就是物流网点布局问题。

③分配集合模型。该模型可以根据各个要素的相似点把同一层上的所有或部分要素分为几个组，用以解决服务范围和销售市场范围等问题。

④设施定位模型。该模型用于确定一个或多个设施的位置。在物流系统中，仓库和运输线共同组成了物流网络，仓库处于网络的节点上。应根据供求的实际需要并结合经济效益等原则，来确定既定区域内应设立多少个仓库，每个仓库的位置和规模，以及仓库之间的物流关系等。

2. 全球定位系统

（1）全球定位系统概述。全球定位系统（Global Positioning System，GPS）是美国国防部研制的，具有在海、陆、空进行全方位实时三维导航与定位能力的卫星导航与全球性空间定位系统。

（2）全球定位系统的功用。全球定位系统可以用于商业方面。它由导航星座、地面台站和用户定位设备三部分组成。

（3）全球定位系统导航星座。全球定位系统导航星座包括24颗卫星，其中21颗为工作星，3颗为备用星。它们分布在6条轨道上，可以保证地球上任何地点的用户至少能同时接收4颗卫星发送的导航信号，实现三维精确定位。

(4) 全球定位系统用户设备。全球定位系统的用户设备简称全球定位系统接收机，由天线、接收机、信号处理器和显示器组成，能同时接收4颗卫星发射的导航信号，经过对信号到达时间的测量、数据解调处理和计算，得出用户本身位置的三维坐标和运动速度。

(四) 专家系统和决策支持系统

1. 专家系统

(1) 专家系统概述。专家系统（Expert System，ES）是一个知识性程序，它可以解释专业性问题。它是具有人工智能的计算机应用系统，是人工智能学科领域中的一个重要分支。专家系统用计算机去模拟、延伸和扩展人类的智能，让人们在有限的知识或经验的范围内解决该范围内的问题。

(2) 专家系统的结构。专家系统包括知识库、推理机制以及用户界面。

①知识库包含有专家意见，采用的形式是一系列“如果……那就……”的条件语句。通常，这是就有关决策所需使用的数据和推理而去访问一系列“专家”而开发出来的。例如，在选择一位具体运输的承运人时，经验丰富的运输经理会开发关键的数据项目和使用指南。一位有经验的预测人员应该对使用最佳预测技术具有一定的知识基础，综合和协调这种由若干专家参与的决策推理，开发具有实质内容的知识库，使缺乏经验的人员能作出更有效的决策。

②推理机制用于在知识库中搜索并确认有关具体决策所适用的规则，它是专家系统的核心之一。正向推理由用户输入信息开始，通过查询知识库，最后得出结论。逆向推理则开始于一个假设，通过寻找更多的信息，以评价这个假设，直到该假设被肯定或否定。

③用户界面有助于决策者与专家系统之间的互动。该界面运用自然语言，以格式化的形式向用户提出关键问题，然后对用户的反应作出解释。良好的界面还允许用户查询知识库，使之能获得额外信息或专家意见。

虽然专家系统在物流中的应用目前还很有限，但它已显示出巨大的潜力。

2. 决策支持系统

(1) 决策支持系统概述。决策支持系统（Decision Support System，DSS）是20世纪70年代末期在西方发达国家兴起的一种新的管理信息技术。它是计算机技术、管理科学、人工智能和行为科学相结合的产物，旨在支持决策工作，提高决策质量。决策支持系统能为决策者提供决策所需要的数据、信息和背景资料，帮助明确决策目标，进行问题的识别，建立、修改决策模型，提供各种备选方案，并对各种方案进行评价和优选。

决策支持系统能为决策者提供决策的有用信息，但它不能制定决策，决策是由人来制定的。随着新技术的发展，信息技术所要解决的问题越来越复杂，所涉及的运筹学模型也越来越多，越来越复杂。解决一个复杂问题用到的模型数量少则几个、几十个，多则上百个。决策支持系统是求解复杂问题（半结构化问题和非结构化问题）的有效工具。

（2）决策支持系统的功能。决策支持系统在物流管理领域的应用功能主要包括以下几个方面：①市场预测、分析功能。②运输路线优化功能。③运输工具配载优化功能。④运输工具调度功能。⑤仓储库存优化决策支持功能。⑥效益分析功能。⑦配送中心地点分布优化功能。

第四节　第三方物流企业几种典型的物流信息系统

随着信息技术的发展和对物流服务需求的增加，在第三方物流企业运作管理中出现了许多有效的物流信息系统，简单介绍如下。

（一）货物跟踪系统

货物跟踪系统是指企业利用条形码技术和EDI技术及时获取有关货物运输状态的信息，以提高物流运输服务的管理系统。货物跟踪系统可大大提高第三方物流企业在运输服务方面的水平。

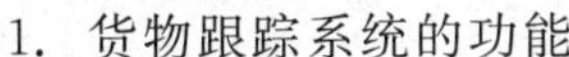
1. 货物跟踪系统的功能

（1）查询简便迅速，信息技术准确。当客户需要对货物的状态进行查询时，只需输入货物的发票号码马上就可以知道有关货物状态的信息，查询作业简便迅速，信息及时准确。

（2）便于事前、事中控制，提高货运的准确性、及时性。通过货物信息可以预测是否能将货物在规定的时间内送到客户手中。当货物在规定的时间内交付给客户时，通过货物信息能马上查明原因并及时改正，从而提高运送货物的准确性和及时性，提高客户服务水平。

（3）作为竞争手段，提供差别化的物流服务。

（4）通过供应链管理基础上的有效信息共享，便于客户接货和安排后续工作。通过货物跟踪系统所得到的有关货物运送状态的信息丰富了供应链的信息分享源，有关货物运送状态信息的分享有利于客户预先做好接货以及后续工作的准备。

2. 跟踪的内容

（1）从供应商到客户的成品跟踪。它包括制造商、供应商的名字，货物，订单号，客户姓名，产品质量数据等。

（2）库存动态跟踪。实时跟踪仓库动态关系到能否有效地对仓库业务进行管理。系统提供有关库存、仓库地点、订单处理的综合信息，为每个客户备有主库存文件，保存每个客户当前库存的详细资料。库存记录实时更新，按客户、货物类型、存放位置等将信息汇编成组，提供给客户关于本仓库的货物详细信息——它们的数量、位置、当前的存储条件及要求。分销及运输数据与财务系统、资金管理系统、预算系统相连接，以执行总体统计功能，促进对电子银行的使用。

(3) 运输过程中的实时跟踪。通过卫星定位系统，跟踪汽车的营运情况，及时反映汽车的地理位置、汽车的油料情况、汽车备件的破损情况等，以便调度人员及时采取措施，确保货物按时到达。实时跟踪能为客户提供详细的货物跟踪服务，依据货物的数量、体积及运输情况，及时进行货物的交接和转运。

（二）电子自动订货系统

电子自动订货系统（Electronic Ordering System，EOS）是企业间利用通信网络和终端设备，以在线联结方式进行订货作业和订单信息交换的系统。该系统可以缩短从接到订单到发货的时间，缩短订货商品的交货期，减少商品订单的出错率，节省人力资源；减少企业的库存水平，加速其资金周转；防止库存积压，降低企业的经营风险。

对于生产厂家和批发商来说，通过分析零售商的商品订货信息能准确地判断畅销商品和滞销商品，有利于企业调整商品生产和销售计划；有利于提高企业物流信息系统的效率，使各个业务信息子系统之间的数据交换更加便利和迅速，丰富企业的经营信息，提高企业的经营效益。

（三）销售时点信息系统

销售时点信息（Point of Sale，POS）系统是指通过自动读取设备在销售商品时直接读取商品销售信息，如商品名、单价、销售数量、销售时间、购买顾客等，并通过通信网络和计算机系统传送至有关部门进行分析以提高经营效率的系统。销售时点信息系统最早应用于零售业，以后逐渐扩展到其他领域，如金融、旅馆等服务性行业，销售时点信息系统的应用范围也从企业内部扩展到整个供应链。

销售时点信息系统是对单人、单品的管理，即对每个员工和顾客、每个商品的管理。它能自动读取销售时点的信息，将信息集中管理，是连接供应链的有力工具。

销售时点信息系统的运行首先是对门店所销售商品贴上表示该商品信息的条形码，在顾客购买商品结算时，收银员使用扫描读数仪自动读取商品条形码标签上的信息，通过店铺内的微型计算机确认商品的单价，计算顾客购买总金额等，同时返回给收银机，打印出顾客购买清单和付款总金额；各销售点的销售时点信息通过增值网（Value Added Network，VAN）以在线连接方式及时传送给总部或物流中心；总部、物流中心和店铺利用销售时点信息系统来进行库存调整、配送管理、商品订货等作业，通过对销售时点信息进行加工分析来掌握消费者购买动向，找出畅销商品和滞销商品；在零售商与供应链的上游企业结成伙伴关系的条件下，零售商利用增值网以在线连接的方式把销售时点信息及时传送给上游企业，这样上游企业就可以利用销售现场的最及时准确的销售信息制订经营计划，进行决策。销售时点信息系统的结构如图 6-1 所示。

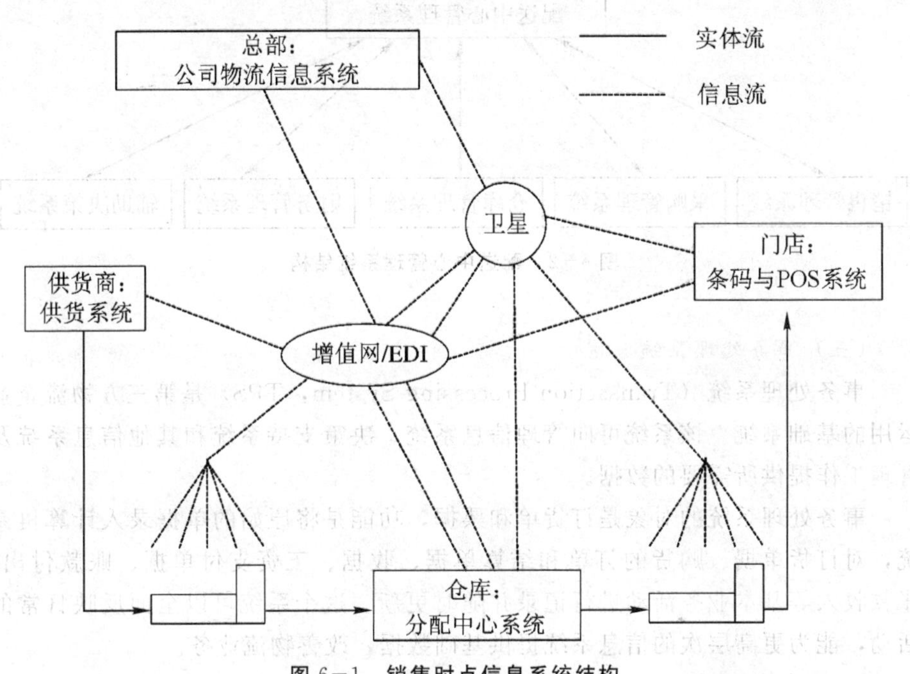

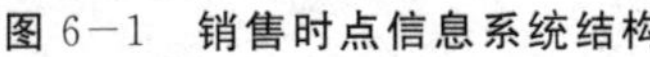
图 6-1　**销售时点信息系统结构**

（四）配送中心管理系统

配送中心管理系统负责使订货、库存、采购、发货等一系列信息及时准确地传递，通过对各种表单以及关于物流成本、仓库和车辆等物流设施、设备运转等资料的收集，帮助物流管理部门有效地管理物流活动。

配送中心管理系统主要由销售管理系统、采购管理系统、仓库管理系统、财务管理系统及辅助决策系统组成。销售管理系统包括订单处理、客户管理、销售分析与预测、销售价格管理、应收款及退货处理等内容；采购管理系统的主要职能是接受进货及验收指令，如果是授权模式或配销模式，其主要工作是面对供货商的作业，包括供货商管理、采购决策、存货控制、采购价格管理、应付账款管理等内容；仓库管理系统包括储存管理、进出货管理、机械设备管理、分拣处理、流通加工、出货配送管理、货物追踪管理、运输调度计划等内容；财务管理系统包括对销售管理系统和采购管理系统所传送来的应付、应收账款进行会计操作，对配送中心的整个业务与资金进行平衡、测算和分析，编制各业务经营财务报表，与银行金融系统联网记账等内容；辅助决策系统包括获取内部各系统业务信息，取得外部信息，结合内部信息编制各种分析报告和建议报告供配送中心的高层管理人员作为决策的依据等内容。配送中心管理系统结构如图 6－2 所示。

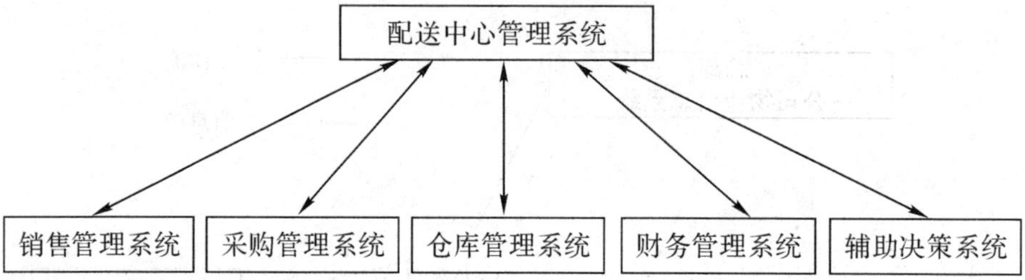

配送中心管理系统

销售管理系统　采购管理系统　仓库管理系统　财务管理系统　辅助决策系统

图 6－2　配送中心管理系统结构

（五）事务处理系统

事务处理系统（Transaction Processing System，TPS）是第三方物流企业运用的基础系统。该系统可向管理信息系统、决策支持系统和其他信息系统及管理工作提供所需要的数据。

事务处理系统的对象是订货单和票据，功能是将原始的单据录入计算机系统，对订货单据、购货的订单和结算单据、收据、工资支付单据、账款付出、账款收入等基本业务活动进行记录并随时更新。这个系统可以全面反映日常的活动，能为更高层次的信息系统提供基础数据，改善物流业务。

（六）智能运输系统

智能运输系统是针对地面运输管理的信息系统。智能运输系统将信息技术贯穿于交通运输全过程，形成了集成的地面运输管理体系。该系统可以自动询问和接受各种交通信息，进行合理调度，提供物流过程中需要的特殊公路信息，还可以对运送危险品之类的特种车辆和驾驶员的状况进行全程监视，并在事故情况下自动报警。由于智能运输系统是以通信和信息技术为基础的，所以规定智能运输系统的标准化具有十分重要的意义。

本章小结

随着物流信息的应用及信息系统的发展，物流服务的社会化趋势也越来越明显。在传统的经营方式下，无论是实力雄厚的大企业，还是三五十人的小企业，一般都由企业自身承担物流职能，导致物流高成本、低效率的结果。本章探讨了物流信息、物流信息系统，结合第三方物流的特点，在阐述信息系统的内涵以及第三方物流企业信息系统的功能与特征的基础上，对第三方物流企业信息技术的应用及其几种典型的信息系统进行了系统介绍，使学生对第三方物流企业的物流信息能有系统的认识。

思考与练习

（一）名词解释

物流信息系统　　电子数据交换　　电子订货系统

专家系统　　智能运输系统

（二）单项选择

1. EDI 和（　　）在供应链管理中起到互补作用。

A. 无线电射频技术　　B. 条形码技术

C. 人工智能　　D. 专家系统

2.（　　）是指原料从起始地通过必要的存取和运送，到达顾客的过程。

A. 商品流　　B. 资金流　　C. 信息流　　D. 原料流

（三）多项选择

全球定位系统的功能与应用包括（　　）。

A. 实时跟踪功能　　B. 定位功能

C. 双向通信功能　　D. 提供预计到达时间

（四）简答题

1. 第三方物流信息系统的主要功能及特征。

2. 信息技术在第三方物流企业中有哪些应用？

3. 简述条形码的优点。

4. EDI 技术引入到第三方物流中会带来哪些效益？

5. 简述几种典型的物流信息系统。

案例

远成集团的信息化建设

创立于改革大潮中的物流百强企业远成集团从诞生之日起就积极创建并十分珍惜自有品牌，注重拥有自有的知识产权，组建研发团队，凝聚人才、技术，从 2000 年开始研发"远成集团有限公司物流管理信息系统"，并于 2001 年投入使用。该系统以运输管理为主线，包含了从接单、定价、制票、收款、发送到分理、送货、返单等全过程物流业务，覆盖现有集团主要运营业务，在远成集团的各个部门和分公司的所有网点采取每周7 日，每日 24 小时的运行，为集团的业务运行提供了坚实的基础和保证。远成集团拥有中国第一批 5A 级"综合服务型物流企业"称号，并于2007 年通过了国际质量管理体系 ISO 9001 认证，是中国物流行业中最大的民营企业之一。

2004 年以后，远成集团在行包特快、五定班列、集装箱班列、行邮专列等各种铁路运输业务的基础上加入了航空运输和水路运输，仓储、配送和集装箱等多种物流业务也随之蓬勃开展起来。随着营业网点的不断扩大、电子商务浪潮的快速崛起和服务导向架构（SOA）引领全球信息化的发展趋势，远成集团适时采用了IT先进技术，运用了基于SOA的电子商务。目前远成集团电子商务子系统的功能包括客户注册、网上下单、到货查询、大客户服务、内部公文下发和工作汇报等。

远成集团现有信息系统滞后于业务发展的状况，主要表现在以下几方面：对外不能很好地满足现代物流客户的“高效且低成本运作、信息透明且无缝传递、服务灵活且个性化”的要求；对内不能充分满足物流服务业务开展要求，客服、财务、人力、采购等系统与业务系统的集成度不高，难于满足精细化管理的需要；人力成本、业务成本、管理成本偏高。为改变这种局面，远成集团加大对信息化建设的支持力度，从最初每年150万元的资金投入，发展到现在每年超过1100万元的资金投入。2007年1月，远成集团投资400余万元正式启动了大规模信息化建设项目，力争用现代信息技术改造和优化企业管理和运作模式，从根本上保证企业的可持续发展和核心竞争力的提高，力争用3到5年时间打造出具有行业标准的标杆型一体化运作管理平台。此项目包括企业网、ERP、TMS、WMS和OA等内容，包括项目启动、人才准备、需求分析、解决方案招标、方案评估、客户考察、供应商初选后商务谈判等阶段。

信息化项目的建设与运行，拓展了企业管理的新思路和新领域，必将对远成集团的发展产生积极而深远的影响。整个项目的实施将持续两年，集成后的系统还需几年的深化，它将为远成集团带来的影响包括：

（1）降低远成集团的人力成本、管理成本和运作成本。

（2）加强远成集团的中心管控以及对人、财、物的管理。

（3）更加灵活地响应市场需求，调配各种资源，合理管理，为远成集团赢得更多订单，扩大其市场份额。

（4）促使远成集团运作更加透明化，实现快速、稳定的无缝传递。

（5）促使远成集团更加合理地配置各种资源。

（6）全面管理和整合远成集团的销售、客户服务过程。

（7）促使远成集团跨进世界一流的现代物流企业行列，使其品牌形象得到极大提升，国际竞争力增强。

附件一　远成信息化建设愿望

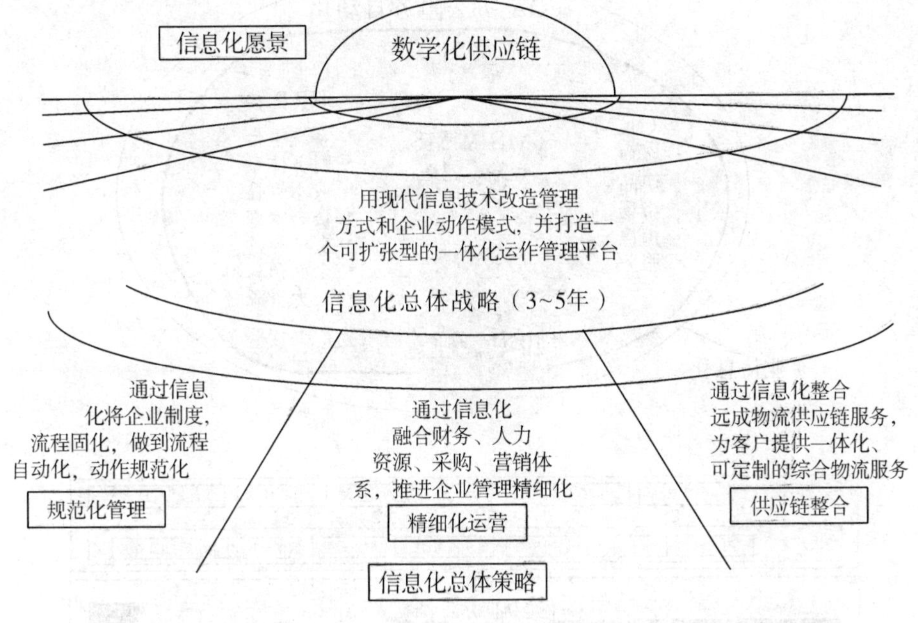

附件二　远成信息化建设目标

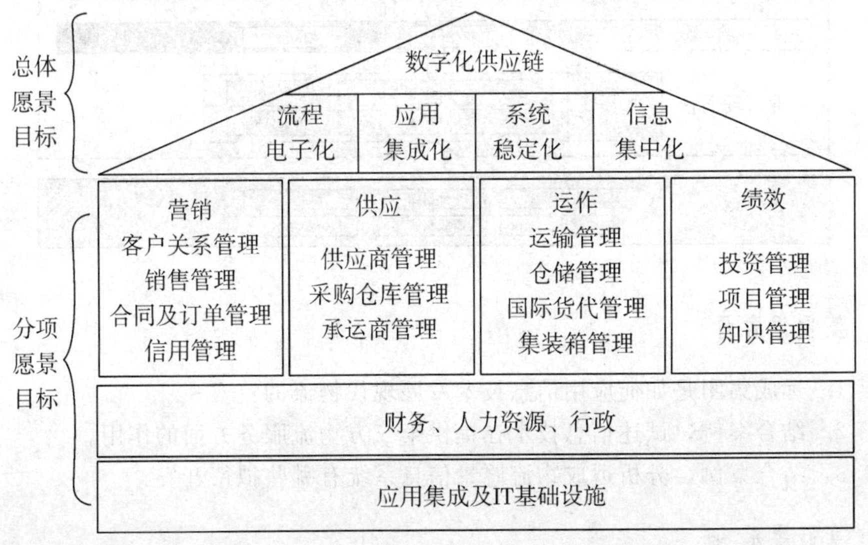

附件三　远成信息化建设的主要内容

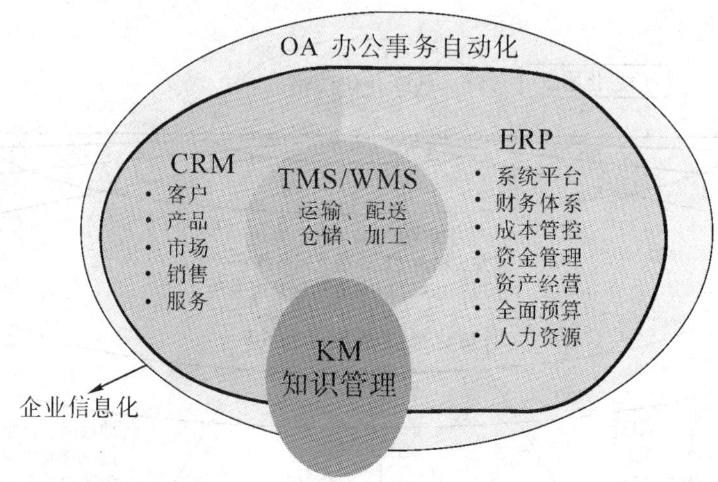

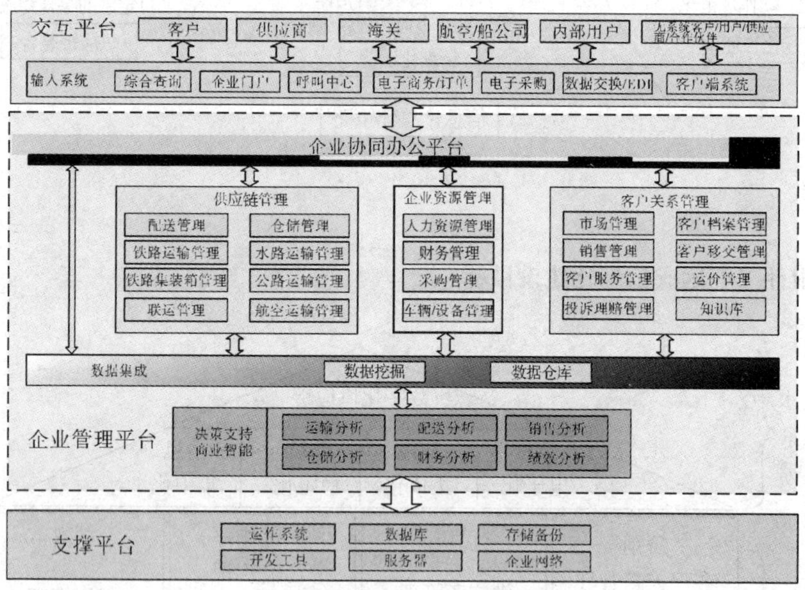

案例思考题

1. 远成集团是如何应用信息技术发展现代物流的？
2. 结合案例，试述信息技术在提供第三方物流服务方面的作用。
3. 结合案例，分析远成物流愿景信息系统有哪些拟待开发？

实践要求

调查你所在地的物流企业信息化建设的应用情况。

Logistics

第七章 第三方物流运营绩效管理

学习目标

1. 了解第三方物流企业绩效评价体系的构成。
2. 掌握第三方物流关键绩效考核指标。
3. 掌握绩效评价考核与管理。

关键词 绩效评价 关键绩效指标

第一节 第三方物流运营绩效概述

在现阶段，中国国内专家学者对物流理论的研究基本上只是侧重于物流的过程、功能方面，对物流绩效评价的研究则少之又少。而在欧美等物流产业发达的国家和地区，绩效评价与管理正逐步成为企业管理的一项重要议程，其受重视的程度早已超过了一般人的想象。ABI（American Business Intelligence）通信数据库的统计资料表明，从1994到1996年的3年间，就有3615篇关于绩效评价的文章发表。1996年，仅在美国，每两个星期就有一本关于绩效评价的学术著作问世。这充分体现了物流绩效评价在国外受重视的程度。物流作为提高经济竞争力的重要因素，要想使其健康发展，必须对物流企业的计划、顾客服务、运输、存货等物流活动进行绩效评价与分析。

在发达国家，物流的绩效研究起步较早。日本结合自身的经济发展和物流行业的特点，以整体物流成本最小化、顾客服务最适化、企业利益最大化为目标，将物流绩效评价的重点放在了不断降低运作成本上，形成了一套行之有效的成本物流管理学说。美国早在1978年就开始有限地在民航业放松管制，1982年又放松了对卡车运输业的管制，从而使物流企业更加自主地适应市场，依靠市场力量来调节和决定物流服务的发展。1982年，A. T. Kearney就曾指出，进行了有效的综合绩效衡量的公司，经济产出可提高总产量的14%至20%。美国国家绩效评估系统中的绩效衡量小组把绩效管理定义为“利用绩效信息协助设定统一的目标计划，进行资源配置与优先顺序的安排，以告知管理者维持或改变既定目标计划，并报告成功达到目标的管理过程”。

我国目前的物流市场仍不成熟，物流所涉及的范围较为狭窄，其理论基础还不完善。尽管众多企业管理者已经认识到现代企业的发展在很大程度上受制于物流的发展水平，但由于种种原因，高效的物流管理在我国企业中仍未得到实现。

发达国家的物流实证分析表明，只有独立的第三方物流占到物流总量的50%以上时，现代物流业才能形成。巨大的需求，广阔的发展空间，是中国第三方物流的基本情况。2003年，我国第三方物流市场的规模已超过600亿元人民币。根据相关预测，中国第三方物流市场到2010年年增长率将达到16%至25%。国际数据公司（IDC）的调查结果表明，45%的企业将在未来一两年内选择新的物流服务提供商，其中75%的企业将选择新型物流企业，而不是原来的以提供仓储、运输服务为主的老式物流企业，并且64%的企业将把所有的综合物流业务外包给新型的物流企业，这几个数据反映出第三方物流的市场需求相当可观。

相对于其他发达国家，目前我国第三方物流的发展水平仍较为低下，企业对第三方物流的不满意比例高达五成以上。企业面对数量日益增加的形形色色的物流服务商总是无从选择。第三方物流涉及的服务范围很广，很多物流服务商甚至难以对自己的整体水平作出一个客观的评判。只有对物流绩效进行准确的评价与分析，才能够正确判断企业的实际经营水平，找到企业物流环节中存在的弊病，提高企业的经营能力，进而增加企业运营的经济效益和社会效益。正是因为物流活动具有参与多方性（原料或产品供应方、货物采购方、物流服务提供方等），过程复杂性（采购、运输、存储、保管及供应等）和形成多样性等特点，长期以来，物流绩效的评估和计算缺乏行之有效的标准。目前，我国企业的物流产业还处于起步阶段和发展的初级阶段，如果在建立物流系统的同时能及时地进行有效的绩效评价，那么对不断完善和提高物流管理水平，使其成为企业的“第三利润源泉”将具有非常重要的意义。因此，如何科学、全面地分析和评价物流企业的绩效，已成为物流企业迫切需要解决的课题。

多年的实践证明，众多传统的企业绩效评价方法存在如下几方面的缺陷：侧重于单一企业或单个职能部门的评价，不注重供应链整体绩效的衡量；数据往往来源于财务结果，在时间上略为滞后，不能反映供应链动态运营情况，导致企业只注重短期利益而损害企业长远发展潜力；侧重于对事件结果的事后评价，不能对供应链的业务流程进行实时评价分析，使得企业不能及时地纠正经营过程的偏差；只注重企业内部评估，不重视企业与外部利益相关者的关系。

因此，在第三方物流迅速发展的今天，建立一套系统的绩效评价方法，对第三方物流企业进行准确客观的运营绩效管理就显得日益重要。

第二节　第三方物流企业绩效评价体系

一、绩效评价的含义与特点

所谓绩效评价，就是指运用科学、适当的方法，对企业在一定期间内的生产经营状况、财务运营效益、经营者业绩等进行定量与定性的考核、分析，评价其优劣，评估其绩效，并在企业的管理中通过建立事前的预算、事中的动态考核以及事后的财务指标的分析的绩效评价体系，使企业的生产和财务通过统计数据紧密地联系在一起，选取关键的、实用的财务指标，计算并与同行业公开资料进行比较，从而分析该企业在同行业中所处水平以及相对于同行的竞争优势及其弱点，对管理层的管理起到了明确改进工作方向的作用。企业绩效评价作为一种有效的监管制度在西方国家的企业中已经得到广泛的应用。“绩”是指企业经营者的业绩。“效”是指企业经营效益。企业绩效评价是指运用评价指标、评价标准和评价方法三要素，通过定量和定性分析，科学地揭示企业经营期内经营者业绩和经营效益。简单地说，评价内容主要包括企业的财务状况、人才开发、学习创新、客户满意、企业发展五个方面。

目前，绩效评价已经成为企业管理的一项重要内容。长期以来，各国学者从不同的研究角度建立了不同的企业绩效评价模型。其中包括 Kaplan 和 Norton 于 1992 年提出的“平衡记分卡”“评价指标家族”、绩效改进度量方法等。作为出现时间并不长的新型第三方物流企业组织形式，其绩效评价体系有其不同于一般企业的原则和特点：

首先，第三方物流企业为物流需求者提供的不是实实在在的产品，而是物流服务。因此，对第三方物流企业的绩效评价的重点之一是其服务绩效。

其次，第三方物流企业在货物的实际物流链中并不是独立的参与者，而是代表生产经营企业来执行的，因此第三方物流企业与其合作伙伴之间是双赢的战略联盟关系，其相互依赖程度高。所以第三方物流企业与生产经营企业之间的合作关系也是绩效评价的关键环节。

最后，第三方物流企业的经营活动是建立在现代技术的基础上的，包括现代信息技术、车辆技术、配送技术以及其他与现代物流运作、管理有关的技术。因此，第三方物流企业的实力是通过其内部绩效来评价的。

二、第三方物流企业绩效评价体系的建立原则

在建立第三方物流企业绩效评价体系时，一般应遵循以下原则。

1. 系统性原则

第三方物流企业须针对内外的各种情况设立相应的指标，系统科学地反映第三方物流企业的全貌，达到对企业整体的科学评价。

2. 层次性原则

绩效评价体系应分出评价层次，在每一层次的指标选取中应突出重点，对关键的绩效指标进行重点分析。

3. 可比性原则

绩效评价体系所涉及的经济内容、时空范围、计算口径和方法都应具有可比性，在建立体系的时候要参照国际和国内同行业的物流管理基准。

4. 通用性原则

绩效评价体系应在第三方物流企业普遍适用，同时应在理论和实践的发展变化中具有相对的稳定性。

5. 经济性原则

绩效评价体系应当考虑到操作时的成本收益，选择具有较强代表性且能综合反映第三方物流企业整体水平的指标，以减少工作量，减少误差，降低成本，提高效率。

6. 定量与定性相结合的原则

由于第三方物流企业的绩效涉及客户满意度，很难进行量化，所以绩效评价体系的建立除了要对物流管理的绩效进行量化外，还应当使用一些定性的指标对定量指标进行修正。

7. 动态长期原则

由于选择第三方物流企业后，货主方与物流供应商之间是战略伙伴的关系，所以对第三方物流企业的评价不应该只局限在目前的企业状况，货主方应更多地考虑第三方物流企业的发展潜力和对本企业的长期利益，要与本企业的发展目标和战略规划相一致。

三、第三方物流企业绩效评价体系的建立

根据以上七条原则，本章建立的绩效评价体系分为三个大类，经过细化的底层指标都可以直接量化或者容易给出定性评价。

1. 功能性指标

功能性指标反映的是第三方物流企业各增值环节的功能实现情况。它包括以下指标：

（1）客户服务水平：缺货频率、送货出错率、顾客满意度、平均交货期、订单处理时间、准时送货率、交货柔性、订单完成稳定性、顾客保持率、每个顾客服务成本、信息沟通水平、事后顾客满意率。

（2）配送功能：配送安全性、配送成功控制、产品可得性、检货准确率。

（3）运输功能：运输能力、正点运输率、运输经济性、运输车辆满载率、运力利用率、在途时间、运输准确率、商品损坏率。

（4）库存功能：库存能力、库存周转率、收发货物能力、库存结构合理性、库存准确率、预测准确率。

（5）采购功能：交付期、付款条件、订单处理、与供应商的关系。

（6）流通加工功能：工艺合理性、技术先进性、流通加工程度、对消费的促进。

2. 经营性指标

经营性指标反映的是第三方物流企业当前的经营状况。它包括以下指标：

（1）客户服务水平：缺货频率、送货出错率、顾客满意度、平均交货期、订单处理时间、准时送货率、交货柔性、订单完成稳定性、顾客保持率、每个顾客服务成本、信息沟通、事后顾客满意率。

（2）管理水平：产品的残损率、物流系统纠错处理时间、供应计划实现率、设备时间利用率、业务流程规范化、管理人员比重。

（3）企业实力：财务投资能力、信息技术能力、设备先进水平、同行业影响力及业务范围、市场占有率、市场增长率、新用户开发成功率。

（4）信息化水平：硬件配备水平、软件先进程度、信息活动主体的水平、信息共享率、信息利用价值率、实时信息传输量、信息化投资、客户变动提前期、客户变动完成率、网络覆盖率、平均传输延迟、传输错误率。

（5）成本水平：单位产品的物流成本、物流成本占制造成本的比重、物流成本控制水平、每个顾客服务成本、订单反映成本、库存单位成本。

（6）盈利水平：净资产利润率、总资产利润率、资金周转率。

3. 稳定性指标

稳定性指标反映的是第三方物流企业的发展潜力，影响着第三方物流企业的长期经营，以及与企业长期合作的可能性。它包括以下指标：

（1）客户服务水平：缺货频率、送货出错率、顾客满意度、平均交货期、订单处理时间、准时送货率、交货柔性、订单完成稳定性、顾客保持率、每个顾客服务成本、信息沟通、事后顾客满意率。

（2）技术实力：技术人员比重、技术开发经费比重、开发创新能力、技术改造资产比重、专利拥有比例、设备技术领先程度、硬件设施稳定性。

（3）盈利能力：净资产利润率、总资产利润率、资金周转率。

（4）应变力：信息化系统水平、预测能力、集成度、外部沟通、流程再造与延迟物流。

（5）企业聚合力：领导层的团结进取力、职工的凝聚力、员工满意度。

（6）经验指标：行业服务时间、提供服务种类、成本节约比例、人才培养与培训、客户稳定性、供应商稳定性、历史合作情况、利益与风险共享性、核心能力、战略观念兼容性。

（7）企业形象：员工素质、经营理念、市场信誉、社会责任。

通过对各项指标相互关系的分析，递阶层次的评价指标体系如图 7－1 所示。

四、第三方物流企业的绩效评价体系

根据前面对第三方物流企业绩效评价体系建立原则的分析，可以从第三方物流企业的服务绩效、关系绩效和内部绩效三个方面建立完整的绩效评价体系。

1. 第三方物流企业服务绩效评价

采用 PZB 模型中的质量差距模型，建立顾客感受到的物流服务质量模型。对顾客而言，感受到的物流服务质量的决定因素为可靠性、反应性、保证性、

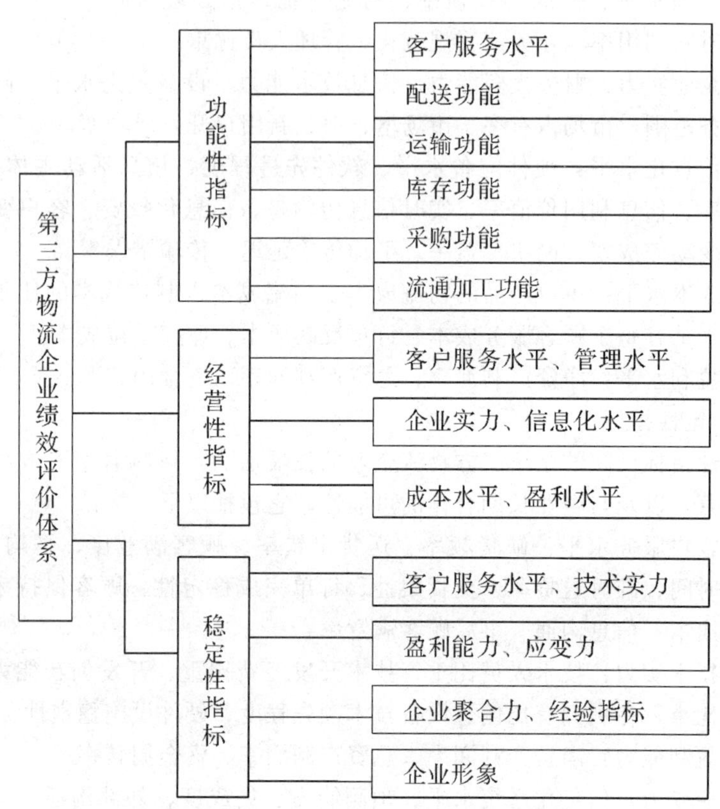

图 7－1　第三方物流递阶层次的评价指标体系

关怀性和成本。图 7－2 对此进行了形象的描述。

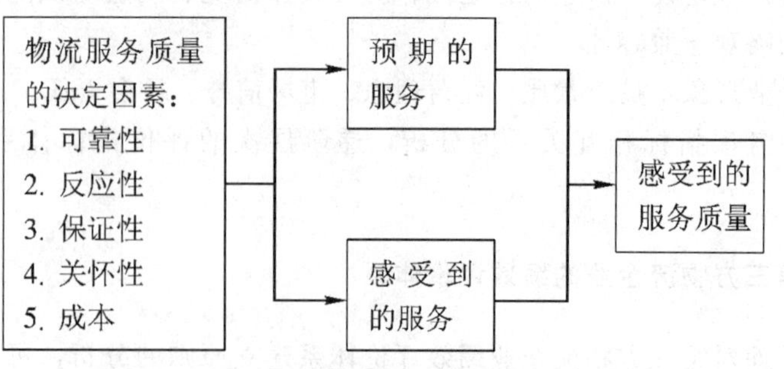

图 7－2　顾客感受到的物流服务质量的决定因素

（1）可靠性指标体系：可靠性是指企业准确无误地完成所承诺的服务，反映可靠的、真实的绩效。它包括业绩的一贯性和可依靠性，还包括公司能第一次表现良好，以及公司能遵守诺言。其指标体系主要反映为订货周期的稳定率、订单处理准确率、结算正确率、货物完好送达率。

(2) 反应性指标体系：反应性是指企业随时准备为顾客提供快捷、有效的服务，反映了服务的迅速程度和有益性，也包括准时性。其指标体系主要包括及时处理顾客投诉率、及时处理顾客索赔率、急单完成率。

(3) 保证性指标体系：保证性是指企业具有能胜任提供服务的能力和信用。它能增强顾客对企业服务质量的信心和安全感。它反映能力、礼仪、可信度和安全性。其指标体系主要包括订单满足率。

(4) 关怀性指标体系：关怀性是指企业要真诚地关心顾客，了解他们的实际需要，使整个服务过程富有“人情味”。它反映了企业的可亲近感、与顾客良好的沟通和对顾客的了解。这个指标体系主要采用定性化的指标来衡量。

(5) 成本指标体系：其构成应该从两方面来考虑。一方面，从物流服务提供方来看，物流成本的构成包括伴随着物资的物理性流通活动发生的费用以及从事这些活动所必需的设备、设施费用，完成物流信息的传送和处理活动所发生的费用以及从事这些活动所必需的设备和设施费用，对上述活动进行综合管理所发生的费用。另一方面，从物流服务客户来看，他们购买物流服务所需的物流成本。其指标体系主要包括总成本和成本占销售额的百分比。

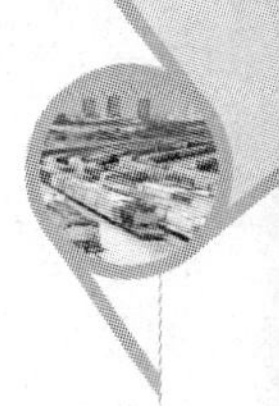

第三方物流企业的服务绩效主要分为交货的可靠性和服务质量两个指标。

(1) 交货的可靠性：交货的可靠性表现为第三方物流企业能准确、及时和有效地把产品交付到生产经营者所要求的地方。交货的可靠性可以用交货准确率、交货及时率和交货有效率三个指标进行评价。

①交货准确率：它反映的是第三方物流企业把品种和数量都正确的货物送到顾客的手中的比率。交货的准确必须满足三个条件：准确的产品、准确的数量和准确的地点。交货准确率可以用交货品种、数量和地点正确的交货次数占总交货次数的百分比来表示。

②交货及时率：它反映的是第三方物流企业在正确的时间把产品送到目的地的比率。该比率可以用准时交货次数占总交货次数的百分比来表示。

③交货有效率：它反映的是第三方物流企业把质量完好的货物送到目的地的比率。它可以用有效交货次数占总交货次数的百分比来表示。

(2) 服务质量：第三方物流企业提供的是物流服务，因此其服务质量的好坏是评价第三方物流企业的关键指标。服务质量可以用顾客满意度和顾客投诉率来评价。

①顾客满意度：它是指顾客对第三方物流服务满意的程度。在买方市场上，顾客满意度是企业能否保持并扩大其竞争优势的重要因素。

②顾客投诉率：它是从顾客不满意的角度来体现第三方物流的服务绩效的。值得注意的是，一旦顾客对第三方物流企业的服务采取了投诉的解决方式，势必对该企业的信誉产生非常不良的影响。所以对于第三方物流企业来

说，应该尽可能地降低顾客投诉率。

2．第三方物流企业关系绩效评价

第三方物流企业关系绩效评价指标主要包括长期合同、信任度和合作关系的发展。

(1) 长期合同：第三方物流企业与生产经营企业的关系体现在合作上。合作双方实施的是战略伙伴策略，也就意味着长期的合作关系。这种合作关系在法律层面上需要通过合同进行约束。两者之间合同期的长短是衡量第三方物流企业关系绩效评价的重要依据。

(2) 信任度：一般情况下，合同和契约是法定的保持合作关系和合作双方互相监督的工具，但是合作双方彼此的信任更加有效并且更节省成本。第三方物流企业和产品经营企业经过一段时间的合作之后会形成对彼此的信任。其信任度可以根据以下层次来衡量：第三方物流企业是完全值得信赖的；第三方物流企业能兑现他们的承诺；第三方物流企业能按照合同履行义务；第三方物流企业不能完全履行承诺；第三方物流企业不能完成合同。

(3) 合作关系的发展：当第三方物流企业与产品经营企业的合作程度不断增加时，两者之间必然形成战略合作的关系。因此，双方的合作期越长越有利于双方的利益。双方合作关系的发展可以根据以下层次来衡量：产品经营方希望与第三方物流企业保持更密切的关系；产品经营方希望加强与第三方物流企业的联系；产品经营方考虑与第三方物流企业持续的合作。

3．第三方物流企业内部绩效评价

第三方物流企业的内部绩效是企业持续发展的前提条件。其评价指标主要包括财务状况、学习与创新能力和信息共享程度。

(1) 财务状况：企业的财务状况是衡量企业经济收益的客观数据和标准。对于第三方物流企业的财务状况，可以分别从流动比率、应收账款周转期、资产报酬率、资产负债率和总资产周转率五个方面进行评价。

①流动比率：它用于衡量第三方物流企业是否有足够的渠道把流动资产变成现金来偿付流动负债。一般来说，这个比率要在2.0以上，否则企业很可能将无法按时偿还短期债务。流动比率小于1.0是一个警示信号。

②应收账款周转率：它用于衡量第三方物流企业应收账款管理效率水平。企业的平均收账期及其实际的信贷条件可以从另一个侧面作为衡量企业信誉的财务标准之一。

③资产报酬率：它指的是第三方物流企业息税前利润和企业平均资产余额的比率。该指标从资产总额的角度衡量了企业的盈利能力。

④资产负债率：它指的是企业负债总额和资产总额的比例关系。它体现出企业长期偿债能力的强弱，能反映出企业的资本结构。

⑤总资产周转率：它指的是销售收入与平均资产总额的比率。该指标反映

资产总额的周转速度。周转越快，则销售能力越强；反之则说明企业存在资产闲置或现有设备老化、陈旧等情况。

（2）学习与创新能力：第三方物流企业的学习创新能力反映了企业不断创新并保持其竞争能力与未来的发展势头，以及不断成长的能力。企业只有不断发展新的技术和服务，才能保持并有效地扩大市场。企业不断学习和创新能持续为客户提供更多价值含量高的服务，减少其运营成本，提高企业经营效率，保持企业成长。该能力可以通过员工建议增长率、员工培训总人时增长率、新技术采用率、研究开发投资率四个指标进行评价。

①员工建议增长率：它是指一定时期内企业员工向公司提交的合理化建议数量与上一评价期相比的增长率。该指标值越高，说明企业内民主管理意识越高、员工的学习能力越强。

②员工培训总人时增长率：它是指一定时期内企业员工接受各种内外培训的总人时数与上一评价期相比的增长率。对企业员工的不断培训，是企业远景战略目标、各种新兴管理理念、生产服务理念得以成功实施的根本保证。

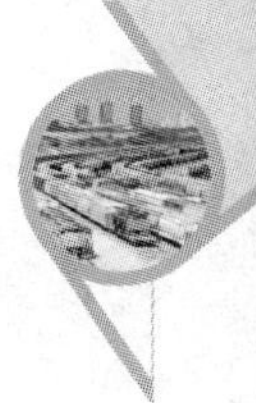

③新技术采用率：它指的是新技术服务产值与企业总产值之间的比率。该比率反映了新技术对企业产品总值的贡献程度。比值越高，新技术对企业的贡献越大。

④研究开发投资率：它指的是企业研究开发的费用占总销售额的比率。该比率反映了企业对研究开发的投入程度。其中，资金的投入是企业创新能力提高的基础。

（3）信息共享程度：第三方物流企业是建立在信息技术的基础上的，其信息共享和信息处理能力甚至能直接影响到整条供应链的绩效。第三方物流企业的信息共享程度可以通过信息的准确性、信息的时效性和信息系统的先进性三个指标进行评价。

①信息的准确性：它指的是第三方物流企业向生产经营者信息的传递是否没有错误。第三方物流企业在进行信息传递的过程中可能发生的错误包括信息搜集的错误、信息输入的错误和信息分析的错误。信息的准确性可以采用数据正确传递的次数占总传递次数的百分比来表示。

②信息的时效性：它指的是数据及时传递的次数占总传递次数的百分比。在保证了信息的准确性之后，信息的时效性非常重要，生产经营企业的生产、销售计划与第三方物流企业的物流信息息息相关，因此第三方物流企业的信息及时传递有助于生产经营企业相应地作出生产、订货等决策。

③信息系统的先进性：信息系统是信息共享的硬件基础，是信息传递的工具，在很大程度上决定着信息传递的时效性、有效性和正确性。但是，信息软硬件设备生命周期的短暂性也决定了信息系统更新的频繁性。我们可以采用一定时间内信息系统投入成本占总销售收入的百分比来评价信息系统的先进性。

综上所述，第三方物流企业的绩效评价体系可以用图 7-3 加以描述。

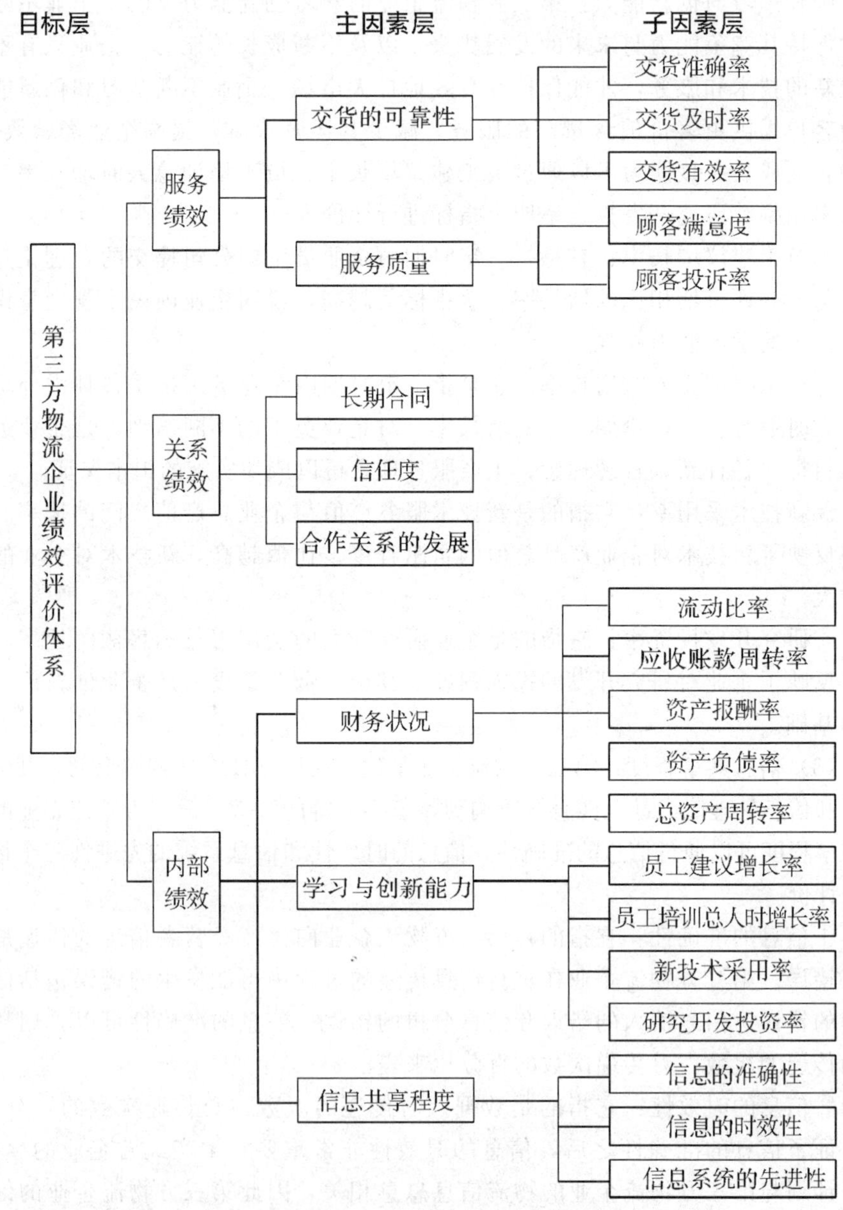

图 7-3　第三方物流企业的绩效评价体系

第三节 第三方物流关键绩效考核指标

一、物流绩效评价指标的选取

国外的 Nevem Working Group 等在进行物流绩效评价时主要考虑了四个指标：送货时间、送货可靠性、送货灵活性、库存水平。该评价指标的选取主要考虑了物流服务质量，而未从物流成本方面进行考虑。由于物流服务质量和物流成本之间存在“二律背反”的关系，单纯从物流服务质量方面来考虑物流的绩效水平，将导致物流绩效评价结果的片面性。美国的 Thomas A. Foster 和 Helen L. Richardson 等认为，物流绩效评价的一个重要方面是定基。运作定基可分为四种类型：工作任务定基、广泛的功能定基、管理过程定基和总体运作定基。定基的过程可以将企业的目标与外部市场紧密联系起来，是一种积极的方法。但是由于定基的确认较为困难，并且对其研究的成本较高，目前尚未得到广泛使用。Mercer 管理咨询公司建议采取以下七个指标对第三方物流和第三方物流供应商的绩效进行评价，这些指标为准时运输、准时交货、运输精确性、订货完成率、项目完成率、库存精确性、毁损率。由这些指标可以看出，Mercer 管理咨询公司的绩效评价指标主要考虑的是物流效率方面，而未考虑物流成本、物流效益及客户服务质量方面。

在中国，物流研究者王娟、黄培清建立了物流绩效的财务评价指标体系。该体系主要考虑了四个方面的指标：①与商流结合的物流绩效的财务评价指标，主要包括销售净利率、销售毛利率、应收账款周转率及应收账款周转天数；②与资金流相结合的物流绩效的财务评价指标，主要包括存货周转率、存货周转天数及营业周期；③反映物流投入效果的财务评价指标，主要包括总资产周转率、净资产周转率；④物流、商流与资金流综合的财务评价指标，即净值报酬率。而王焰则针对物流服务方面进行了绩效评价。他认为评价物流服务绩效应包括七个指标，即准时装运率、准时交货率、拣选准确率、订货完成率、品类完成率、存货准确率、差错损失率。王成认为物流绩效评估应考虑下列指标：订货周期、配送频率、配送可靠性（及时配送率）、送货完好性、订货状况信息、单据质量、配送差错率、货物残损率、信息准确率、库存周转率、存货可获性、订单完整性等。王成所设计的物流绩效评价指标主要涉及物流的效率和质量问题，有些指标也属于客户服务的范围，但未考虑顾客满意度等指标。此外，它还未涉及物流成本及物流效益方面的指标。因此，该指标体系是不全面的。

由此可见，研究物流绩效评价指标的文献不少，研究者们提出的观点也各不相同、各有侧重，再加上评价对象的不同，指标体系的选取更是灵活多样。

但总的来说，理想的评价指标应满足以下几项基本原则：能够反映企业自身的特点，能够反映顾客对企业产品或服务的要求，具有代表性和全面性，与企业的发展目标和战略规划相一致。

二、平衡记分卡

平衡记分卡（the Balanced Score Card，BSC）作为一种前沿的、全新的组织绩效管理手段和管理思想，在全世界的各行各业中得到了广泛的运用。简单地说，平衡记分卡就是考核表。它可以是表格、卡片、记录本、电子表格等管理人员能根据记分卡中规定的检查时间，对已经发展的工作进行检查和测量，将评分或实际发生的情况记录下来，以便于对工作成果进行讨论、比较、反思、反馈及对报酬进行核算。也有人将其中文名译作“计分卡”“积分卡”“绩效看板”等。

1. 平衡记分卡的来源

平衡记分卡源自于哈佛大学教授 Robert Kaplan 与诺朗顿研究院的执行长 David Norton 于 1990 年所从事的“未来组织绩效衡量方法”研究计划。该计划的目的在于找出超越传统以财务会计量度为主的绩效衡量模式，以使组织的“策略”能够转变为“行动”。该研究的结论《平衡记分卡：驱动绩效的量度》发表在 1992 年出版的《哈佛企业管理评论》1 月与 2 月号上。该研究指出：传统的财务会计模式只能衡量过去发生的事项（落后的结果因素），而无法评估企业前瞻性的投资（领先的驱动因素），因此，必须改用一个将企业的远景转变为一组由四项观点组成的绩效指标架构来评价企业的绩效。这四项指标分别是财务（Financial）、顾客（Customer）、企业内部流程（Internal Business Processes）、学习与成长（Learning and Growth）。借助对这四项指标的衡量，组织得以用明确和严谨的手法来诠释其策略。平衡记分卡保留了传统上衡量绩效的财务指标，兼顾了促成财务目标的绩效因素的衡量，在支持企业追求业绩之余监督了企业的行为。它使企业把产出（Outcome）和绩效驱动因素（Performance Driver）结合起来，以衡量指标与其量度作为语言，把企业的使命和策略转变为一套前后连贯的系统绩效评核量度，把复杂而笼统的概念转化为精确的目标，借以寻求财务与非财务的衡量之间、短期与长期的目标之间、落后的与领先的指标之间，以及外部与内部绩效之间的平衡。

2. 平衡记分卡的基本内容

传统的财务会计模式只能衡量过去发生的事情，平衡记分卡打破了传统的只注重财务指标的业绩管理方法。在工业时代，注重财务指标的管理方法还是有效的；但在信息社会里，传统的业绩管理方法并不全面。企业必须通过在客户、供应商、员工、组织流程、技术和革新等方面的投资，获得持续发展的动力。基于这种认识，平衡记分卡方法认为，组织应从四个角度审视自身业绩：

客户、业务流程、学习与成长、财务。平衡记分卡中的目标和评估指标来源于企业战略，它把企业的使命和战略转化为有形的目标和衡量指标。

平衡记分卡中的目标和衡量指标是相互联系的，这种联系不仅包括因果关系，而且包括结果的衡量和引起结果的过程的衡量的结合。

三、关键绩效指标

关键绩效指标（Key Performance Indication，KPI）是通过对组织内部某一流程的输入端、输出端的关键参数进行设置、取样、计算、分析，对企业的运作项目的关键成功要素进行提炼和归纳，并衡量流程绩效的一种目标式量化管理指标。它把企业的战略目标分解为可运作的远景目标的工具，是企业绩效管理系统的基础。KPI是现代企业中受到普遍重视的业绩考评方法。KPI可以使部门主管明确部门的主要责任，并以此为基础，明确部门人员的业绩衡量指标，使业绩考评建立在量化的基础之上。建立明确的切实可行的KPI指标体系是做好绩效管理的关键。KPI考评体系是一整套覆盖各项职能和各个层级的KPI考评指标管理系统，通过分析和计划、汇报和指导、考核三方面实现管理的规范化，从而达到提高整体业绩的目的。分析和计划功能帮助分析工作问题，找到计划工作的重点；汇报和指导功能实现对向上汇报的重点，向下指导的方向；考核功能实现定量绩效考核，反映其随时间变化的情况。

既然谈到了KPI，我们就在此处把几个容易混淆的概念进行一个简单的区分，以方便大家学习和理解。

1. 关键结果领域（Key Result Area，KRA）

它是企业为实现整体目标，不可或缺的，必须取得满意结果的领域，是企业关键成功要素的聚集地。

2. 关键行为指标（Key Behavior Indicators，KBI）

它是考察各部门及各级员工在一定时间、一定空间和一定职责范围内关键工作行为的履行状况的量化指标，是对各部门和各级员工工作行为管理的集中体现。部门KBI得分不仅取决于所属全体员工KBI得分的简单叠加，还取决于部门本身的组织结构和管理模式。科学、合理的组织结构和管理模式有助于在全体员工KBI得分相同的情况下使部门的KBI成绩大幅度提升。KBI是企业绩效管理的新思路，它使企业的行为管理和文化管理真正步入量化和标准化管理的时代，使绩效管理的作用更加彰显、功能更加完备。随着中国企业绩效管理实践的不断深入和绩效管理总体水平的不断提升，KBI管理必将展现出越来越广阔的实际应用前景。

3. 关键能力指标（Key Competitive Indicatiors，KCI）

它是关键业绩指标，被企业初步引入绩效考核管理中。虽然KPI以业绩为导向，但是随着企业的发展，竞争的加剧，企业要想可持续发展，必须在提升员工个人能力、做好员工能力建设的同时，引入 KCI 的考评管理。

四、关键绩效指标体系的构建原则

在构建关键绩效指标体系时，一般应该遵循以下原则：

(1) 目标导向：关键绩效指标必须依据企业目标、部门目标、职务目标等来进行确定。

(2) 注重工作质量：工作质量是企业竞争力的核心，难以衡量，因此，对工作质量建立指标进行控制特别重要。

(3) 可操作性：关键绩效指标必须从技术上保证指标的可操作性，对每个指标都必须给予明确的定义，建立完善的信息收集渠道。

(4) 强调输入和输出过程的控制：在设立关键绩效指标时，要优先考虑流程的输入和输出状况，将两者之间的过程视为一个整体，进行端点控制。

五、确立关键绩效指标应把握的要点

(1) 把个人和部门的目标与企业的整体战略目标联系起来，以全局的观念来思考问题。

(2) 指标一般应当比较稳定，如果业务流程基本未变，则关键绩效指标的项目也不应有较大的变动。

(3) 指标应该可被控制，可以达到。

(4) 关键绩效指标应当简单明了，容易被执行者接受和理解。

(5) 对关键绩效指标要进行规范定义，可以对每个关键绩效指标建立 KPI 定义指标表。

六、运用关键绩效指标进行绩效考核的难点

绩效管理最重要的是要让职能部门（员工）明白企业对它（他们）的要求是什么，它（他们）该如何开展工作和改进工作，以及工作的报酬会是什么样的。绩效考核是绩效管理循环中的一个环节，主要包括两个内容：一是绩效改进；二是价值评价。面向绩效改进的考核是遵循 PDCA（“P”是 plan：制订计划；“D”是 do：开始行动，实施计划；“C”是 check：对行动的结果进行检验；“A”是 action：纠正错误，调整方向）循环模式的，它的重点是通过对问题的解决及方法的改进，实现绩效的提高。它往往不和薪酬直接挂钩，但可以为价值评价提供依据。

企业绩效评估经常遇到的一个很实际的问题就是难以确定客观、量化的绩效指标。其实，对所有的绩效指标进行量化并不现实，也没有必要这么做。通过行为性的指标体系，也同样可以衡量企业绩效。

确定关键绩效指标有一个重要的SMART原则。SMART是五个英文单词首字母的缩写：S代表具体（Specific），指绩效考核要切中特定的工作指标，不能笼统；M代表可度量（Measurable），指绩效指标是数量化或者行为化的，验证这些绩效指标的数据或者信息是可以获得的；A代表可实现（Attainable），指绩效指标应是在付出努力的情况下可以实现的，避免设立过高或过低的目标；R代表现实性（Realistic），指绩效指标是实实在在的，可以证明和观察；T代表有时限（Timebound），指绩效指标的完成是有期限的。

七、设定关键绩效指标的程序

建立关键绩效指标的要点在于流程性、计划性和系统性。首先应明确企业的战略目标，利用“头脑风暴法”和“鱼骨分析法”找出企业的业务重点，也就是企业价值评估的重点。然后，再用“头脑风暴法”找出关键业务领域的关键绩效指标（KPI），即企业级KPI。接下来，各部门的主管要依据企业级KPI建立部门级KPI，并对相应部门的KPI进行分解，确定相关的要素目标，分析绩效驱动因素（技术、组织、人），确定实现目标的工作流程，分解出各部门级的KPI，以便确定评价指标体系。最后，各部门的主管和部门的KPI人员一起将KPI进一步细分，将其分解为更细的KPI及各职位的业绩衡量指标。这种对KPI体系的建立和测评过程，就是企业战略目标的实现过程，它必将对各部门管理者的绩效管理工作起到很大的促进作用。指标体系确立之后，还需要设定评价标准。一般来说，指标指的是应从哪些方面衡量或评价工作，即解决“评价什么”的问题；而标准指的是在各个指标上分别应该达到什么样的水平，即解决“被评价者应该怎样做，做多少”的问题。评价标准设定之后，必须对关键绩效指标进行审核。例如，多个评价者对同一个绩效指标进行评价，结果是否能取得一致？这些指标的总和是否可以解释被评估者80%以上的工作目标？这些关键绩效指标是否可以操作？审核主要是为了确保这些关键绩效指标能够全面、客观地反映被评价对象的绩效，而且易于操作。

中国物流管理协会认定的好的物流评价指标有十大特性：①定量化；②易于理解；③鼓励适当行为；④可见性；⑤达成共识；⑥内容包括投入和产出两方面；⑦只评价重要的方面；⑧多维性；⑨经济性；⑩可信。

通过借鉴物流管理协会评价指标的特征，并根据第三方物流服务双重角色的特征，我们认为第三方物流指标的建立应遵守如下原则：①确保评价指标与战略目标相一致；②切实了解客户需要；③标杆瞄准；④关注过程；⑤注重指标内部的相互联系。

八、第三方物流服务指标体系框架

1. 体系框架结构

我们采用肖斯旦克的“视眼分界线”的概念来构建第三方物流服务体系框架（如图 7-4 所示）。从图 7-4 可以看出：物流运营服务体系、物流营销服务体系、物流质量服务体系均属于物流核心服务体系的范畴。而物流技术支持服务体系和物流制度保证服务体系则属于物流辅助服务体系，对核心业务起支撑和保障作用。

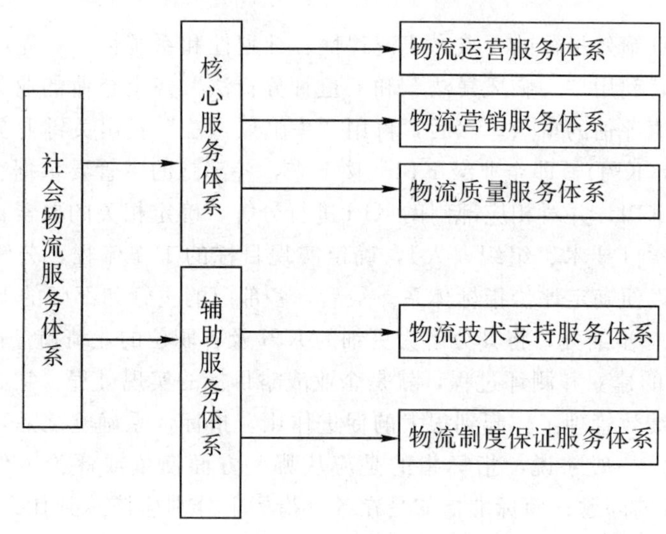

图 7-4　社会物流服务体系框架

2. 物流服务体系

（1）物流运营服务体系：它是物流服务的功能表现形式。物流服务能成功地实现其时间和地点效用就是基于物流运营服务体系的有效运作。物流运营服务体系主要包括两个方面：业务运营能力和业务结构。物流业务运营能力会直接影响客户对物流服务质量的感知，物流运营服务的业务结构会对客户满意度形成直接的影响。

（2）物流质量服务体系：它是顾客评价服务满意度的指标体系，由顾客期望的服务质量和顾客感知的服务质量构成。要想让顾客真正感到满意，并维持其忠诚度，保持其购买行为，必须使顾客对物流服务质量满意并相信物流服务能够为其创造价值。所以，物流质量服务体系对顾客满意度具有重要的影响力。

（3）物流营销服务体系：它能带动销售与服务的双向调节。营销管理对物流运营服务体系、物流质量服务体系和顾客满意度都有着直接的影响和作用。一方面，它通过营销活动对顾客的物流服务期望和需求取得真实和全面的认知，并把这种期望和需求转化成实际的物流服务运作方案。另一方面，它通过营销策划与客户进行整合沟通，向客户传递公司的业务运营能力、价格和客户服务等方面的信息，对客户做出服务质量的承诺，使客户对物流服务质量产生信任，即对物流质量服务体系产生影响。再一方面，物流服务营销的宗旨就是为了满足特定的物流客户需求，通过整合各种企业资源，为客户提供比竞争者更好的服务，使客户对本企业的物流服务感到满意甚至形成忠诚。

（4）物流技术支持服务体系：它属于辅助服务体系。物流技术对于物流运营服务体系的支持作用主要表现为通过对各项业务活动运作方式和运营流程的改进，改善各业务功能的运营效率及效果。在营销活动中，通过对“软技术”特别是信息技术的运用，促成营销活动的创新，使营销活动对客户需求的认知变得更加精确，对客户的需求反应更加迅速、有效，能够为客户提供最符合其需求的物流服务产品，为其提供更多的价值。它对物流质量服务体系的支持作用主要是表现在“硬技术”方面，客户通过对企业有形设备的感知而增加物流服务质量。

（5）物流制度保证服务体系：它属于辅助服务体系，为物流核心服务体系的有效运作提供支持作用。它对物流运营服务体系、物流质量服务体系和物流营销服务体系的最大支持作用表现在企业运营的内在能力和建立一套有效的运转方式，使其运作按照标准、以合理的方式展开，通过协调以减小其间的衔接缝隙。

以上五个体系之间相互联系，相互作用，缺一不可，共同为提高客户满意度而努力。

九、第三方物流服务绩效指标体系

第三方物流服务指标体系的建立是为了找出支持实现客户满意的关键领域，对战略目标进行第一层分解。这五种服务体系真正对客户满意直接起作用的只有物流运营服务体系、物流质量服务体系和物流营销服务体系。所以，我们只用将这三个服务体系作为支撑实现客户满意战略目标的关键领域。

1. 物流运营服务体系

物流运营服务体系因物流企业类型的不同，物流企业的货主从事的行业或性质的不同而有所差异，但典型的物流运营服务体系具有相似性，由三个部分组成：运输活动指标体系、仓储活动指标体系和配送活动指标体系。

（1）运输活动指标体系：运输活动是指物流企业将货主产品从生产基地输往某个区域市场的配送中心的过程。其主要绩效指标包括车辆满载率、正点运输率、货物及时送达率、运输损失率、事故频率。

（2）仓储活动指标体系：它是指物流企业在配送中心通过接受、存储、装运和拣货四个阶段处理大多数产品的活动，为货主产品的顺利转让做准备。其主要绩效指标包括进货装运准时率、库存准确率、库存物品缺损率、货损货差赔偿率、分拣配货准确率、出货装运准确率。

(3) 配送活动指标体系：配送活动是货主与其顾客实现商品交换以后，从配送中心将产品送达客户处的活动，一般指在企业某地区市场内的短途运输。其主要绩效指标包括配送准确率、延误率、货损货差率。

2. 物流营销服务体系

物流营销活动都是开始于对市场的研究和分析，通过比竞争者更好地满足客户需求来达到企业赢利的目的，第三方物流企业也不例外。所以，物流营销服务体系主要从物流营销开展后所形成的市场竞争力和企业盈利能力两方面来评价。

(1) 市场竞争力指标体系：市场竞争力主要反映了企业提供的物流服务产品比竞争者更能满足客户需求的能力。其指标主要包括新顾客比率、顾客重购率、市场占有率。

(2) 企业盈利能力指标体系：企业盈利能力是指第三方物流企业所提供的物流服务产品的盈利能力和其服务的客户盈利能力。其指标主要包括：主要服务产品盈利率、主要客户盈利率。

3. 质量服务体系

前面已有详细叙述，此处就不再深入展开。

根据我们所掌握的资料，目前对于第三方物流企业绩效的判定，还没有人给出一个明确、系统、完整的定义。结合物流的定义，从物流功能的角度看，物流企业绩效主要指物流企业行使运输、仓储、配送、包装、信息等功能的能力。可以围绕这些能力选取指标来进行评价，主要从包装功能、库存功能、配送功能、信息水平、市场实力、客户服务水平、财务水平方面来构建指标，具体见表7—1。

表7—1　物流企业绩效评价关键指标体系

物流企业绩效评价指标体系	包装功能	保护性
		物流性
		市场适销性
		经济性
	库存功能	库存周转率
		库存能力
		库存量
		库存维持成本
	配送功能	配送能力
		准时交货
		配送安全性
		配送成本

续表 7-1

物流企业绩效评价指标体系	信息水平	信息技术投入及设施水平
		物流管理信息化水平
		信息活动主体的水平
	市场实力	市场占有率
		市场增长率
		新用户开发成功率
		市场应变能力
	客户服务水平	服务能力
		与客户沟通能力
		市场信誉
	财务水平	总资产周转率
		净资产收益率
		资产负债率

十、绩效管理理念框架

绩效管理，顾名思义是解决让无形资产有效地创造价值的问题，它针对的是知识、技能和人的管理。绩效管理既是企业典型的人力资源管理问题，又是企业战略管理（Strategic Management）的一个非常重要的有机组成部分。绩效管理强调的是对过程的监控，通过对行动过程中各项指标的观察与评估，保证战略目标的实现。它不是基于目标的管理（Management by Objective，MBO），而是基于事实的管理（Management by Fact，MBF）。

目前，被广泛应用的绩效管理框架主要是关键业绩指标法（Key Performance Indicator，KPI）和平衡记分法（Balance Scorecard，BSC）。但这些方法在我国国内，尤其是我国的物流企业、物流相关企业中的运用不多。关键绩效指标的精髓，在于指出了企业业绩指标的设置必须与企业的战略挂钩，其“关键”二字的含义即是指在某一阶段一个企业的战略中要解决的最主要的问题。例如，处于超常增长状态的企业，业务迅速增长带来企业的组织结构迅速膨胀、员工队伍极力扩充、管理及技能短缺，流程及规范不健全会成为制约企业有效应对高增长的主要问题。解决这些问题便成为该阶段企业工作的关键所在，绩效管理体系能针对这些问题的解决设计管理指标。根据赫兹伯格的“激励保健”理论，我们可以把现有的关键绩效指标指数分为协调与管控和激励两部分。协调与管控部分指的高层管理与部门的直接互动（包括流程的严谨度、时间的分配、管理重点等），一般包括“人力资源计划/流程”“财务管控与计划/流程”“营运管控与计划/流程”，可以直接用考评结果衡量；“奖励”“机会”“价值观与信念”则属于激励部分，指的是高层管理为激发整体管理团队所采取的激励措施，一般不好考评。

根据我国物流企业的机构设置、物流组织定位以及国外物流公司的最佳实践，物流绩效的管理最好是以物流能力为核心，以供应链成本和最终客户满意度的灵敏性分析为基础，对第三方物流或物流部门的绩效进行考核。具体的衡量体系可以由三个关键部分组成：供应链物流能力考核、物流成本考核以及物流部门绩效考核。

1. 供应链物流能力考核

供应链物流能力包括统一与协调供应链各环节作业，实现客户的满意。它要求物流角色专一，利益分享，强调物流渠道的贯通。考核的对象包括信息技术、信息分享、接口标准化程度、操作等方面。其中，信息技术的应用有利于物流信息的改进，增强其可变性、整合性。在物流和资金流的过程中，还伴随着信息流。信息流动通畅与否，就是要看信息分享达到了什么样的程度。信息分享是指功能部分与供应链伙伴间交流物流战略与战术数据，它强调物流、财务信息分享的形式与比例，以及各环节之间的联系。接口标准化是不断寻找物流实践在组织之间共同应用的能力，它应该与行业标准相符。由于供应链的繁杂性，还应该力图使操作简化，这样才能减少物流过程的复杂性。

2. 物流成本考核

物流成本是指伴随着企业的物流活动而发生的各种费用，是物流活动中所消耗的物化劳动和活劳动的货币表现。它由三部分构成：伴随着物资的物理性活动产生的费用以及从事这些活动所必需的设备、设施的费用，物流信息的传送和处理活动产生的费用以及从事这些活动所必需的设备、设施的费用，对上述活动进行综合管理的费用。

(1) 物流成本率：

$$物流成本率 = \frac{年物成本总额}{年销售额}$$

这里的物流成本是指完成特定物流活动所产生的真实成本。企业中的物流成本是运输成本和配送中心的运营成本。由于没有标准的统计和成本划分，很多隐性的物流成本被划入了生产成本和销售成本。科学的物流成本应该是以物流活动为基础的，所有与完成物流功能有关的成本都应该包括在以活动为基础的成本分类中。

(2) 库存周转率：

$$库存周转率 = \frac{年销售量}{平均库存水平}$$

库存周转率数值越高说明运营情况越好，库存占用资金越少。以食品企业为例，根据调查得到的国内食品企业 2002 年销量数据和库存数据，目前企业的库存周转率为 50%，周转水平较高。在未来的组织中，库存周转率主要考核的对象应该是产品事业部。

（3）客户服务水平：

$$客户服务水平 = \frac{成功满足客户需求的次数}{总的服务提供次数}$$

第三方物流客户服务可定义为第三方物流企业向其客户提供的贯穿于双方合作过程中的各种活动。物流活动从本质上说就是一种服务。现代物流管理的实质就是在客户满意的前提下，在权衡服务成本的基础上，向物流需求方（客户）提供高效、迅速的物流服务。第三方物流作为物流专业化、社会化的重要形式，在与物流需求方的合作过程中，客户服务的好坏直接影响到双方合作的效率和持久性。具体来说，客户服务水平可以量化为以下几个指标。

①无误交货率：

$$无误交货率 = \frac{单位时间内准确按照客户订单发货次数}{此段时期内发货总次数}$$

成功地满足订单要求并及时交货在物流企业中被认为是最重要的因素。主要的作业指标是无误交货率。

在实际操作中，第三方物流企业应该保证正确地按照客户的订单来交货，客户最关心的也是这一点。没有按照客户的订单发货给企业的服务形象造成的损害是最大的。因此，在发货前必须根据客户的订单反复审核所发货物是否符合客户的要求。从这个角度上说，企业在配送中心设立订单管理员这个职位非常有必要。以专人的形式从源头来跟踪订单的传输和保证订单的准确，降低订单的出错概率，将极大地提高企业的服务水平。

②交货的及时率：

$$交货的及时率 = \frac{当月汽车准时送达车数}{当月汽车送货总车数}$$

目前，很多产品的交货时间均可以达到短途次日交货。解决方案是通过设立区域配送中心进行针对重点城市和地区的有能力接整车的一级批发商和二级批发商进行直运，在大区内其他省份设立二次分拨中心来支持县、乡、镇地区开展的深度分销策略，进行更小批量的配送。

③货物的破损率：这个指标用来衡量在向客户配送过程中货物的破损率，最高限额一般是5%。破损情况很多是在货物的装卸过程中发生的。在出货高峰期，由于没有足够的装卸力量会导致发货速度慢和破损率高，配送中心可租用叉车来降低破损率、提高装卸速度。

$$货物破损率 = \frac{当月破损商品价值}{当月发送商品总价值}$$

④投诉次数：承运商帮助企业将货物送达客户，在和客户进行货物交接的过程中代表着企业的形象，应提供尽可能多的服务以提高客户对企业的忠诚度，但配送中心中反映顾客投诉最多的还是承运商在交接过程中服务的不到

位。企业应该细化和承运商的服务协议，在协议中明确提出帮助卸货、到货前通知客户和代收退货等基本服务以及今后可能的代收货款。

另外，物流活动中的运输满载率、空载率、仓库空间利用率、装车速度、订单处理速度等都可以作为考核的关键指标。

3. 物流部门绩效考核

作为一个利润中心，物流部门绩效考核主要是对在一定的物流费用率下的物流销售收益和客户服务水平的考核。

（1）物流毛收益：

$$物流毛收益=\frac{年物流服务收入总额}{年物流服务支出总额}$$

（2）物流费用率：

$$物流费用率=\frac{年物流费用总额}{年销售额}$$

（3）物流部门收益：

物流部门收益 =（物流毛收益 − 管理费用）× 物流费用率权重参数 × 物流费用率权重修正系数

①物流费用率权重系数：

$$物流费用率权重系数=\frac{目标费用率}{实际费用率根据实际情况设置权重系数上限}$$

②物流费用率权重修正系数：

物流费用率权重修正系数 = 物流费用率权重系数 × 能源、劳动力绩价格权重修正参数 ×（其他）权重系数

③能源、劳动力价格权重修正系数：

$$能源、劳动力价格权重修正系数=\frac{考核期内平均价格水平}{考核期初价格水平}$$

（4）物流效用增长率：

$$物流效用增长率=\frac{物流费用年比上一年增长率}{销售额比上一年增长率}$$

合理的比率应该小于1。如果比率大于1，考核物流费用控制具有降低的空间。

物流部与产品事业部的物流费用结算，初期按照实际发生的物流费用计量，在形成一个稳定的产品－运距预算后，物流费用按照产品－运距计量。

（5）运营费用比率：

$$运营费用比率=\frac{仓库租金+汽运铁路运费}{支出总额}$$

该指标可作为物流部门考核指标，也可作为物流部门考核配送中心的指标。此外，还有很多效率指标可以作为考核的要点，比如运输满载率、空载率、仓库空间利用率、装车速度、订单处理速度、提货及时率、到货及时率等

等。由于篇幅有限，此处不作详述。

本章小结

本章根据第三方物流企业的特点建立了第三方物流企业的绩效评价体系。该绩效评价体系根据服务绩效评价、关系绩效评价和内部绩效评价三个部分进行构建。绩效管理之所以如此受重视又如此不容易做好，原因当然是多方面的。第一，物流企业是否真正明确绩效管理的正确目的？第二，绩效管理体系包含的一切内容是否真正都是为这个目的服务的？第三，物流企业在实施绩效管理体系的时候是否真正一直坚持这个目的？第四，就绩效管理体系本身而言，其所涉及的层面也非常的广泛，比如绩效管理体系与物流企业内部其他管理体系之间的关系，绩效管理体系本身内部各个层面的关系是否平衡和协调？如此等等。古人有云：纲举才能目张。之所以出现南辕北辙的笑话，不管有多少原因，目的不明确与没有抓住事物的核心才是关键，绩效管理虽然是一项长期渐进的艰苦工作，但只要能够牢牢把握绩效管理的目的和核心这两个关键因素，然后再找到与这个目的和核心配套的办法和措施，剩下的一切就都只是努力和时间的问题。

思考与练习

1. 在建立第三方物流企业绩效评价体系时，一般应遵循哪些原则？

2. 在进行第三方物流企业绩效评价时，可以建立哪几大类指标？具体来说，每大类指标又能如何细分？

3. 物流成本是由哪些部分构成的？

4. 什么是平衡记分卡？

5. 请用精练的语言解释关键业绩指标法（Key Performance Indicator，KPI）的含义。

6. 具体来说，客户服务水平可以量化为哪些指标？

7. 请根据自己的理解，谈谈绩效考核在其他领域的运用。

案例

佐川急便运营的成功经验

佐川急便株式会社（以下简称川急便）是日本著名的综合性第三方物流企业，成立于1957年，2002年的营业收入折合成人民币约为500亿元，居日本物流行业第二位，是全球100强物流企业之一。该企业在日本拥有300多个营业网点、2万余辆汽车和3万余名职工。公司每年的货物运量约为11亿个标准箱（标准运输单元，体积约为0.0264立方米）。2002年8月，该企业总部、各分公司及营业店均获得ISO 9001认证，总部还获得

ISO 14001认证。佐川急便的业务范围覆盖中国、美国、新加坡、越南、菲律宾、马来西亚等国家，在中国的北京、上海、西安、深圳已陆续设立了国际货运代理或仓储公司，并已决定在近几年内以保利佐川物流有限公司为控股公司，逐步在中国设立几十个物流网点，以实现网络化物流服务。

佐川急便一方面能使业务迅速增长，另一方面能够做到多方（佐川急便、佐川急便的客户、佐川急便客户的客户、佐川急便客户的供应商）共赢，绝大多数情况下，是因为遵循着一种为客户创造价值的经营理念、一套科学的运营模式、一种与客户及客户的客户良好的物流服务关系，拥有高效的专业化服务等综合物流服务能力。

1. 透彻理解客户物流服务需求，为客户创造满意价值

佐川急便能够针对不同行业的客户需求提供灵活、高效的物流服务，提供365天24小时运作的全方位服务体制。佐川急便建立的佐川物流中心是一个能为不同行业利用的复合型物流中心，它能够适应每个季节的业务增减，灵活地调整有关物流经费（包括物流加工空间和员工）。这种柔性反应可以使客户为了有效控制繁忙期间的有关成本而随时增减其作业面积。佐川物流中心还能够灵活地根据客户所需要的业务内容，随时安排所需要的人员。在实际操作上，它能够有效并及时地调节“空间”和“人员”。

2. 拥有完备的物流网络、先进的物流运营经验和管理体系

佐川急便经过近半个世纪的发展和开拓，在日本国内形成了星罗棋布的物流网点，可保证随时根据客户的需求快捷、准确地将各类货物运达任何地点。佐川急便在过去几十年内不断积累经验，改进运营和作业方法，形成一套综合性第三方物流业务流程和运营经验，并形成相应的现代化物流企业管理制度。它在轻工、纺织和电子行业拥有广泛的客户群，并拥有丰富的现代物流经营管理经验和具有国际先进水平的计算机物流信息管理系统。

3. 拥有先进的物流技术手段和设备

随着现代物流产业向着网络化供应链式物流服务方向发展，佐川急便结合自己积累的业务经验，研发了拥有完全自主知识产权并具有国际先进水平的“E-Global”计算机物流信息管理系统，该系统能保证物流业务的全程化跟踪管理、EDI和电子结算等服务，充分满足客户的相关需求，大大提高物流运作效率和可靠性，同时通过信息系统网和遍布日本的物流基地构成完备的物流体系，为客户提供全面支援和服务，使客户能随时掌握商品和原料的库存量，从而控制从订货到出库的流程。

此外，佐川急便还根据客户的需求，研发了其他先进的物流技术和

设备：

(1) CTI 系统（Computer Telephony Integration）：实时自动高速处理客户委托电话以及货物受理员与配送车辆之间的联系，并发送和打印委托内容数据的系统。

(2) 货物送达信息自动发送系统：为了提高货物行踪报告服务质量，佐川急便的所有配送车辆均装备有专用通信系统。在货物送达后，该系统即刻向主电脑自动发出送达信息，由此可实时向客户提供配送状况信息。

4. 拥有完善的业务流程

佐川急便可以在分析客户运作现状的基础上，定制出个性化方案，设计的物流系统可以在较短时间内同客户系统相连接。佐川急便与日本冻餐行业的“老大”Nichirei（日本冷冻食品）融为一体，以快速、准确的速度与 Nichirei 设在日本各地的冷藏保温存储网络一道，给客户提供一流的冷藏运输服务。

2006 年，由于业务量的迅猛提升，佐川急便在总共提供的 10000 次服务中产生了 1% 的客户服务未满足率，并失去了这部分客户。平均每流失 1 个顾客，营业收入就损失 40000 美元。

（资料来源　牛鱼龙：《日本物流经典案例》，重庆大学出版社，2006 年版）

案例思考题

1. 在 2006 年，佐川急便在东京因为流失客户而失去了多少经济收益？

2. 对于以佐川急便为代表的仓储配送型第三方物流企业，应该建立怎样的绩效考核指标？

3. 如果你是佐川急便的领导，你将如何改进客户服务，以满足不断增长的业务需求？

实践要求

对第二章中所调研的物流企业的绩效评价指标进行调研。

Logistics

第八章 第三方物流发展战略

学习目标

1. 了解第三方物流战略思想、战略与策略。

2. 理解第三方物流发展的对策。

3. 熟悉第三方物流跨国经营的优势、第三方物流的国际化战略选择及其影响因素、第三方物流企业国际化的模式。

4. 掌握第三方物流与电子商务的整合模式。

5. 掌握第三方物流面向金融服务的创新模式。

关键词 跨国经营 融通仓

第三方物流在欧、美、日等发达国家取得了长足的发展，对现代物流乃至经济的快速发展产生了积极的影响。而在我国，第三方物流起步较晚，问题较多，困难重重。面对我国第三方物流市场的机遇与挑战，对我国第三方物流的竞争战略和发展战略问题进行探讨是有必要的。

第一节 第三方物流的跨国经营

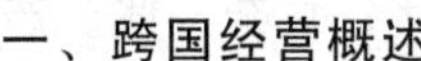

一、跨国经营概述

（一）跨国经营的特殊性与动机

1. 跨国经营的概念

跨国经营是指企业所进行的商品、劳务、资本等任何形式的经济资源的国际传递与转化。跨国经营与国内经营的界限在于有关企业是否“直接”参与了商品、劳务、资源和技能的跨国传递与转化。例如，虽然进出口是跨国经营的重要形式，但在某些情况下只认为一方参与了跨国经营。如中国某企业在国内向某外国公司订货，货到国内才付款，且不承担其他责任。虽然此宗货物在国外生产并进口到中国，但这家中国企业并不能看作是参与了跨国经营。与此类似，如果一家中国企业通过外贸公司出口产品，该企业只负责向外贸公司供货并取得货款，并不表示该企业参与了跨国经营，原因在于该企业没有“直接”参与商品、劳务、资源和技能的跨国传递与转化。

2. 企业跨国经营的特殊性

从跨国经营与国内经营的横向比较来看，跨国经营主要有以下特殊性：

(1) 对企业来说，由于生活在同类文化、同种语言、同一货币的环境之中，国内环境因素是既定的、内在的、熟悉和了解的，很多是可以预见的。但是在跨国经营中，企业不仅涉及在国内经营中必须面临的国内环境因素，而且还面临国际环境因素和东道国环境因素。国际环境因素和东道国环境因素完全是作为一种外赋力量而起作用，这些外赋力量迫使参与跨国经营的企业从策略、政策、组织直到具体的经营业务过程都必须作出相应的改变和调整。

(2) 跨国经营要求拓展管理职能。由于跨国经营管理操作的每个阶段都需要应付外在因素的各种变化和跨国经营的全球性特征所带来的各种内部差异，因此，跨国经营在广度和深度上必然会扩展管理的每个职能的内容，必须会在变化的经济、政治、文化、社会环境中对管理的每个职能进行功能拓展。

(3) 跨国经营的回报与风险成正比，风险比单纯的国内经营高很多。由于跨国经营涉及不同的主权国家，涉及更大的市场、地理空间和产业序列，处在不同的经济、政治、文化条件下，需要与价值体系和机构不同的企业打交道，因而在挖掘企业经营活动潜力，提高企业经营回报，加速企业成长方面的潜力很大；相应的，企业承受的风险也比单纯的国内经营高很多。

3. 企业跨国经营的动机

企业参与跨国经营的原因很多，动机呈多样化。考特（Kotter）在 1980 年指出，为势所迫因素是企业选择国际化经营的决定因素。对于一个企业来讲，进行国际化经营的基本动机包括寻求市场优势、资源优势、环境优势和更好地发挥自身优势，扩大销售和实现经营的多元化。

（二）跨国经营的基本方式

跨国经营方式与仅在本国的经营方式相比，要多一些，复杂一些。产生这些不同的主要原因是跨国经营本身引致的差异与风险。跨国公司在经营过程中可以选择的经营方式主要有以下几种类型。

1. 商品的进出口

商品的进口或出口，是指一个国家输入或输出商品的活动。由于进出口商品的可见性，往往又称之为有形商品的进出口。对于绝大多数国家而言，商品的进出口是国际收支的主要来源，也是国际企业参与国际商务活动的主要方式。

一般说来，商品的进出口活动被认为是一个企业进入国际商务活动的第一个台阶。这是因为，企业参与进出口活动可以通过商品的进出口商代理使其承担较少的义务和风险，花费较少的代价。因此，商品进出口活动的参与必然成为希望参与国际竞争的企业的首选经营方式。

商品的进出口又分为直接与间接两种方式。直接进口是指企业从外国公司或外国公司代理处直接进口商品；直接出口指企业直接将产品销往国外，而不借助代理机构。直接出口通常由企业设在国内的出口部门负责，有时企业也在国外关键市场所在地设立专事销售的分支机构。而间接进出口则需通过代理机构来完成。

2. 劳务的进出口

与商品的进出口活动相比，劳务活动具有无形的特点，因而往往又被称为无形的商务活动。劳务的进出口活动是近几十年来发展十分迅猛的一类国际商务活动，具有多种活动形式：

(1) 交钥匙（Turn-key）工程。交钥匙工程是工程技术劳务常常采用的一种形式，是承包人按技术输入方的要求拟订方案，承包工程，培训技术输入方工程运行与维护所需的管理人员、技术人员、操作人员，直到工程建成试运行并验收合格后才交给技术输入方的一揽子商务活动。

(2) 特许专营（Franchising）。特许专营是一种专业化的许可协议，它是指已经取得经营成功的企业，将其商标、商号名称、服务标志、专利、诀窍、技术和管理方法转让给另一家企业，后者有权使用前者的商标、商号名称、服务标志、专利、诀窍、技术和管理方法，但需支付一定的特许费。

(3) 管理合同（Management Contract）。管理合同是一家公司通过合同的形式在管理职能的一些或全部领域向另一家公司提供管理服务，并按照销售额的一定比率收取服务费用的劳务活动。

(4) 许可协议（Licensing Agreements）。许可协议是指许可人将无形资产使用的权利授予被许可人，并允许被许可人根据协议使用一段时期。在这段特定的时期内，被许可人以销售额的一定比例按期连续向许可人支付特许权使用费。

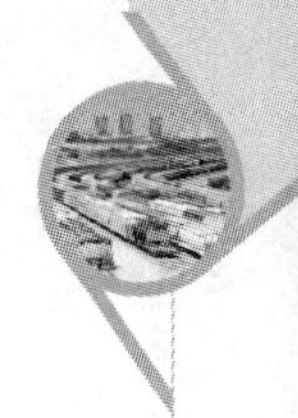

(5) 契约制造（合同制造）。在契约制造中，企业与外方企业签订合同，按对方标准或要求生产产品，该企业保留这些产品的销售权。

3. 投资活动

投资包括直接投资和间接投资。

直接投资的目的主要是为了达到对东道国企业的控制。直接投资可分为合资经营和独资经营。

间接投资的最大特点是在进行投资时，并不刻意追求对企业经营的控制权，而往往通过购买股票或债券的形式进行，通过分红或利息作为投资的回报。

除此之外，合作经营、国际承包、国际租赁等也属于跨国经营活动，补偿贸易等活动也或多或少地带有跨国经营的某些特征。

二、第三方物流跨国经营的优势

提供第三方物流服务的跨国企业不仅为自己创造了突出的竞争优势，同时还通过为其他企业提供专业化的物流服务创造了良好的外部经济效应。

(1) 第三方物流企业拥有突出的核心竞争力。根据竞争战略专家迈克尔·波特的“价值链”理论，在一个企业的“价值活动”中，并不是每个环节都能创造价值。企业所创造的价值主要来自于某些“战略环节”，即企业能保持垄断优势的一些特殊环节。市场开放和高新科技的发展使得企业在整个价值链环节中必须也只能专注于战略环节，而放弃一些非核心环节，以保持竞争优势。第三方物流企业就是利用突出的物流管理能力作为自己的核心竞争力，为其他企业服务。主要表现为该领域的丰富的管理经验、庞大的运输队伍以及遍布各地的网络等有利条件。同时，第三方物流企业的存在使被服务企业无须再进行大量的建设，使其实现资源优化配置，将有限的人力、物力、财力集中于核心业务，可以说形成了一个良好的双赢关系。

（2）第三方物流企业拥有市场知识和网络。通过专业化的发展，第三方物流企业已经开发了信息网络并且积累了针对不同物流市场的专业知识，包括运输、仓储和其他增值服务。许多关键信息，比如可得卡车运量、国际清关文件、空运报价和其他信息通常是由第三方物流企业收集和处理的。对于第三方物流企业来说，获得这些信息更为经济，因为他们的投资可以分摊到很多客户的头上。对于非物流专业公司来讲，获得这些专长的费用就会非常昂贵和不合算。

（3）第三方物流企业降低了整个供应链的生产成本。专业的第三方物流企业利用规模效应，降低供应链成本，从中获得高额受益；同时，得到服务的企业也因为剥离了非核心环节，从分离费用结构中获益匪浅。通过物流外包，制造企业可以降低因拥有运输设备、仓库和其他物流过程中所必需的投资，从而改善公司的赢利状况，把更多的资金投在公司的核心业务上。比如，企业解散自有车队而代之以公共运输服务，可以减少固定投资，还可以节省相应的车库设施、收发货设备以及相关的人工费用。

（4）第三方物流企业可以帮助企业减少库存、提高效率。现在，越来越多的企业热衷于建立有效客户信息反馈系统（Efficient Customer Response，ECR）和客户满意工程（Customer Satisfaction，CS），即客户需要什么就生产什么，同时还要尽快地把商品送到客户的手中。这就要求企业利用准时制生产（just in time，JIT）和销售时点管理系统（point of sale，POS）减少生产中间环节，减少库存。第三方物流企业借助科学严密的物流计划和适时运送手段，最大限度地减少库存，改善了企业的资金流动，实现了成本优势。

三、第三方物流的国际化战略选择及其影响因素

第三方物流企业有很多是从生产企业的物流职能部门或从类物流企业发展而来的，是企业分工细化、内部职能外部化的结果。例如，某些企业有完善的物流系统，它被分离出来承担一些除本企之外的物流服务，渐渐就成为第三方物流企业；而原本的仓储、运输等企业通过进一步完善职能后，也成为专门的物流企业，如海陆（sea-land）的物流分公司SLLC和美国总统轮船下属美集物流公司等。第三方物流企业在为跨国公司提供服务时，必然涉足跨国经营。因此，有许多第三方物流企业发展成为跨国企业，全面参与国际竞争。近年

来，我国部分产业在经过持续升级后，形成了一批规模大、实力强的企业。如物流领域的中远、中外运、中储等纷纷高调出击，引起了整个社会的关注。物流企业的国际化是企业发展到一定程度后的必然结果，是物流产业全球化的一个直接表现。对于我国第三方物流企业而言，在国际化过程中，既要学习国外的先进经验，又要综合考虑我国的实际情况和企业自身情况，充分评估国际化的障碍和风险。

（一）第三方物流的国际化需求与物流全球化产业特点

随着经济全球化进程逐渐加快，各国间经济发展的依赖程度日益加深，企业间的竞争也在全球范围内展开，企业要获得竞争优势就必须在全球配置资源和销售产品，这就使得跨国公司在世界经济中的地位更加突出，第三方物流企业的国际化需求相应大大增长。

第三方物流的国际化服务，一方面源于经济全球化制造的庞大的国际物流市场，另一方面源于科学技术的发展和先进的物流设施设备的产生。国际化的第三方物流企业以信息技术和先进的物流设施设备为前提，将客户的全球外包和内向物流模块与本土的仓储、配送系统整合起来，实现了供应链两极的衔接，满足了物流的国际化需求。

随着科学技术的发展，物流本身的全球化特点也日益明显。通过国际化战略的实施，可以使物流企业获得多方优势，提高其竞争力，从而使有实力的第三方物流企业在战略制定和实施过程中更具国际化倾向。这些优势包括：

（1）企业的规模经济。随着技术的不断进步和管理体制的不断改进，物流企业经济性经营的规模不断扩大，其服务能力可能超过所在国的市场规模。

（2）网络的规模优势。通过构建和发展结构合理、布局优化、功能配套、运作高效的现代物流网络体系，可以使企业服务能力呈几何级增长。

（3）网络的经营优势。通过发展物流网络，可以使业务保持统一的流程和规范，保证货物安全，完成一票到底的服务。

（4）物流服务的可移动性。物流企业的服务往往具有移动性特点，移动性使物流企业开创和维护组织机构以及开发专有技术的固定成本在各国家市场分担。

（二）第三方物流国际化战略的选择及其影响因素

第三方物流国际化战略的实施，立足于对目标市场、进入方式、目标企业进行的谨慎筛选和最终选择，需要对文化经济发展状况、管理体制和消费习惯、气候等因素差异造成的障碍进行充分评估，还需要对购并后的业务整合、引入和企业文化的融合制订具体的方案。对第三方物流企业来讲，总结成功经验、把握目标市场的特点尤为重要。

1. 第三方物流企业国际化战略的进入方式选择

第三方物流企业国际化战略包括主动进入和追随进入两种方式。

作为第三产业，物流产业的市场规模取决于第一产业和第二产业的发展水平，这使经济获得快速发展的地区成为争夺的市场。出于占领新兴区域市场、完善业务网络的考虑，主动进入往往是跨国物流企业采取的方法。此外，由于文化背景、经济运行模式的不同，具有东方文化背景的第三方物流企业则更多的是追随客户进入。如在日本制造业对华投资的推动下，大批日本物流企业追随制造企业进入中国市场，相继在上海、广东设立物流配送中心，为在华日资企业和日本企业在华采购提供物流服务，形成了日资体系的配套产业集群。相对于主动进入，追随进入对市场营销力量要求较低，不存在与客户企业的文化差异，风险相对较低，但却失去了获得先进优势的机会。

对于物流在整体战略中地位并不很重要，同时自身物流管理能力也比较欠缺的企业来说，采用第三方物流，即将产品从生产到到达消费者手中的全部环节都外包给第三方处理较为经济方便。外资企业在介入中国市场过程中，由于物资投入量大，加之为了集中精力开发适销对路的产品，很多外资企业不得不把有限的资金投入到仓库自建上，而把物流任务外包给当地较好的储运企业来运作。例如，上海联合利华有限公司与上海友谊集团储运公司的合作是目前大多数跨国企业物流决策的典型代表。联合利华作为中英合资的大型化妆品企业，实物量很大，本身又实施“零库存”作业方式，对物流伙伴的要求很高。上海友谊储运公司则是一个有近 50 年仓库管理经验的企业，其主要物流基地距联合利华仅 2.5 公里，库区面积大，设施齐全，辐射浦东、浦西，交通便捷。通过合同制物流（Contract Logistics）的方式，联合利华选择友谊储运作为其物流伙伴。友谊储运在商品出入库、退库管理、流通加工、信息服务等方面，都按照联合利华的业务流程做出了相应的调整，为其提供了全方位的服务。

2. 影响第三方物流企业国际化的主要因素

在社会、政治、经济和自然条件的作用下，各国的物流市场环境存在着巨大的差异，要求第三方物流企业要对目标市场进行深入研究并采取必要的应对措施，否则将对国际化或者业务拓展产生影响。

（1）对物流的认识程度不同。由于各地区经济发展程度以及文化不同，物流理念存在着巨大的差异。例如，在美、日等发达国家，第三方物流是物流市场的一支重要力量。而在东南亚一些国家，由于市场分散，大多数生产厂商基于本地化和地区化从事生产经营活动，从内部运作分销渠道，使用不同人员负责不同业务和不同地方，导致第三方物流理念的推进和传播比较缓慢。

（2）流通环境不同。不同的区域市场流通环境具有不同的特点，形成对仓储、运输、配送等物流环节的不同要求。如日本消费者习惯到附近的小商店去购物，量不大但经常买，小商店占据了 57.7％的零售食品和 50.4％的非食品类商品销售总额，而中间商、零售商和批发商的密度也非常高，造成了物流呈现交货次数频繁、交货数量相对减少的特点。这要求物流提供商按顾客订单进行产品的储存、拣选，按预定的目的分拣，增加了作业难度。美国消费者习惯集中采购，50 家大型零售企业占据了美国零售总额的 20%以上，而小商店只占据 19.2%的食品和 32.9%的非食品零售总额。在激烈的竞争中，大型零售企业往往把物流作为降低经营成本的重要源泉之一，强调降低资金占有率和节省仓库面积，采用集中采购与有效渠道密切结合的运营模式。

（3）基础设施特点不同。由于各国地理条件不同，交通运输方式也各有侧重，对物流市场产生了不同的影响。如日本的运输高度依赖铁路，在日本 37.8 万平方公里的国土上，布满了密集的铁路线，铁路总长度达 27268 公里，运营企业有 202 家，铁路运输规模居世界前列。法国拥有世界上最密集、欧盟各国最长的公路网，总长 89.4 万公里，其中 1.15 万公里为高速公路，公路运输占货物运输的 76%。德国仅次于法国，公路运量占总运量的 2/3。

（4）物流管理体制不同。在美国，美国联邦运输部是全国交通运输的行政管理机关，统筹各种运输方式的管理，下设 10 个部门，并在各州设有代表处，以保证监督运输部政策的贯彻实施。德国各联邦州在联邦总体的政策框架下具有较大的自主权，州级交通主管部门是交通管理的主体，并与联邦宏观交通管理体制模式相一致，采用综合管理模式。法国虽然不是联邦国家，但国家赋予了各省较大的自主管理权利，从中央到地方对交通运输同样采取集中管理模式，交通管理主体也集中在市县级政府主管部门。在英国，运输部负责交通管理，“执行局”专司行政执行职能，负责向社会提供高质量的服务。

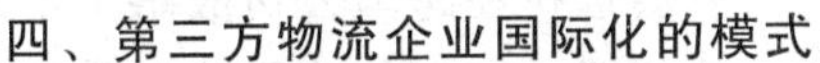

四、第三方物流企业国际化的模式

企业参与全球化活动的方式，包括特许经营、出口和国外投资等。对于第三方物流企业来讲，国际化的模式表现为特许经营、战略联盟、跨国购并以及直接投资等多种方式，每种方式各有特点，呈现出不同的优势、劣势。实践中，成功的国际化模式多为上述方式的综合。

（一）跨国购并

第三方物流企业的跨国购并能够促进生产经营要素和活动的集中，节省培养人才、开拓市场、开发技术等所需要的时间，迅速完成目标市场的布局，在较短时间内实现占领目标市场的目的。跨国购并要求第三方物流企业不仅要具备很强的资金实力，还要有很强的管理控制能力和业务重组能力，以突破文化差异，实现不同品牌间的融合和远距离管理。

对于具体的购并方式，可以进行资产购并也可以进行股权购并，可以采取独资也可以进行合资。在实践中，很多企业都采用了先合资再购并的方法。通过合资，企业可以规避特定国家的法律障碍，在市场进入、政府关系、网络、客户关系等方面迅速打开局面，而本土企业通过与跨国企业合资，也可获得企业发展急需的技术、管理理念和专业人才等。通过独资，则可加强对所投资企业的控制，独占企业发展产生的效益。泛亚班拿、UPS、Fedex 等企业均采用了这种形式。泛亚班拿在开展韩国业务时，首先选择了韩国最大的货运代理公司 IAF 作为合作者，与之合作 15 年之后，于 2004 年将其收购而成为韩国最大的货运代理公司，占领了韩国货运代理绝大部分的市场份额。2000 年 UPS 进入中国市场时，首先与中外运合资开展了快递业务。在物流市场对外资企业完全放开后，UPS 收购了合资公司中的外运股份。Fedex 与大田的合作也与此类似。

（二）直接投资

相对跨国购并而言，直接投资可降低管理难度，避免大额购并资金的支出。但是由于市场、网络、各种关系等都需从零开始建立，因此市场规模扩张速度较慢。例如，日通公司自进入中国市场后，通过直接投资的方式，先后在上海、武汉、天津等城市设立了近 60 个节点。

（三）战略联盟

作为物流企业“产品出口”的形式，战略联盟可以在未进行大规模的资本投资的情况下实现市场进入的目标。第三方物流企业通过战略联盟，可以分享约定的资源和能力，扩大物流服务的地理覆盖面，为客户提供一体化物流服务，提升其市场份额和竞争能力。通过战略联盟而进入对方市场的例子不在少数，如日本伊藤忠商社与美国的 GATX 物流公司就是通过战略联盟，在北美和亚洲之间展开物流服务合作，以此作为进入对方物流市场的切入点。

自身物流管理水平较低的跨国公司，一般会选择在跨国公司战略中不起关键作用的第三方物流企业来组成物流联盟。物流联盟可以使跨国公司借用第三方物流的物流设施、运输能力和管理经验，从而降低物流管理成本，专注于专业管理的收益极大化；对第三方物流企业来说，可使其物流资源得到共享，通过增大物流量来获得规模效益，降低成本。同样地，拥有充裕物流资源的企业也愿意通过战略联盟来获取“双赢”效果。例如，美国加州一家年销售额达 15 亿美元的电子商品企业，拥有非常完善的物流系统，包括 9 个工厂、8 个仓储配送基地。为了降低物流成本，该厂决定与其他企业共同使用配送系统。而另一家在美国有 2 个工厂，年销售额达 5 亿美元的欧洲同行企业，有开拓加州市场的意愿。两家结成了物流联盟。这样，美国企业降低了仓储成本，提高了加州的运输设备利用率；欧洲企业成功地打入了加州市场，而且与其他方案比，采用美国企业的配送系统花费更少。两家企业的物流结盟使它们获得了双赢的局面。

从物流管理的发展来看，20 世纪 80 年代末 90 年代初物流管理进入了供应链管理阶段。供应链的发展在很大程度上依赖于企业战略联盟，越来越多的企业把发展企业间的伙伴关系和联盟关系看作是开展最佳物流实践的基础。80 年代中期以来，跨国公司之间建立起多种多样的战略联盟（Strategic Alliance）。在实行无国界经营的跨国公司来看，与其他跨国公司建立战略联盟就如同进行公司外的组织网络化建设。供应链中的企业战略联盟与传统意义上的渠道成员间的“纵向一体化”是不同的。所谓“纵向一体化”是指企业将自己的上游或下游企业合并进入该企业组织内部的组织扩张方式，是上、下游企业间在所有权上的纵向合并。在供应链联盟中，各参与成员并不进行所有权的合并，依然是具有各自经济利益的独立实体。在供应链管理中，战略联盟的运用越来越为各成员普遍接受。在这种形势下，无论是自营物流业务还是与第三方物流建立供应链联盟，跨国公司的全球物流管理都将成为其实现全球经营战略目标的必要手段与重要保障。

（四）特许经营

特许经营就是通过把客户信任的商誉授权给受许人，以达到成功运营的目的，从而实现特许人和受许人的双赢。尽管特许经营很少被物流企业所采用，但鉴于特许经营可以避免大规模投资、降低文化冲突，它仍不失为第三方物流企业国际化过程的上佳选择。

五、我国第三方物流企业国际化的发展与障碍

近年来，伴随着我国市场经济的发展和逐渐成熟，一批拥有先进的管理理念、完善的治理结构和管理体制以及规模优势的物流企业脱颖而出，成为市场关注的焦点。中国远洋运输集团（以下简称中远）继 2003 年与新加坡港务集团签署合作协议，首次成功投资中国以外的码头项目之后，又进一步对比利时安特卫普港口合资公司进行了投资，涉足比利时安特卫普港口集装箱码头的经营；与四大国际快递巨头之一的荷兰 TNT 集团共同组建了一家合资物流企业，开拓全球物流市场，成为中国民族物流企业国际化的先行者。中国海洋集团（以下简称中海）已将其设在新加坡的东南亚区域总部迁到马来西亚巴生港，获取港口资源的意图十分明显。中国对外贸易运输集团（以下简称中外运）分别与美国国家零售系统公司、巴思科国际公司、优质物流公司、空运包裹快递公司等公司进行了接触，为中外运走向国际物流市场，特别是打开美国物流市场创造了契机。中国物资储运总公司（以下简称中储）也在计划着进入新加坡资本市场和物流市场。促使这些物流企业不约而同地“走出去”的推手就是我国当前的市场环境。

（一）我国对外贸易的增长

继 2004 年我国对外贸易额达到 11548 亿美元，超过日本成为仅次于美国、德国的第三大贸易国之后，2005 年，对外贸易额又达到 14200 亿美元的新高，外贸依存度超过 70%。对外贸易的快速增长和外向型经济的纵深化发展，使我国市场产生了对国际物流持续稳定的需求，也造成了本土物流企业极大的“国际化”冲动。

（二）客户企业的国际化运作

近年来，我国对外投资力度加大，截至2004年底，累计对外直接投资净额达448亿美元，2005年更是达到140亿美元。众多客户企业海外市场业务所带来的物流需求，使第三方物流企业有可能以较低的投资风险进入国际物流市场。

（三）物流企业竞争力增强

随着宏观经济的持续稳定增长，以及企业改革的不断深入，我国物流企业业务规模不断扩大，物流企业的竞争力也有所提高。中远通过对集装箱运输和物流业务的重组，形成了以“班轮+物流”为主体的核心产业，实现了“做强班轮，壮大物流”的目标，进一步提高了其核心竞争力。从“九五”期末到“十五”期末，船队总规模增长60%，总货运量增长80%，总货运周转量增长68%，主营业务收入翻了一番多，利润总额增长了11倍。宝供物流则利用信息系统使储运效率大幅提升，使服务时间缩短了1/3，准点率达到了95%，公路货运达到99%以上，形成了基于信息技术企业的核心竞争资源。

（四）物流企业的战略调整

随着跨国物流巨头纷纷进入，本土物流企业已深切地感受到了竞争压力。国有物流企业面对国有资产监督管理委员会“行业前三名”的要求，纷纷寻求战略突破以实现快速发展。国际化作为积极防御的手段和快速发展的有效方法，成为具备一定实力的物流企业的首选。

综观我国物流企业的国际化，到目前为止鲜有成功的案例，这与我国企业缺乏经验有关，也与国际环境的复杂性有关。由于政治、历史等因素的影响，部分国家对来自特定国家的企业采取了歧视性政策。这对于实施国际化战略的我国物流企业来讲，是需要足够重视和认真评估的。不同国家间物流标准、物流技术等方面的差异也在一定程度上对我国物流企业国际化形成了障碍。

综上所述，我国第三方物流企业的国际化仍处于起步阶段，面临着诸多困难。但是伴随着宏观经济的发展，我国物流业将会在不断变化中实现升级：相关教育体系不断完善，人才短缺状况得到缓解；国民经济规模持续增长，物流企业规模和实力不断增强；物流技术不断提高，物流标准实现与国际对接；一批大型的国有物流企业完成改革，建立高效的管理体制，核心竞争力得到明确和加强，部分民营企业从低层次的价格竞争中脱颖而出，成为行业内主导企业；在与外资物流企业的短兵相接中，逐步在理念、技术、国际化运作经验等方面得到提高。上述种种因素决定了未来我国物流企业的国际化将向纵深发展。

第二节　第三方物流企业竞争战略

一、第三方物流企业核心竞争力的含义

第三方物流企业核心竞争力是一个复杂的多元系统，归纳起来主要包括以下几个方面。

（一）核心技术能力

企业核心竞争力的核心是企业的核心技术能力。物流企业的核心技术能力不仅取决于现有的物流设施、技术装备的现代化水平，还取决于企业能否有效地将这些技术装备应用到所提供的服务中去，使技术资源转化为企业的技术优势。核心技术能力包括第三方物流企业的研发能力和服务创新能力。沃尔玛对传统的配送方式进行改革，运用越库运输技术大大提高了配送过程的效率，这种创新使其在零售领域后来居上，取得了竞争对手所无法企及的竞争优势。

（二）应变能力

第三方物流企业的应变能力是指第三方物流企业根据物流市场供求状况的变化、需求模式的改变和技术革新进展及时调整服务方式的能力，这种应变能力是物流企业在快速发展的竞争环境中得以取胜的关键。由于终端消费模式的转换以及生产和零售领域的变革，物流服务市场发生了重大变化，第三方物流企业要想获得持久的生存能力就必须不断地调整企业的运营方式和提高企业的信息化水平，以适应物流需求发展的小批量、多频次的趋势。

（三）整合能力

整合能力涉及第三方物流企业的组织结构、信息传递、企业文化和激励机制等诸要素。它的作用在于通过管理过程的制度化、程式化，将企业的技术知识和服务技巧融入企业的核心竞争力中。第三方物流企业组织效率的高低决定了企业将物流技术优势向市场优势转换的效率。现代物流尤其强调各个物流功能的整合作用，整合能力是第三方物流企业核心竞争力非常重要的一个方面。

（四）营销能力

营销能力是第三方物流企业在成长过程中培育的市场影响力，它通过将潜在竞争优势转化为现实利润优势来直接或间接影响物流企业的核心竞争力。它主要包括第三方物流企业的服务营销能力、企业在客户中的形象和声誉。满足客户需求是物流活动的最终目的。第三方物流企业与现有客户之间的关系和对潜在顾客的渗透能力是第三方物流企业核心竞争力的直接体现。

二、第三方物流企业的战略选择

除了高度垄断的行业，单个企业很难改变其所处的市场环境，那么其成功

的决定因素就在于如何适应市场环境并采取正确的发展战略。

按照国际上比较流行的市场营销理论，企业的竞争战略选择主要有三种：成本领先战略、集中化战略和差异化战略。这个理论基本可以覆盖或解释其他竞争理论，第三方物流企业的竞争战略也可以用这个理论框架来解释。

（一）成本领先战略

成本领先战略是指当企业与其竞争者所提供的产品和服务相同时，只有想办法做到产品和服务的成本长期低于竞争对手，才能在市场竞争中最终取胜。成本领先战略适合有实力的企业。在生产制造行业，往往通过推行标准化生产、扩大生产规模来摊薄管理成本和资本投入，以获得成本上的竞争优势。而在第三方物流领域，则必须通过建立一个高效的物流操作平台来分摊管理和信息系统成本。在一个高效的物流操作平台上，当加入一个相同需求的客户时，其对固定成本的影响几乎可以忽略不计，自然具有成本竞争优势。那么，怎样才能建成高效的物流操作平台呢?

物流操作平台由以下几部分构成：相当规模的客户群体形成的稳定的业务量，稳定实用的物流信息系统，广泛覆盖业务区域的网络。

稳定实用的物流信息系统是第三方物流企业发展的基石。物流信息系统不但需要较高的一次性投资，还要求企业具有针对客户特殊需求的后续开发能力。企业可以根据自身的需求选择不同的物流信息系统，但任何第三方物流企业都不可能避开这方面的投入。

对于一个新的第三方物流企业而言，除非先天具有来自其关联企业的强大支持，一般不大可能直接拥有广泛的业务网络和相当规模的客户群体。万事开头难，能否在一定时间内跨越这道门槛是企业成功与否的关键。对于一个第三方物流企业来讲，这是企业发展的一个必经阶段。如果能够在两到三年内完成业务量的积累和网络的铺设，企业将迎来收获的季节；如果不能达成，往往意味着资金的浪费和企业经营的寒冬。

对于一个全新的企业，可通过三条途径来完成这一任务。第一条途径是在严密规划的基础上，采用较为激进的方式，先铺设业务网络和信息系统，再争取客户。这种方式较为冒险，只有资金实力非常强的企业才可能这样做。如一些外资公司就声称要在很短的时间内在我国成立几十家分公司或办事处。第二条途径是与某些大公司结成联盟关系，或成立合资物流公司，以获取这些大公司的物流业务。在国内家电行业和汽车行业都有这类案例。这种方式较为稳妥，能使企业在短期内获得大量业务，但这种联盟或合资物流由于与单一大企业的紧密联系，会在一定程度上影响其拓展外部业务的能力。第三条途径是建立平台，边开发客户边铺设网络。它是更为缓慢的方式。走这条道路的企业，必须认真考虑企业竞争的集中化战略。

(二) 集中化战略

集中化战略就是把企业的注意力和资源集中在一个有限的领域内，它是基于不同的领域对物流需求的不同而采取的战略。如 IT 企业更多采用空运和“零负担”快运，而快速消费品更多采用公路或铁路运输。集中化战略适合在某一领域有一定自身优势的企业。集中化战略是从物流企业的服务对象角度来说的。每一个企业的资源都是有限的，任何企业都不可能在所有领域取得成功。第三方物流企业应该认真分析自身的优势所在及所处的外部环境，确定一个或几个重点领域，集中企业资源，打开业务突破口。在物流行业中，我们不难发现，BAX Global、EXEL 等公司在高科技产品物流方面比较强，而马士基物流（Maersk Logistics）和美集物流（APLL）则集中于出口物流，我国的中远物流则集中在家电、汽车及项目物流等方面。集中化战略也告诉我们，在国内企业对第三方物流普遍认可以前，第三方物流企业必须集中于那些较为现实的市场。应该强调的是，这种集中不仅指企业业务拓展方向的集中，还包括企业在人力资源的招募和培训、组织架构的建立、相关运作资质的取得等方面的集中，简单的集中只会造成市场机遇的错过和资源的浪费。

(三) 差异化战略

差异化战略是指企业针对客户的特殊需求，把自己同竞争者或替代产品区分开来，向客户提供不同于竞争对手的产品或服务，而这种不同是竞争对手短时间内难以拷贝的。起步较晚的新企业最可取的是差异化战略。企业集中于某个领域后，就应该考虑怎样把自己的服务和该领域的竞争对手区别开来，打造自己的核心竞争力。如果具有特殊需求的客户能够形成足够的市场容量，差异化战略就是一种可取的战略。例如，医药行业对物流环节 GMP 标准的要求，化工行业对危险品物流的特殊需求，VMI 管理带来的生产配送物流需求，都为物流企业提供差异化服务提供了空间。

物流企业不仅要考虑选择差异化战略，还要考虑选择什么样的差异化战略。差异化战略的选择需要注意两点：一要维护预期战略目标的实现；二要尽量地避免和缩小战略选择可能带来的风险。选择差异化战略可能带来的一个结果是客户群的缩小和单位成本的上升而导致的服务价格的攀升。因此，在差异化战略中要十分注意以优质的独特服务来降低客户的价格敏感性，以差异化独特性的深化来阻挡替代品的威胁，通过差异化品牌的创建来集中和壮大客户群，在企业效益不断提高的同时，实现单位服务成本和单位服务价格的下降。为此，在物流企业差异化战略的选择中，定位差异化和服务差异化是可供参考的两条基本思路。

1. 定位差异化

定位差异化就是为客户提供与行业竞争对手不同的服务与服务水平，通过客户需求和企业能力的匹配来确定企业的定位，并以此定位来作为差异化战略的实质标志。差异化战略以了解客户的需求为起点，以创造高价值满足客户的需求为终点。因此，在企业决定其服务范围与服务水平时，首先要考虑的就是客户究竟需要的是什么样的服务和何种水平的服务。企业可以先选出在物流行业内客户可能比较关注的服务要素，如价格、准确性、安全性、速度等，然后根据这些要素来设计调查表，每个要素设计分数等级，让客户根据自己的期望和要求给各个要素打分，通过调查表找出大多数客户普遍认为重要的要素和不重要的要素以及多余的要素。调查表的最后要设计两个开放性问题：①您认为还应该提供哪些重要的服务项目？②您认为应该去掉哪些冗余的服务项目？这样企业就可以明确了解客户需要哪些服务以及哪些服务要素对客户来讲最重要。

接下来企业要对自身的能力进行评估，看看自己能为客户提供哪些服务。满足客户的需求必须要与自己的能力相匹配，否则要么满足不了客户的需求，实现不了承诺，而会让客户感到更加失望；要么就是虽然是满足了客户的需求，但过高的成本让企业得不偿失。企业应根据客户的需求与自身的能力，明确自己可以在哪些方面有所为和有所不为。

在决定企业的服务方向后，企业要制定自己的服务水平。服务水平的制定要结合客户对服务要素重要性的感知程度和竞争对手所提供的服务水平来考虑。对于客户认为重要的关键的服务要素，企业应努力把该服务要素提高到行业最高水平之上；客户认为必要的但不是关键的服务要素，企业就只需保持在行业的平均水平；客户认为锦上添花的服务要素，企业可保持在行业平均水平之下，因为这些服务并非是客户所看重的；客户认为可有可无的服务要素，企业完全可以取消，以此来降低成本。因此，在决定整体定位差异化的时候，企业必须对客户的需求、企业自身能力与竞争对手的服务水平三个要素进行综合考虑，做到三者的协调统一。

2. 服务差异化

服务差异化就是为不同层次的客户提供差异化的服务。定位差异化强调的是与竞争对手不同，而服务差异化则强调的是客户的不同。客户本身的条件各不相同，对满意的期望自然也各不相同。想要以一种服务水平让所有客户都满意是不可能的。由于每个客户对企业利润的贡献也各不相同，所以不同的客户对企业的重要性也不会完全一样。重要的客户对企业利润贡献大，对企业提供的服务的水平要求也较高。选择差异化战略的企业，对重要客户的认同是不一样的。每个企业都会因其差异化战略而确定其重要的客户群。

企业在实施差异化服务中，会与不同重要性的客户建立不同的客户关系，提供不同水平的服务。一般来说，物流企业依据其差异化战略可以把客户分为3类。第一类是对企业贡献最大的前5％的客户；第二类是排在前5％之后的15％的客户；第三类是其余的80％的客户。根据著名的帕累托20/80原理，

20%的客户创造了企业80%的利润。可见第一类客户是企业最重要的客户，第二类客户也是很重要的客户，而第三类客户则是相对次要的客户。所以保留住第一类与第二类客户就可保留住企业大部分的利润来源。对于这三类客户企业应分别采取差异化的服务方针，为第一类客户提供VIP服务，为第二类客户提供会员制服务，为第三类客户提供标准化服务，从而形成物流企业的服务差异化战略。对第一类客户的VIP服务就是企业与这类客户保持最紧密联系甚至结成战略联盟，采取主动积极的服务甚至做出一些超前的服务设想和服务储备。企业可以在组织结构、业务流程等多方面上去适应对方：为对方提供专人专项的服务，尽最大的努力去满足对方的需求；为对方提供一体化的物流服务，从客户角度出发为对方设计系统的物流流程，来降低总的物流成本和提高客户满意度。

三、制定第三方物流企业核心竞争力发展战略

核心竞争力的培育是一项庞大的企业管理系统工程，涉及企业管理的各个层面、各个要素、各个环节，企业必须用战略的高度来进行统筹规划和组织实施。第三方物流企业应在继承和发挥现有成功经验和竞争优势的基础上，全面审视企业在核心技术、应变能力、组织整合和营销传播四个方面的能力状况，分析这些能力是否有其独特性；与竞争对手相比，是否具有竞争优势；建立企业的核心竞争力已具备哪些基础，还需要哪些条件；制定企业核心竞争力的培育目标及其选择核心竞争力获取的方式。第三方物流企业在制订发展战略时应当注意核心竞争力目标的制定要适应物流需求发展趋势和企业自身的特点，所定的目标要与企业整体发展目标相一致，体现统一性和连续性。同时，要将自己构建和发展成为一个创新型的学习组织，在不断学习、积累经验的过程中，增加企业所特有的有形资源和无形资源，形成竞争对手难以模仿和超越的竞争能力，并不断地改进和发展这种竞争能力。

第三节　电子商务环境下的第三方物流企业经营及物流金融创新

一、第三方物流与电子商务

电子商务是指用电子网络进行的商务活动，即利用网络环境和信息技术对企业内部的资源和业务进行合理化调配，达到资源优化管理。它的发展使企业与企业之间能直接交易，而且使它们的信息可以相互沟通和共享。在经济全球化、生产专业化的今天，物流通常要涉及跨国运输，其中要经过许多环节，要求其在时间、地点、数量、质量上都能被实时跟踪。由此，第三方物流的发展

空间更为广阔，同时也面临着极大的挑战和考验。

（一）电子商务与第三方物流的关系

电子商务的发展离不开现代物流，而第三方物流是现代物流发展的必然结果。电子商务的交易过程和传统商务过程一样，都包含着几种基本的“流”，即信息流、商流、资金流和物流。物流作为四种流中最为特殊的一种，是指物质实体（商品或服务）的流动过程，具体指运输、储存、装卸、保管、物流信息管理等各种活动。物流虽然只是电子商务中的一个环节，但它具有重要作用，主要体现在以下几个方面：它是商品最终价值的实现过程；在整个电子商务交易活动中，物流是以商流的后续者和服务者的姿态出现的，没有物流，商流活动将是一纸空文；现代物流通过合理地减低费用，可以降低成本，优化库存结构，减少资金占用，缩短生产周期，保证生产的顺利进行。

电子商务的发展推动了第三方物流的发展。电子商务的出现，使供应链的环节减少了，大量的商店将消失，代替他们的是按区域合理分布的配送中心和物流中心。电子商务的出现，推动了产业的重组，产业重组的结果是使社会上的产业主要分为两类：一类是实业，包括制造业的物流业；一类是信息产业。在实业中，物流业的功能会逐渐强化。这是因为，在电子商务环境下，消费者更愿意在网上购物，现实的商店和银行的功能将逐渐被弱化，而物流企业的任务会越来越重。用户通过网上的虚拟商店购物并在网上支付，信息流和资金流的运作过程很快就能完成，剩下的工作就只有实物的物流处理了，物流中心成了所有企业和供应商对用户的唯一供应者，其作用越来越突出。

（二）电子商务物流与传统物流的不同

电子商务对物流的要求与传统经营方式下对物流的要求有显著的不同，主要表现在以下几个方面。

1. 供应链管理

在传统的经营模式下，供应商、企业、批发商、零售商及最终用户之间是相互独立的，企业内部各职能部门之间也是各自按照本部门的利益开展生产经营活动的。供应链管理的目的是通过优化提高所有相关过程的速度和确定性，使所有相关过程的净增价值最大化，以提高组织的运作效率和效益。实行供应链管理可以使供应链中的各成员企业之间的业务关系得到强化，变过去企业与外部组织之间的相互独立关系为紧密合作关系，形成新的命运共同体。供应链管理可以显著提高物流的效率，降低物流成本，大大提高企业的劳动生产率。

2. 零库存生产

电子商务的运作一般要求企业通过网络接收订单，随后按照订单的要求组织生产，即以需定产，与传统的“先生产、后推销”的做法完全不同。在传统的经营方式下，无论生产企业、销售企业都必须保证一定的库存，同时还必须承担商品销不出去的风险。电子商务要求企业的物流运作必须符合零库存生产的需要。

零库存生产源自英文“just in time”，即准时制生产，意为供应者将原材料、零部件以用户所需要的数量，在所需要的时间送到特定的生产线。零库存生产是在电子商务条件下对生产阶段物流的新要求，其目的是要使生产过程中的原材料、零部件、半成品能高效率地在生产的各环节中流动，缩短物质实体在生产过程中的停留时间，并杜绝生产物品库的存积、短缺和浪费现象。零库存生产要求企业的每个生产环节都必须从下一环节的需求时间、数量、结构出发来组织好均衡生产、供应和流通，并且无论是生产者、供应商还是物流企业或零售商都应对各自的下游客户做出精确的需求预测。电子商务既为零库存生产创造了条件，也要求企业通过零库存生产来产生效益。

3. 信息化和高技术化

物流的信息化是电子商务物流的基本要求，没有物流的信息化要做到物流的高效运作是不可能的。企业信息化是开展电子商务的基础，物流信息化是企业信息化的重要组成部分。物流信息化表现为物流信息的商品化、物流信息收集的数据化和代码化、物流信息处理的电子化和计算机化、物流信息传递的标准化和实时化、物流信息储存的数字化等。物流信息化能更好地协调生产与销售、运输、储存等环节的联系，对优化供货程序、缩短物流时间及降低库存都有十分重要的意义。物流信息化必须以物流的高技术化作保证。物流的高技术化是指在物流系统中应用现代技术，实现物流处理的自动化与智能化。目前，物流领域中应用的高技术主要有条码技术、电子数据交换技术、全球定位系统等。

4. 物流服务的多功能化与社会化

电子商务条件下的物流要求物流企业提供全方位的服务，包括仓储、运输、配货、分发服务和各种客户需要的配套服务，使物流成为连接生产企业与最终用户的重要环节。电子商务要求把物流的各个环节作为一个完整的系统进行统筹协调、合理规划，使物流服务的功能多样化，更好地满足客户的需求。

（三）第三方物流与电子商务的整合模式

1. 综合物流代理模式

综合性物流代理的第三方物流模式，即由一家在物流综合管理经验、人才、技术、理念上均有一定优势的物流企业对电子商务交易中供求双方所有物流业务活动进行全权代理，由它全权调配物流资源，制定物流方案，协调调度各方运作。

行使综合性物流代理的物流企业可以在电子商务的平台上将运输、仓储等运作层面的业务委托给其他专门性物流作业公司，以避免对场地、设施等固定资产的重复投资。综合物流代理企业可以利用自己的专业管理经验，通过电子商务整合供应链流程，为生产商提供产品代理、管理服务和原材料供应等物流服务，为销售商全权代理配货送货物流业务，同时还能完成商流、信息流、资金流、物流的传递。这种模式比较适合 B to B 电子商务，也适合 B to C 电子商务的同城业务。

2. 电子商务企业和第三方物流企业互相参股

电子商务企业将物流外包，主要有两个目的：一是争取成本最低；二是得到可靠的服务。控制成本一般好办，可以采取招标方式进行物流业务外包，选择报价最低的就行，但可靠的服务难以保证。为了对物流过程有所控制，获得有保证的服务，电子商务企业可选择参股第三方物流企业。反过来，第三方物流企业为了有稳定的客户，或者为了实现多元化经营，也可以参股电子商务企业。这种方式更能保证电子商务企业获得可靠的物流服务。但在具体操作中，要明确自己的优势所在，突出核心业务；否则，有可能造成这样一种后果，即企业既是物流企业，又是电子商务企业，但两方面都表现平平，缺乏竞争力。这种模式比较适合生产制造企业，尤其是对原材料、能源、产品运输要求量大的企业。这种模式的优点是电子商务企业与第三方物流企业关系紧密，双方是战略合作关系，利益有相关性。缺点是双方有可能陷入多元化陷阱，缺乏有竞争力的主营业务，也可能由于双方利益相关而使物流外包效率低下。

3. 邮政物流模式

电子商务物流的特点是地域广、随机性、批量小，要配合这些特点，物流配送必须有一个全国性的配送网络，服务覆盖几乎所有地区。目前，在我国能满足这一点的物流企业只有中国邮政。中国邮政的网络极其庞大，几乎无所不至。其物流网络遍布全国每个城镇、乡村，营业网点地理位置十分有利，分布在每个居民区中，历史悠久，有一定的品牌效应。由于长期从事包裹投递业务，中国邮政在开展物流配送等业务方面有着丰富的经验。对于众多个人从业者，中国邮政是较为合适的选择。比较有发展前景的 C to C 电子商务模式拥有许多在网上开店的“个体户”，他们多选择中国邮政的服务。邮政物流模式的优点是委托来源多、服务的范围广、批量小。缺点主要是信息管理方式落后，客户难以实时查询服务情况，工作效率低等。

4. 第三方物流与第三方支付平台的结合模式

该模式是指由第三方物流或第三方支付平台牵头，整合两种资源，由交易双方选择指定的物流企业取货、验货、发货。如阿里巴巴旗下的支付宝网络科技有限公司已与天津大田集团和宅急送两大国内物流巨头结盟，成立了我国第一个电子商务第三方物流联盟，他们与中国邮政快递公司的谈判也正在进行中。该模式的优点是能够较好地杜绝网络欺诈的发生，降低交易风险，使网上交易更健康、更贴近现实；能代表交易者与物流企业进行协商，为用户降低物流成本，有助于电子商务的推广。缺点是二者的结合较为复杂，操作难以到位。

5. 建立信息共享平台模式

在物流过程中，客户需要随时了解货物的配送情况，物流企业也应在第一时间掌握市场需求信息，随时准备为客户提供定制服务。在传统模式下，客户与物流企业很难及时进行信息沟通。一方面，客户将货物交给物流企业后面临的就是服务“黑箱”，不利于客户有计划地安排生产和销售；另一方面，物流企业不能及时获得需求信息，物流方案难以与客户衔接，造成服务不到位，导致客户流失。物流企业应该建立自己的物流信息系统，通过互联网或专用网络与主要客户的信息系统无缝对接，通过双方信息的实时交流，委托企业可对物流过程了如指掌，物流企业也可在第一时间获得客户的服务需求，双方可以在最大限度范围内展开合作，实现双赢。

二、第三方物流与金融机构

如何与金融机构协作，进行第三方物流服务创新，满足中小企业对金融服务和第三方物流服务的迫切需求，促进中小企业发展，已经成为我国物流业界和研究人员关注的重要问题。

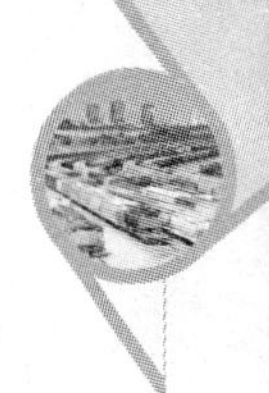

（一）质押贷款及其外部条件瓶颈

中央银行不断出台扶持中小企业发展的政策，但商业银行在具体操作中往往却是“想贷不敢贷”，其根本原因并不在于银行信贷或资本市场的歧视，而在于中小企业过于分散和信贷风险较高。根据《贷款通则》第九条，贷款分为信用贷款、担保贷款和票据贴现三种基本类型，其中担保贷款指保证贷款、抵押贷款、质押贷款。中小企业信用级别低，可抵押资产普遍较少，也难以得到大企业提供的担保，在经营活动中商业票据使用较少，要获得银行提供的信用贷款、保证贷款、抵押贷款、票据贴现等服务在目前状况下仍然很困难。

质押贷款指借款人或者第三人（出质人）将质物交付贷款人（质权人）占有，以该质物为贷款债权担保，如果借款人不履行贷款债务，贷款人有权从质物中优先受偿的一种担保方式。按质物属性，质押贷款可分为动产质押与权利质押。近年来我国金融机构开展的质押贷款业务主要为股票等可转让有价证券质押。为数不多的动产质押（主要质物为原材料）案例都发生在大型国有企业和三资企业，金融机构对质物的占有权带有较强的信用特征。面向中小企业的质押贷款业务尽管充满诱惑，但由于存在诸多外部条件瓶颈而陷于停滞状态；而许多中小企业迫于短期资金压力，转而以高昂的成本向各地兴起的典当行获得类似于动产质押的融资。金融机构开展面向中小企业的质押贷款业务面临以下外部条件瓶颈：

(1) 中小企业真正可以并愿意用于质押的财产主要为具有较强变现能力的，在一定时期内处于存储状态的原材料、产成品等动产。对于依法可以转让的股份、股票及其他有价证券，中小型企业在资金紧张时通常趋向于直接将其变现。对于依法可以转让的商标专用权、专利权、著作权中的财产权等权利，其价值评估存在很大不确定性，难以为金融机构接受。

（2）金融机构如何实现对动产质物的占有权。金融机构不得从事除金融服务以外的其他领域的经营活动，要实现对动产质物的占有权必须借助除借款人之外的第三方提供质物监管与仓管服务。面对为数众多的中小企业，金融机构不可能为每一笔业务代借款人寻找合适的质物监管或仓管人，同时也不愿接受质物分散存放在各借款人自己的仓库中。

（3）质物的价值评估。近年来，国内的动产质押由于贷款额度大，质物价值评估过程及费用都能够为借款人接受。而对中小企业的小额质押贷款，必须有便捷而可靠的价值评估操作。

（4）企业用于质押的物品对其产销供应链运行有很大影响，要求金融机构在实现对质物占有权的同时尽量降低对借款人正常产销活动的影响。对质物的仓管与监管必须要能够良好融入借款人产销供应链之中。

（二）融通仓的含义与服务功能

融通仓作为一种开业界之先河的新型业态，其内涵和外延有待进一步探讨和丰富。广义的融通仓是指在工业经济和金融、商贸、物流等第三产业发达的区域创建的一种跨行业的综合性第三产业高级业态，它以物流运作为起点，综合发展信用担保、电子商务、传统商业和房产开发的服务平台。狭义的融通仓是指以周边中小企业为主要服务对象，以流动商品仓储为基础，涵盖中小企业信用整合与再造、物流配送、电子商务与传统商业的综合性服务平台。本书主要探讨狭义融通仓的服务功能与运作模式。狭义的融通仓首先是一个以质押物资仓管与监管、价值评估、公共仓储、物流配送、拍卖为核心的综合性第三方物流服务平台，它为银行与企业的合作构架了新桥梁，并将其良好地融入企业供应链体系之中。作为中小企业重要的第三方物流服务提供者，其服务功能主要有以下两个方面：

（1）融通仓提供的一体化服务可以解决质押贷款业务的外部条件瓶颈。在质押业务中，融通仓根据质押人与金融机构签订的质押贷款合同以及三方签订的仓储协议约定，根据质物寄存地点的不同，为客户企业提供两种类型的服务：对寄存在融通仓之仓储中心的质物提供仓储管理和监管服务；对寄存在质押人经金融机构确认的其他仓库中的质物提供监管服务，必要时才提供仓储管理服务。

由于融通仓的参与，针对中小企业的动产质押贷款业务的可操作性大大增强。在中小企业的生产经营活动中，原材料采购与产成品销售普遍存在批量性和季节性特征，这类物资的库存往往占用了大量宝贵资金。融通仓借助其良好的仓储、配送和商贸条件，吸引、辐射区域内的中小企业，作为其第三方仓储中心，并帮助企业以存放于融通仓的动产获得金融机构的质押贷款融资。融通仓不仅为金融机构提供了可信赖的质物监管，还为质押贷款主体双方解决了质物价值评估、拍卖等难题，并有效融入中小企业产销供应链当中，提供良好的第三方物流服务。同时，融通仓也将商贸平台作为发展目标之一，借助“前店后仓”的运作模式，成为聚集区域内众多中小企业的采购与销售平台。

（2）信用整合与信用再造功能。融通仓作为联结中小企业与金融机构的综合性服务平台，具有整合和再造会员企业信用的重要功能。融通仓与金融机构不断巩固和加强合作关系，依托融通仓设立中小企业信用担保体系，金融机构授予融通仓相当的信贷额度，以便于金融机构、融通仓和企业更加灵活地开展质押贷款业务。充分发挥融通仓对中小企业信用的整合和再造功能，可帮助中小企业更好地解决融资问题。

（三）融通仓运作模式初探

融通仓的运作必须服务于上述两个基本功能，融入中小企业（会员企业）产销供应链，促进金融机构对中小企业的金融服务，整合和再造企业信用。

1. 融通仓选址与布局

融通仓的选址应在工业经济和金融、商贸、物流等第三产业发达的区域的中心地带，有效配送辐射半径为10～20公里，辐射区域内中小企业众多。在珠江三角洲，苏、浙、沪等地区都有许多良好的目标选址。融通仓仓储中心应本着为金融机构和企业提供一体化服务的目标，着重考虑客户的需求，从客户的角度出发，帮助客户灵活开展质押贷款业务，降低质押贷款业务的成本，提高质押贷款业务运作的效率。这就需要对融通仓的仓储配送网络进行灵活而科学的设计。

“分布式”仓储，也可以称为“网络”仓储。融通仓在目标区域中心建设项目基地，其主要模块之一是质押与公共仓储园地，在距离基地较远的地区，以贴近客户的原则设立或者租赁一定规模的子仓库，拓展融通仓的服务范围和辐射半径，实现“分布式”仓储配送的整体布局。

2. 融通仓融入会员企业原材料采购供应链之中

由于自身规模与实力的局限，中小企业的原材料采购通常需要以现款结算方式进行。尽管这样做造成了中小企业的资金压力，但多数原材料仍难采用零星购买方式。融通仓能够有效融入会员企业原材料采购供应链之中，帮助中小企业缓解资金压力和改善物流配送。企业可先获得贷款采购原材料，然后将采购的原材料交付给融通仓仓储中心仓储作质押。在贷款期间，企业分多次偿还贷示，并由融通仓协助完成物料配送。

应对措施之一：金融机构先开出银行承兑汇票交给企业，企业凭银行承兑汇票向供应商采购原材料，将原材料准确无误地评估后交付给融通仓仓储中心入库，金融机构在银行承兑汇票到期时将汇票兑现，将款项划拨给原材料供应商账户。

应对措施之二："先抵押，后质押"。企业先以金融机构认同的动产作抵押，获得银行承兑汇票用于购买原材料，待原材料经评估并交付融通仓仓储中心入库后，金融机构在银行承兑汇票到期时将汇票兑现，并将抵押贷款转为以该批原材料为质押物的质押贷款。

3. 融通仓融入会员区域分销供应链之中

由于市场需求存在季节性特征，通用型产成品库存将占用中小企业大量资金。如果企业的主要产品销售旺季为冬季，产品库存从 5 月开始就会逐渐增加。企业租用临时仓库用于产成品的存放，同时也被库存占据了大量的资金。金融机构开展的质押贷款业务辅助以融通仓仓储中心的配套物流服务，不仅可为该企业提供宝贵的融资机会，盘活库存资金占用，也为其提供了优质的第三方物流服务。

应对措施：企业产成品下生产线后直接运至融通仓存储，以备销售旺季之所需。企业以该批成品库存作质押，获得金融机构质押贷款，并以产品销售收入分批偿还贷款。为保障金融机构的利益，企业在质押权人金融机构开设专门账户。在接收销售货款时，金融机构通常要求企业实行款到发货的销售政策。如果企业与金融机构另有约定，金融机构亦可按企业接到的销售订单确认质物出库申请。融通仓此时作为企业分销供应链的一环，提供优良的仓储服务，并作为质押人企业的承运人或协助其承运人及时安排货物出库与发运，保证企业产品分销物流的顺畅。

4. 融通仓对会员企业的信用整合和再造

融通仓的重要意义还在于对中小企业信用的整合和再造。获得金融机构的授信额度和成立独特的信用担保体系是信用整合和再造的两个重要模式。

模式一：融通仓享有与金融机构相当的授信额度。融通仓向金融机构按中小企业信用担保管理的有关规定和要求提供信用担保，金融机构授予融通仓一定的信贷额度。该模式有利于企业更加便捷地获得融资，减少原先质押贷款中一些烦琐的环节；有利于融通仓拓展服务范围，加强同企业的客户关系管理，提高对质押贷款全过程监控的能力；有利于金融机构更加灵活地开展质押贷款服务，优化其质押贷款的业务流程和工作环节，降低贷款的风险。

金融机构根据融通仓仓储中心的规模、经营业绩、运营现状、资产负债比例以及信用程度，授予融通仓储中心一定的信贷额度，融通仓储中心可以直接利用这些信贷额度向相关企业提供灵活的质押贷款业务，由融通仓直接监控质押贷款业务的全过程，金融机构则基本上不参与该质押贷款项目的具体运作。

融通仓直接同需要质押贷款的会员企业接触、沟通和谈判，代表金融机构同贷款企业签订质押借款合同和仓储管理服务协议。融通仓在向企业提供质押融资的同时，为企业寄存的质物提供仓储管理服务和监管服务，从而将申请贷款和质物仓储两项任务整合操作，提高质押贷款业务运作效率。

贷款企业在质物仓储期间需要不断进行补库和出库，企业出具的入库单或出库单需要经过金融机构的确认，然后融通仓才能根据金融机构的入库或出库通知进行审核；而现在这些相应的凭证只需要经过融通仓的确认，即融通仓确认的过程就是对这些凭证进行审核的过程，中间省去了金融机构确认、通知、协调和处理等许多环节，缩短了补库和出库操作的周期，在保证金融机构信贷安全的前提下，提高了贷款企业产销供应链运作效率。

模式二：融通仓构建中小企业信用担保体系。融通仓争取成立信用担保体系。在起步阶段，对于货主企业直接以寄存货物向金融机构申请质押贷款有难度的，融通仓仓储中心可以将其寄存货物作为反担保抵押物，通过担保实现贷款；当业务已全面启动后，融通仓将寄存货物反担保实现贷款与寄存货物质押结合起来，在银行与企业之间搭建桥梁。

融通仓可以直接为中小企业申请质押贷款提供担保，间接地提高中小企业的信用。融通仓开展的担保必须取得有关部门和金融机构的支持，必须向有关部门申请批准，取得纳入信用担保体系的资格后，即可享受扶持政策，以支撑担保业务的发展，扶持中小企业的壮大。

融通仓以自身担保能力组织企业联保或互助担保。具体做法灵活多样，可以若干企业联合向融通仓担保，再由融通仓向金融机构担保，实现中小企业融资；也可与中小企业担保物结合起来直接向金融机构担保，实现融资；还可组织动员信用较高的企业为其他企业担保等。

融通仓作为一种跨行业的第三产业高级业态，在我国将首先在珠江三角洲、苏浙沪等中小企业众多且充满活力的地区孕育和发展。在上述地区，已经有少量以商贸为核心的专业性市场具备了一定的金融与物流服务功能。如位于浙江嘉兴的中国茧丝绸交易市场，作为我国最重要的茧、丝、绸的交易中心，它同时也为进场会员企业提供质押贷款、担保和原料配送业务。可以预言，以第三方物流服务和促进面向中小企业的金融服务为核心的融通仓必将具有广阔的发展前景。

三、第三方物流与电子商务及金融发展趋势

从 20 世纪 90 年代中后期开始，第三方物流在社会经济生活中迅速升温，第三方物流服务对于社会经济发展的重要推动作用已经越来越明显，物流行业焕发着巨大的生机和活力。

（一）电子商务发展对第三方物流的机遇与挑战

随着现实的商店虚拟化，相应的第三方物流的业务领域被大大强化。第三方物流企业不仅要将虚拟商店的货物送到分散的用户手上，同时也扮演了生产企业仓库的角色。商店虚拟化、商务处理信息化、多数生产企业柔性化的结果使得整个市场上只剩下实物物流处理工作，物流企业成为所有生产企业和供应

商对用户的唯一最集中、最广泛的实物供应者，这对于电子商务时代在整个物流领域占有很大比重的第三方物流业来说是一个严峻的挑战。

如果第三方物流企业不能尽快地通过加强自身的物流系统设计完善物流系统管理，建立一条低成本、高效率的物流供应链，那么电子商务的高成本也将使大量的网络投资者和商品消费者失去兴趣，必然会大大地阻碍整个新经济的发展进程。应该说，电子商务的出现将第三方物流业提升到了一种前所未有的高度，也在客观上对第三方物流业提出了更高的要求。网络时代的第三方物流业将主要呈现出以下几个方面的特征。

1．信息化

随着商品与生产要素在全球范围内以空前的速度自由流动以及国际互联网的普遍应用，物流效率的提高更多地取决于信息管理技术的提高。只有通过企业内部信息技术的大量应用，第三方物流企业才能够真正做到运输网络合理化、销售网络系统化和物流中心管理电子化，才能够真正建立起一个有效的客户信息反馈系统，从而大大地提高物流企业的服务水平并有效地降低企业的营运成本。可以说，没有现代化的信息管理，就没有现代化的第三方物流。

2．多功能化

电子商务时代的第三方物流是一种集约化的物流，它为生产企业提供的是一种一体化的服务。它除了原有的仓储、运输等功能外，还必将承担起为生产企业配货、确定最佳库存、选择最优进货和销货方式等各种具有高附加值的服务，第三方物流将成为集多种功能于一身的企业。也只有做到这一点，生产企业和电子商务企业才能从传统的物流业务中完全脱离出来，第三方物流企业才能真正确立自身的竞争优势。

3．全球化

全球经济一体化的趋势使世界范围内的商品销售成为发展潮流。电子商务的出现加速了商品信息的传递，而要使物流能够真正跟上信息流的步伐，对于具有先进产品的非跨国公司来说，第三方物流企业的物流支持则变得至关重要。在新经济的冲击下，那些拥有全球销售网络的第三方物流企业相对于业务范围仅仅局限于某一地域的物流企业来说具有更大的竞争力。既然网络缩短了全球信息传递的距离，那么通过全球化的第三方物流来缩短全球物资流通的距离也属必然。

总之，随着电子商务的广泛应用，我国物流业将面临发展的大好时机。我们要抓住有利时机，转变观念，开拓进取，加快我国现代物流发展步伐。

（二）我国第三方物流企业开展金融物流服务的瓶颈及发展趋势

1．我国第三方物流企业的规模实力不足

金融物流业务操作环节复杂，能否顺利地开展金融物流服务与第三方物流企业的规模、实力有很大的关系。第三方物流企业需具有以下条件：

第一，具备相当的资本和业务规模，具备良好的商业信用和金融信用。

第二，有强大的仓储服务能力和经验，并能够承担必要的运输配送服务，从而实现对货物的有效监管。

第三，具有完善的物流信息系统。增值服务主要是借助完善的信息系统和网络，通过发挥专业物流管理人才的经验和技能实现的，依托的是企业的基础。

第四，具有价值评估和货物销售、拍卖的资质，这关系到质物价值的准确评估、及时变现，是风险控制的重点。

2005 年，UPS 在上海开办了在华的第一家金融公司办事处，国际第三方物流企业对我国的金融物流增值服务市场志在必得。而我国第三方物流企业的金融物流服务才刚刚起步，就企业自身规模实力而言远没有国际物流企业强大，这给我国第三方物流企业全面开展金融物流服务带来了限制。此外，现代物流人才的缺乏、企业基础设备的陈旧、信息系统的不完备、法律意识的薄弱、管理制度的不完善等都是我国第三方物流企业面临的严峻问题。

2. 我国有关法律法规尚不完善，政策尚有限制，大环境尚未形成

我国现行的法律体系仍不完善，对仓单内容、签发、分割、转让等没有明确的规定，基本上可以参照的只有《中华人民共和国民法通则》《中华人民共和国合同法》《中华人民共和国担保法》。对于仓单的法律效力也存在争议：有人认为仓单为要式合同，没有签发仓单则仓储合同不成立；也有人认为仓单只是仓储合同的一种证明文件，仓储合同成立在先，仓单只是其中的一种证明。

另外，由于我国法律规定第三方物流企业不可以并购银行，如何在不违背我国金融法规的前提下利用自有资金和信用开展业务对物流企业来说依然是一个难题。许多物流企业的代收货款的服务项目，严格按照我国现行体制以及法律体系来说是不允许的。因为其涉及数额相对较小并且是通过公司转账来实现，监管部门很难发现。如果大规模推出此项服务，就属于非法金融活动。由于我国实施外汇管制，国际快递公司即使在国内收到了货款，也无法将代收的货款送到国外。因此，在我国的外汇政策限制下，第三方物流企业无法开展国际 COD 业务。

综上所述，我国第三方物流企业要开展金融物流服务，就必须有政府相关政策的支持，消除物流系统各环节信息不畅所形成的障碍，利用信息技术对物流一体化系统实行有效的管理。

3. 第三方物流企业开展金融物流服务的理念尚待推行

由于金融物流服务的理念在国内刚刚开展，有很多中小企业并不能完全接受这项增值服务，因此，金融物流服务市场尚待培育。

第三方物流企业可以适时对客户需求进行适当的引导，为客户分析市场形势，提供量体裁衣式的增值物流服务，并努力让客户体验到物流增值服务。只有满足了客户的个性化、多样化需求，才能提高客户对物流企业的信任度和认可度，才能让其放心接受增值服务。

4. 业务操作没有统一的规范

就仓单质押业务来说，目前不同的地区、不同的银行都有不同的操作模式及合同条款。为了控制金融物流业务中的仓单风险，有的第三方物流企业特别是实力较强的企业，根据自身的情况和经验，制定出各自的仓单管理规范，从企业着手控制风险，起到了一定效果。但从行业角度来看，这种状况不利于业务操作的风险控制，程序也比较烦琐，不同企业的规范也给银行和中小企业带来了一定程度的风险。

因此，国家有关部门或行业协会应尽快制定相对统一的质押融资业务流程，规范合同条款，促进有关金融物流业务的规范操作。可喜的是，目前国务院有关部门正准备拟订有关银行仓单质押融资的业务规范、仓储公司监管规范、仓储公司的资质审查制度、仓单标准及收费标准等。经国家技术监督局核准，中储正在制定《物流业仓储业务服务规范》《物资银行业务服务标准》。今后，随着我国第三方物流企业开展金融物流服务脚步的不断加快，业务流程将越来越规范。

第四节　我国第三方物流发展战略

长期以来，众多的企业都将发展战略作为企业经营管理的核心内容，战略选择成功与否直接关系到企业未来发展的成败。第三方物流是现代物流的一大发展趋势，第三方物流企业的战略意识将会极大地影响到现代物流的发展效率、速度与发展方向。

一、第三方物流战略思想

所谓第三方物流战略，是指企业为了寻求第三方物流的可持续发展，就物流发展目标以及达到目标的途径与手段而制定的长远性、全局性的规划与谋略。

第三方物流的战略思想包含以下战略思想。

（一）准时制物流战略思想

所谓准时制物流，顾名思义，就是指物流管理做到准时采购、准时生产和准时销售。这一概念引自于准时制管理（just in time，JIT）。JIT是一种产生于日本丰田公司的生产方式，其中心内容是“在必要的时间，对必要的产品从事必要量的生产或经营”，从而消减各种浪费，直至实现零库存。JIT应用于物流领域，就是指要将正确的商品以正确的数量在正确的时间送到正确的地点，这里的“正确”就是“just”的意思，既不多也不少，既不早也不晚，刚好按需要送货。这当然是一种理想化的状况。在多品种、小批量、多批次、短周期的消费需求的压力下，生产者、供应商及物流配送中心、零售商都要调整自己的生产、供应、流通流程，按下游的需求时间、数量、结构及其他要求组织好均衡生产、供应和流通，在这些作业内部采用看板管理中的一系列手段来削减库存，合理规划物流作业。

准时制形成了一种拉动式供应链。这种拉动式供应链必然要求进行原材料、零部件配送的物流系统也应是准时制的，即配送作业应该是小批量、高频率的准时送货，这是准时制生产的重要条件。

当然，我们也必须看到，准时制物流战略是建立在正常的经济贸易秩序之上的，任何一个环节出现问题，都会给企业带来巨大的损害。形象一点说，就是其中任何一个环节中断或脱节，就可能使企业破产。现代企业发展就是建立在这种高压力、紧节奏的基础之上的，这也是现代企业发展的方向之一。

（二）第三方物流战略联盟思想

物流联盟是为了达到比单独从事物流活动更好的效果，企业间形成相互信任、共担风险、共享收益的物流伙伴关系。企业之间不完全采取导致自身利益最大化的行为，也不完全采取导致共同利益最大化的行为，只是在物流方面通过契约形成优势互长、要素双向或多向流动的中间组织。狭义的物流联盟只存在于非物流企业之间，广义的物流联盟还包括第三方物流。由于第三方物流自身规模与能力的限制，往往需要通过联盟的形式提高整个物流行业或区域的物流水平，进而通过合理的多赢机制获得企业效益。

1. 提供公路运输和城市配送服务的第三方物流企业间的共同配送

共同配送是物流配送企业之间为了提高配送效率以及实现配送合理化所建立的一种配送联合体。共同配送的优势在于有利于实现配送资源的有效配置，弥补配送功能的不足，促使企业配送能力的提高和配送规模的扩大，更好地满足客户需求，提高配送效率，降低配送成本。

2. 提供国际远洋运输的第三方物流企业间的大规模运营

大规模运营的主要目的是增加船舶靠离港密度，这样可使集装箱在码头堆场存放时间变短，进而也就降低了成本。单个船公司可以实现规模运营，几个船公司也可以通过联盟来实现规模运营，如互租舱位等。例如，假设现有A、B、C、D、E、F、G这七家船公司同时经营上海至洛杉矶的航线，每家公司每周各有一条船从上海开出，这七家公司的船期分别为周一、周二、周三、周四、周五、周六、周日。每家船公司的班期相隔六天。假设集装箱货物每天到港的概率是相同的，如果各船公司所揽的货由各自船公司的船舶运载，则出运的集装箱在港的平均存放时间为三天。但是，若这七家公司通过互租舱位的形式进行合作，即每家船公司的货都可以由其他船公司的船出运，则集装箱在港的堆存时间为0天。当然这只是理论上的，实际上，由于存在多种原因，集装箱堆存时间不一定为0。不过，通过互租舱位或其他方式来扩大运营规模，确实能够降低集装箱在港堆存时间，从而为船公司节约成本。

联盟的关键是联盟伙伴间的信任，而信任是逐步建立起来的。对于我国第三方物流企业的战略联盟，不能急于求成。现阶段的联盟以股权参与为主，随着企业的发展，对联盟性质认识的推进，企业将建立越来越完善的联盟规则和监督制度，逐渐向契约联盟转变，最终将建立起最具灵活性的动态联盟合作模式。

（三）创新的战略思想

1. 树立一体化物流服务理念

一体化物流服务不是用各个功能服务报价的简单汇总，而是从整个系统的角度出发，形成一个完整的“价值链”，通过对从原料、半成品和成品的生产、供应、销售直到最终客户的整个过程中物流与资金流、信息流的协调，以降低客户物流总成本为目标制定解决方案，并根据优化的方案进行整体服务报价，以此来满足客户的需求。第三方物流企业应把客户的需求作为一个整体，为客户设计物流系统，选择和评价运输商、仓储商及其他物流服务提供商，为其提供多种物流管理和决策服务，不断创造新的盈利机会。

2. 加强物流服务管理创新

面对国外物流企业纷纷抢占中国市场的局面，我国第三方物流企业必须迅速进行服务管理创新，才能在激烈的市场竞争中生存和发展。现代物流不仅仅是实物流，更是信息流、资源流、人才流和商流的协调运作。任何一个环节出了问题，都会大大降低物流活动的效率，进而影响企业的经济效益。因此，第三方物流企业必须认清形势，充分发挥企业自身优势，以客户为核心，超越传统功能性物流服务的辖区，为其量身定制适合其自身发展的服务管理方案，提供个性化、差异化、专业化的物流服务。同时，还要注重售后服务，开展服务稳定性的调查，检查以往的客户服务的工作实绩，更重要的是要发现服务工作中的不足，这是新一轮售前服务的开始。通过改进服务，巩固已有的客户关系，发掘潜在的新客户，最终将扩大市场占有率。

3. 提供个性化的增值服务

增值服务是根据客户的需求为客户提供的超出常规的服务，或者是采用超出常规的服务方法提供的服务。当前，第三方物流企业应从自身的组织机构和决策机制入手，努力整合各种物流功能，变单项服务为全方位服务，将目前市场上的“分包”逐步转化成一条龙的“全包”或“总包”。也就是说，借助信息系统和网络，发挥专业物流管理人才的经验与技能，为客户提供高效、快捷的配送和有效的增值服务，降低终端客户的机会成本，创新地、超常规地满足客户需求。

二、我国第三方物流发展的主要趋势

(1) 面对一个开放的国际化经营环境，企业的物流需求更加注重供应链的整合与管理，并逐步由大中城市向三、四级城市以及行政圈延伸。第三方物流应加快对流通的变革，实现对市场的快速响应，改善客户服务以求得巩固市场的地位。

(2) 电子商务的发展带动了传统产业的升级和企业的管理创新。电子商务技术正在创造一种崭新的销售方式，这种崭新的销售方式给众多的高科技企业注入了活力，也为物流传统产业的技术升级和物流服务模式的创新创造了条件。许多企业建立了电子商务平台，与供应链上的制造商、供应商、销售商实现多方协同的经营，对物流企业服务提出了更高的要求。

(3) 经销商市场成为物流的新领域，家电物流、医药物流、IT、会展、化工等行业正被逐步细化。例如，中邮物流在花卉、化妆品等方面处于领先的地位，但伴随医疗体制的改革和烟草行业的全面开放，医药物流、烟草物流兴起，成为物流市场需求的新焦点。中邮物流专注于手机、医药等服务，并配以仓储等形式，为这些行业提供一体化的服务，目前已在中西部地区取得了优势。

(4) 全球化趋势明显。经济的全球化正在使商业结构从占领本国市场和地区市场转变为全球市场，一个企业要想发展，就必须采取全球供应链交易，真正转型为全球化企业。现代物流通过一体化快速反应来满足全球化的要求。多年来在华外资企业，特别是世界500强企业，除部分企业外，大部分企业的物流业务都是在中国区就地招标；但从2006年开始，绝大部分在华的500强企业全部将物流招标的事宜纳入了总部，中国物流区的服务将纳入全球范围。

(5) 农村物流市场得到广泛的关注。根据“中央一号”文件对“三农”问题做出的重要规定，发展我国的现代农业成为当务之急。我国农业部、商务部、信息产业部出台了一系列政策，国家邮政局和中邮物流公司也充分发挥优势，以农民的生产和生活资料为突破口，开展连锁服务业务，参与农村流通体系建设，为今后农村物流的发展奠定了坚实的基础。

(6) 第三方物流的环境进一步改善。十届全国人大常委会第四、五次会议将大力发展现代物流业列入了国民经济和社会发展第十一个五年规划，对现代物流在国民经济中的地位做出了准确的定位，提出了培育专业化物流企业，积极发展第三方物流的方针。有关决策部门提出了中国建设华北等九大区物流系统，上海等25个物流一级节点城市，苏州等21个物流服务二级节点城市的构想。2006年，国家税务总局发出了《交纳汇总十业所得税范围的通知和交纳所得税问题》的通知，进一步细化了物流纳税问题，逐步解决了物流企业重复纳税的问题。国家质量监督检验检疫总局发布了企业物流成本构造与计算、联运通用托盘等国家标准，为生产制造企业物流成本核算和物流企业收费等提出了行业的参考依据。

(7) 国内物流企业的运营成本有了大幅度的提高。一方面，油价上涨使国内物流企业运营成本大幅度提高；另一方面，行业竞争加剧导致物流服务收费降低。因此在2006年，第三方物流企业的利润率普遍下降。

(8) 外资物流企业为了在中国建立起一个庞大的网络，加大了投资与购并的力度，国内外物流企业同台竞争的帷幕已经拉开。外资物流企业凭借其技术、资金、国际性管理经验的优势，在争夺国际化业务中处于有利位置。为了进一步弥补网络的不足，外资企业加快了购并的步伐。民营物流企业可采取以外资购并横向联合为主的运作方式；少数规模较大的企业可与外资物流企业结盟；中小型物流企业可以通过本地化和专门化赢得自己的一席之地；国有大型物流企业应注重运营规模和运营效率，加快整合国内外资源，创新业务模式，力求巩固市场成果，并择机向国外市场推进。

第三方物流企业面临"洗牌"，在激烈的市场竞争中将逐步有一批优良的企业品牌产生，市场环境将继续得到改善。

2007年是我国实施"十一五"规划的第二年，物流企业运营环境将在国民经济产业结构调整和经济全球化竞争中得到进一步的改善，包括加快物流产业技术的进步和创新以及物流服务方式的多样化，加快发展以现代信息技术、管理技术、运输技术、仓储技术为基础的继承化、一体化功能服务，提高移动条码技术和技术识别技术，加强信息技术和采集技术，进行企业内外信息的传输，实现订单的处理跟踪结算等业务，通过供应链与客户信息共享，实现供应链透明化，运用VMI等供应链管理技术，实现供应链伙伴之间的协同商务，使物流企业占据高端市场。

三、我国第三方物流战略规划

第三方物流战略规划是指第三方物流企业基于物流资源分析与需求调查，提出物流的目标、任务、方向以及未来服务的工作，并制定出实现各阶段目标和总目标的各项政策与措施。现代物流是一个高度集成的行业，它提供的是综合性的服务，涉及许多领域，需要整合资源和配置资源。现代物流的这种高度集成性要求企业必须基于明确的战略目标发展物流。物流战略规划对于引导现代企业在不断变化的竞争环境中保持竞争优势，求得生存与发展具有极其重要的意义。

(一) 第三方物流战略规划的原则

1. 战略规划的思路

先制定目标，然后根据目标制定实现目标需要采取的战略，最后就是制定实施战略的具体规划。

2．战略规划的原则

（1）不生搬硬套教科书上的模型。

（2）做好年度计划和战略规划的结合。

（3）以财务预算管理和目标责任制作为年度计划的支持。

（二）第三方物流战略规划领域

第三方物流战略规划主要解决四个方面的问题：客户服务目标、设施选址战略、库存决策战略和运输战略。

1．客户服务目标

企业提供的客户服务水平对物流规划的影响最大。对于服务水平较低的，可以在较少的存储点集中存货，利用较廉价的运输方式；对于服务水平较高的，则恰恰相反。但当服务水平接近上限时，物流成本反而比服务水平上升得更快。因此，物流战略规划的首要任务就是确定适当的客户服务水平。

2．设施选址战略

存储点及供货点的地理分布构成了物流规划的基本框架。设施选址主要包括：确定设施的数量、地理位置、规模，分配各设施所服务的市场范围，确定产品到市场之间的线路。好的设施选址应考虑所有的产品移动过程及相关成本，包括从工厂、供货商或港口经中途存储点然后到达客户所在地的产品移动过程及相关成本。成本最低的需求分配方案或利润最高的需求分配方案是选址战略的核心所在。

3．库存决策战略

库存决策战略指管理库存的方式，包括将库存分配（推动）到储存点与通过补货自发拉动库存。应根据产品的不同品种分别选在工厂、地区性仓库或基层仓库存放货物。对于永久性存货，应运用各种方法来保证其库存的水平。

4．运输战略

运输战略包括运输方式、运输批量和运输时间以及路线的选择。这些选择受仓库与客户以及仓库与工厂之间的距离以及库存水平的影响，并会反过来影响仓库选址决策。

客户服务目标、设施选址战略、库存战略和运输战略是物流战略规划的主要内容，因为这些决策都会影响企业的盈利能力、现金流和投资回报率。其中的每个决策都互相联系，因此在规划时必须对彼此之间存在的相悖关系进行充分的权衡。

需要强调指出的是，在物流系统战略规划过程中，信息系统规划也是其重要的组成部分，而且通常贯穿于上述四项战略规划的始终。

四、我国第三方物流发展的对策

我国加入 WTO 后，国内市场国际化，越来越多的外资物流供应商进入了我国的物流市场，给我国的第三方物流业带来了挑战。当务之急是采取切实有效的措施，加快我国第三方物流的发展，缩短与发达国家的差距。

（一）制定统一的全国物流产业发展规划

我国物流业刚刚起步，其中既有传统物流企业向新型物流企业过渡的结构调整问题，也有新加入企业的初创铺开问题。因此，我国物流产业政策的导向应立足于加快发展和规范市场竞争秩序，谨防政出多门、草率定规，出现新的政策性、体制性障碍。我国涉及物流的有关行业、部门、系统都是自成体系、独立运作的，导致部门分割、行业垄断、地方封锁，企业之间毫无关联，造成了物流资源的极大浪费。要扭转这一局面，需要打破地区、部门和行业的局限，建立条块之间物流工作的联席会议制度，加强协调，做到全面统筹、整体布局。因此，我国的物流企业要设计出既能充分利用和整合各种存量资源，又可优化增量配置的符合现代物流业发展方向的全国性的物流产业发展策略，构建我国的运输干线通道和物流节点，合理设立综合物流中心或物流基地。各省、各发展综合物流基地的中心城市也应按照全国的统一规划，经过认真切实的调查研究、科学论证之后，制定能和周边地区密切配合的地方物流产业发展规划。

（二）建立和完善物流发展的细化政策与法律法规体系

我国现代物流业刚刚起步，政府制定物流政策与法规时应秉持充分依靠市场活力、不随意干涉市场自我运行规律的原则。一方面，要充分利用市场机制在资源配置方面的作用；另一方面，要发挥政府的作用以弥补市场机制的不足，做到市场竞争秩序的公平、公正、公开和统一，努力降低市场运行的政策和法律成本。各地政府部门要结合当地实际情况，抓紧研究制定促进现代物流发展的政策措施，加快引入竞争机制，简化相关程序和手续，制订恰当的价格和税收、市场准入政策及相应的法规制度，使其与 WTO 规则所规定的国际物流法律秩序相一致。抓紧清理、修订不利于物流发展的法律规章，包括全国及各地方政府的产业政策、市场管理法规、部门协同工作机制等，使整个产业合理配置、协调发展。

（三）加快产权制度改革，激发企业活力

我国现有的第三方物流企业多数是从国有仓储、运输企业转型而来的，带有许多计划经济的遗迹，不能适应国际市场竞争。因此，必须建立股权多元化的股份制企业和完善的法人治理结构，理顺权益关系，实现政企分开、所有权和经营权分离，保证企业按市场规则运作，激发企业活力，向现代物流业转化。特别是规模较大的企业，一方面要进行内部的整合，优化内部资源配置；另一方面要借助资本市场的力量，进行企业改制上市，吸收和利用社会闲散资金，克服资本金不足的缺陷，促使企业快速成长、壮大，促进现代企业制度的建立和运作。

（四）尽快建立统一开放的市场

统一开放的市场是物流业长远发展的根本利益所在，也是当前最为迫切的任务。必须打破地区封锁和行业垄断，加强对不正当行政干预和不规范经营行为的纠正和制约，创造公平、公正、公开的市场环境，使各类物流企业能够平等地进入市场，在统一、透明、公平、高效的市场竞争中优胜劣汰。当前，应首先从改革市场准入制度和线路审批制度入手，打破地方和部门保护，促进全国统一大市场的形成。地方政府有关部门一定要转变职能，强化服务意识：要在物流规划建设、技术改造、查验通关、交通管制、工商管理、财税金融方面给企业以支持，帮助企业排忧解难，搞好协调服务；要建立与周边地区物流管理部门的信息沟通渠道，公开、及时地通报有关物流信息，逐步建立起与国际接轨的物流服务管理体系。

（五）树立全新的经营理念，重视物流管理工作，为发展第三方物流提供市场

第三方物流给企业带来的好处主要体现在以下几个方面：

（1）集中主业。企业能够实现资源的优化配置，将有限的人力、财力集中于核心业务，进行重点研究，努力开发出新产品参与世界竞争。

（2）节省费用，减少资本积压。第三方物流可以利用规模生产的专业优势和成本优势，通过提高各个环节的利用能力，节省费用，使企业能从分离费用结构中获利。

（3）减少库存。第三方物流可以借助精心策划的物流计划和适时运送手段，最大限度地减少库存，改善企业的现金流量，实现成本优势。

（4）提升企业形象。第三方物流可以通过全球性的信息网络、完备的设施和训练有素的员工对整个供应链实现完全的控制，减少物流的复杂性，大大缩短交货期，帮助客户改进服务，树立品牌形象。

（5）分散风险。企业可通过外向资源配置，分散由政府、经济、市场、财务等因素产生的风险，变得更有柔性，更能适应变化着的外部环境。因此，货主要打破“大而全、小而全”的传统经营思想，树立全新的经营理念，为发展第三方物流提供支持。

（六）以信息技术应用为核心，加强网点建设

信息化技术是衡量现代物流企业的重要标志之一。许多跨国物流企业都拥有“一流三网”，即订单信息流、全球供应链资源网络、全球用户资源网络、计算机信息网络。借助信息技术，企业能够整合业务流程，能够融入客户的生产经营过程，建立一种“效率式交易”的管理与生产模式。在加入 WTO 之后，我国的物流市场从国内扩展到国际，拥有四通八达的网络愈发重要。企业要双管齐下抓网络建设：一方面，要根据实际情况建立有形网络，若企业规模大、业务多，可自建经营网点；若仅有零星业务，可考虑与其他物流企业合

作，共建和共用网点；还可以与大客户合资或合作，共建网点。另一方面，要建立信息网络，通过互联网、信息系统、数据交换技术等信息技术实现物流企业和客户共享资源，对物流各环节进行实时跟踪、有效控制与全程管理，形成相互依赖的市场共生关系。

（七）培育具有国际竞争力的物流集团，实行集约化经营

在市场经济中，企业要有较强的核心能力，并具有一定的规模。只有具备强大的经济实力，才有可靠的资信保证，才能取信于人。中国仓储协会2001年的调查显示，企业在选择第三方物流企业时最看重的是物流满足能力和作业质量。同时，第三方物流企业只有具备一定规模，才有可能为企业提供全方位的服务，才能实现低成本扩张，实现规模效益。目前，许多第三方物流企业都是由计划经济时期的商业、物资、粮食等部门储运企业转型而来的，各有特定的服务领域，彼此间竞争不大。但若要适应加入 WTO 后的激烈竞争，必须打破业务范围、行业、地域、所有制等方面的限制，树立“全国物流一盘棋”的思想，整合物流企业，进行强强联合，组建跨区域的大型集团，合理配置资源并健全经营网络，参与国际市场竞争。

（八）第三方物流企业必须具有提供从物流计划、系统设计、物流管理到实施的一整套物流服务能力

电子商务的物流配送系统要达到的目标不是简单的送货、库存，需要的不仅仅是车队和仓库，还包括对物流系统的设计。经营者必须用现代物流配送理论指导物流系统的设计，以使物流配送系统在能够满足电子商务经营目标的前提下花费最小的物流成本。第三方物流企业要站在货主的角度提供有利于物流合理化的综合物流服务，必须突破现有的经营模式，从人才入手，掌握从事第三方物流的技术活动方法，建立与之相适应的企业经营管理组织。

（九）强化增值服务，发展战略同盟关系

从物流业的发展趋势看，那些既拥有大量物流设施、健全网络，又具有强大全程物流设计能力的混合型公司的发展空间最大，因为这些企业能把信息技术和实施能力融为一体，提供“一站到位”的整体物流解决方案。因此，我国物流企业在提供基本物流服务的同时，应根据市场需求，不断细分市场，拓展业务范围。物流企业要以客户增效为己任，发展增值物流服务，广泛开展加工、配送、货代等业务，并提供包括物流策略和流程解决方案、搭建信息平台等服务，用专业化服务满足客户的个性化需求，提高服务质量，以服务求效益；物流企业要通过提供全方位服务的方式，与大客户加强业务联系，增强相互依赖性，发展战略伙伴关系。

（十）建立供应链关系，充分发挥第三方物流的作用

由于我国目前物流业不发达且电子商务厂商自身也存在不足，电子商务的物流最好留给第三方专业物流企业去做，以充分发挥第三方物流的作用。电子

商务厂商可采取合作、合营或利用第三方物流配送体系的方式，将核心业务以外的形式外包出去，在全国范围内建立起合理的、经济的物流配送网，与物流企业建立长期合作的供应链关系，以求双赢。

（十一）重视物流人才培养，实施人才战略

企业的竞争归根到底是人才的竞争。从德国、美国、日本等物流强国发展的历史来看，发展第三方物流的关键是要有一支优秀的物流管理队伍，管理者必须具备专业的知识和技能、整体的规划水平和现代管理能力。以美国为例，美国物流管理者92%有学士学位，41%有硕士学位，22%有职业资格证书。我国与物流发达国家的差距，不仅仅是装备、技术、资金上的差距，更重要的是观念和知识上的差距。物流从业人员只有不断提高素质，不断学习与应用先进的技术与方法，才能构建适合我国国情的第三方物流业。要解决目前专业物流人才缺乏的问题，较好的办法是加强物流企业与科研院校的合作，使理论研究和实际应用相结合；加快物流专业技术人才和管理人才的培养，造就一大批熟悉物流运作规律、具有开拓精神的人才队伍。物流企业在重视少数专业人才和管理人才培养的同时，还要重视所有员工的物流知识和业务培训，提高企业的整体素质。培养物流人才可以通过政府、院校、企业三方共同努力来实现。大中专院校应根据自身实际情况开设物流专业，培养物流人才，劳动部门、人事部门可对具有相关专业知识的人员进行短期培训，以满足我国对物流人才的需求。

五、第三方物流集合策略

（一）物流集成——物流一体化

物流一体化是物流业发展的高级和成熟的阶段。在物流一体化的情况下，物流业高度发达，物流系统完善，物流业成为社会生产链条的重要协调者，为社会提供全方位的物流服务。

物流产业的基本作业内容包括运输、仓储、配送以及相关的增值服务，这些服务项目都属于传统物流服务。而物流的新发展在于它的集成化、高级化，这种集成的高级物流的“新”，重点体现在经营理念、经营方式、物流技术和管理手段上。它并不是对传统物流的完全否定，而是基于电子信息技术之上的物流业务集成和产业结构升级。这种物流新体系的建立和实现能够准确、有效、灵活、科学地满足客户的物流需求。例如，第三方物流支持客户的供应链管理。

（二）发展适合中国国情的第三方物流——综合物流代理模式

在西方发达国家第三方物流的实践中，有以下几点值得注意：第一，业务的范围不断扩大。一方面，商业机构和各大企业面对日趋激烈的竞争，不得不将主要精力放在核心业务上，将运输、仓储等相关业务环节交由更专业的物流企业进行操作，以求节约和高效；另一方面，物流企业为提高服务质量，也在不断拓宽业务范围，提供配套服务。第二，很多成功的物流企业根据第一方、第二方的谈判条款，分析比较自理的操作成本和代理的费用，灵活运用自理和代理两种方式，为客户提供定制的物流服务。第三，物流产业的发展潜力巨大，具有广阔的发展前景。

我国物流产业应积极采取代理形式的客户定制物流服务的第三方物流模式。中国目前物流企业的现状：在数量上供大于求，在质量上却有所欠缺；物流网络资源丰富，但利用和管理的水平低，缺乏有效的物流管理者。以北京的运输业为例，它虽已经具有相当高的水平，但其面临的困难仍然是巨大的，如行业内的普遍不景气、资产闲置、职工下岗等等。因此，作为物流企业，完全可以不进行固定资产的再投资，而采用委托代理的形式，运用自己成熟的物流管理经验和技术，为客户提供高质量的服务。这种方式可以概括为以综合物流代理为主的第三方物流运作模式。也就是说，国内物流业在物流一体化和第三方物流上存在着很大的空白，国有大中型企业不景气的现状为这种物流模式的产生和发展提供了低成本扩张的坚实基础。大力推广和发展综合物流代理运作模式正逢其时。

第三方物流从事综合物流代理业务的主要思路：不进行大的固定资产投入，低成本经营；实行特许代理制，将协作单位纳入自己的经营轨道；企业经营的核心能力就是综合物流代理业务的销售、采购、协调管理和组织设计的方法与经验，并且注重业务流程创新和组织机制创新，使企业经营不断产生新的增长点。

物流企业为了提高管理效率、降低成本运作，不但要提出具有竞争力的服务价格，还必须采取以下措施：坚持品牌经营、产品（服务）经营和资本经营相结合的系统经营；坚持企业的发展和目标与员工、供应商、经营商的目标和发展的充分结合；重视员工和外部协作经营商的培训，协助其实现经营目标；建立和完善物流网络，分级管理，将操作和营销分开；开发建设物流信息系统，应用 EDI、GPS、RF、EOS、Internet 等技术，对货物进行动态跟踪和信息自动处理；实行优先认股的内部管理机制，促进企业不断发展；组建客户俱乐部，为公司提供一个稳定的客户群。

本章小结

第三方物流在美国、日本等发达国家取得了长足的发展，对其现代物流乃至经济的快速发展产生了积极的影响。客户对第三方物流需求千差万别，物流外包将是一个渐进的过程；许多第三方物流企业正在寻求合作，以提高服务能力。为了加快我国第三方物流的发展，缩短与发达国家的差距，需制定统一的全国物流产业发展规划；建立和完善物流发展的细化政策与法律法规体系；加快产权制度改革，激发企业活力；尽快建立全国物流业统一开放的市场，树立全新的经营理念；重视物流管理工作，为发展第三方物流提供市场；以信息技术应用为核心，加强网点建设；培育具有国际竞争力的物流集团，实行集约化经营；提高提供从物流计划、系统设计、物流管理到实施的一整套物流服务能力；强化增值服务，发展战略同盟关系；建立供应链关系，充分发挥第三方物流的作用。

物流企业的国际化是企业发展到一定程度后的必然结果，是物流产业全球化的一个直接表现。提供第三方物流的跨国企业不仅为自己创造了突出的竞争优势，并通过为其他企业提供专业化的物流服务创造了良好的外部经济效应。对于我国物流企业来讲，在国际化过程中，既要学习国外先进的经验，又要综合考虑我国实际情况和企业自身情况，充分评估国际化的障碍和风险。我国的第三方物流必须通过与电子商务的整合以及面向金融服务的业务创新，在不断变化的市场环境下，寻找适合我国第三方物流的发展创新模式。

第三方物流企业核心竞争力的内容是一个复杂的多元系统，归纳起来主要包括核心技术能力、应变能力、整合能力、营销能力。第三方物流战略思想主要有准时制物流战略思想、战略联盟思想、创新的战略思想。第三方物流企业的战略选择主要有成本领先战略、集中化战略、差异化战略。第三方物流战略规划主要解决四个方面的问题：客户服务目标、设施选址战略、库存决策战略和运输战略。第三方物流集合策略主要有物流集成（物流一体化）和综合物流代理。

思考与练习

1. 第三方物流跨国经营有哪些优势？可采取什么样的跨国经营形式？
2. 试述第三方物流企业的战略选择。
3. 试述第三方物流与电子商务的整合模式。
4. 发展质押贷款业务对第三方物流企业有什么重要意义？

案例

为客户提供全方位的物流服务

中国外运集团（以下简称中外运）是以综合物流为主业，集海陆空货运、仓储及代理业务为一体的大型国有企业。经过 50 多年的发展，中外运已经拥有遍布全国和全球的运输网络体系，建立了分工协作的一体化经营模式，打造了以海陆空货运体系为支撑的综合物流平台。

在为客户提供高品质物流服务的过程中，以客户为中心、满足客户的个性化需求、为客户提供全方位的物流服务是当今中国第三方物流企业所必须面对和完成的历史使命。中外运几年来成功地为宝洁、米其林、壳牌、联想、可口可乐、达能、北京现代、苏泊尔、三鹿等大客户提供了优质的物流服务，得到了客户的广泛认同。

1. 与客户共同成长

始创于1837年的宝洁公司是世界最大的日用消费品公司之一。质量至上的宝洁公司以美国食品和药物管理局颁布的有关产品生产质量控制法规性条例GMP标准作为其质量管理体系，将所有环节包括供应商纳入该体系，通过19个关键要素，明确了质量管理的具体要求。

中外运宝洁项目组秉承“与客户共同成长”的服务理念，致力于为客户提供安全、可靠、准确、节省、满意的服务，在合作过程中努力学习国际知名企业的先进管理经验和经营理念，不断总结提升自身的运作水平和服务质量，积极谋求与宝洁的共赢发展之路。项目组通过稳定的物流作业队伍和强有力的质量保证体系，不断地赢得客户的认可，服务范围也日益向纵深发展，由最初几千平方米的成品仓库管理发展到现在北京宝洁工厂所有成品的仓储管理、短途运输、工厂成品下线后的库存管理等业务。从2003年起，中外运宝洁项目组将宝洁业务延伸了山东工厂产品至北京、上海的运输及工厂到山东省内的客户运输。2004年8月，项目组还承担了所有宝洁产品的北京市内配送业务。2005年3月，项目组又承接了宝洁天津工厂到北京RDC仓库的中转运输业务。

中外运不断提升的综合物流服务实力和“以客户为中心”的物流理念使双方的合作得到了进一步发展。2005年8月，中外运又成功中标宝洁成都RDC项目，巩固了中外运与宝洁公司良好的合作关系。

2. 在供应链中紧密结合

联想集团作为中国乃至亚洲的PC旗舰企业，在激烈的市场竞争中，努力降低成本，提高效率，是其在PC市场立于不败之地并且迅速扩张的法宝。围绕着提高核心竞争力，联想以其独到的眼光和魄力，首先将成品仓库外包给第三方物流企业，将其在供应链环节的重心转移到了预测和控制上来。

中外运与联想集团的合作始于2000年。从中外运为联想承运和配送北京至东北三省的成品电脑开始，通过几年来的企业文化磨合和不断深入了解，最终联想选择了将中外运作为其中国区供应链提升、优化的战略合作伙伴。

2003年8月，联想与中外运签署了整体战略合作协议，将其在全国三个生产平台中的北京和上海两个生产厂的全部成品仓库都外包给了中外运管理。在合作过程中，中外运联想项目组针对联想供应链效率的三大KPI指标（能力指标、质量指标、时间指标）制订了项目业务流程、操作规范、考核标准等一系列标准化作业规范。在联想三个生产平台的评比中，中外运的两个联想项目组一直排在第一、二名。他们所提供的安全、高效的收发货和现场管理，及时、准确的报表反馈等，为联想成品销售物流的整体效率提供了有力保障。

基于成品库外包给中外运的成功经验，为进一步降低成本，提高供应链整体效率，2004 年 10 月，联想再次选择中外运实施联想北京、上海两厂的 VMI（供应商管理库存）项目。通过 VMI 项目的实施，实现了联想供应商库存的统一管理，包括接收供应商产品入库，为其提供信息反馈、报表、查询服务，以及提供包装、贴标签、加工等增值服务。在满足供应商对入库时效、供料时效和安全、库存准确、信息反馈、客户服务等需求的同时，中外运根据生产计划每天按时为联想生产线提供原材料。VMI 项目的实施减少了供应商和联想的库存，降低了供应商库存占用资金，提高了联想的现金管理效率，优化了联想整体供应链管理。

中外运正是围绕客户需求这一核心，成功地找准了自身的角色定位，体现了以“降低客户的经营成本”为根本的服务目标，充分发挥了第三方物流的专业作用和优势。

（资料来源　骆温平，谷中华：《第三方物流教程》，复旦大学出版社，2006 年版）

案例思考题

1. 中外运在为客户提供全方位的物流服务过程中，是如何充分发挥第三方物流的专业作用和优势的？

2. 结合实际，谈谈我国第三方物流的战略思想。

实践要求

课堂讨论：加入 WTO 后，我国第三方物流在发展过程中应该如何应对外资物流企业的竞争威胁？

参考文献

1. 骆温平，谷中华. 第三方物流教程［M］. 上海：复旦大学出版社，2006.
2. 宋杨. 第三方物流模式与运作［M］. 北京：中国物资出版社，2006.
3. 周昌林. 第三方物流组织：理论与应用［M］. 北京：经济管理出版社，2005.
4. 牛鱼龙. 第三方物流：模式与运作［M］. 深圳：海天出版社，2003.
5. 王淑云，孟祥茹. 物流外包与管理［M］. 大连：东北财经大学出版社，2005.
6. 赵均铎. 第三方物流运作实务［M］. 北京：机械工业出版社，2005.
7. 石建勋. 战略规划——中国跨国公司：理论、案例、对策、方案［M］. 北京：机械工业出版社，2004.
8. 林康. 跨国公司与跨国经营［M］. 北京：对外经济贸易大学出版社，2000.
9. 许晓东. 第三方物流运作［M］. 北京：经济管理出版社，2006.
10. 霍红. 第三方物流企业经营与管理［M］. 北京：中国物资出版社，2003.
11. 胡兴成. 物流法律与法规［M］. 北京：高等教育出版社，2006.
12. 饶征，孙波. 以KPI为核心的绩效管理［M］. 北京：中国人民大学出版社，2003.
13. 孙宏岭，戚世钧. 现代物流活动绩效分析［M］. 北京：中国物资出版社，2001.
14. 陈子侠. 现代物流学理论与实践［M］. 杭州：浙江大学出版社，2004.
15. 孙元欣. 供应链管理［M］. 上海：上海财经大学出版社，2003.
16. 邓爱民，张国方. 物流工程［M］. 北京：机械工业出版社，2002.
17. 罗伯特·西蒙斯. 战略实施中的绩效评估和控制系统教程与案例［M］. 张文贤，译. 大连：东北财经大学出版社，2002.
18. 高立法，马志芳. 企业人力资源诊断与治理［M］. 北京：中国时代经济出版社，2004.
19. 方振邦. 绩效管理［M］. 北京：中国人民大学出版社，2003.
20. 张建国，徐伟. 绩效体系设计——战略导向设计方法［M］. 北京：北京工业大学出版社，2003.
21. 迈克尔·波特. 竞争优势［M］. 陈小悦，译. 北京：华夏出版社，2003.
22. 臧建梅. 第三方物流——21 世纪国际物流发展的新趋势［J］. 物流技术与应用，1999.
23. 杜文. 第三方物流［M］. 北京：机械工业出版社，2004.
24. 龚杰. 客户关系管理［M］. 北京：经济管理出版社，2001.
25. 物流企业的国际化趋势：http：//betty4834.56abc.cn/s/d/300333071/300414473.aspx.
26. 无国界经营时代的物流经营策略：http：//www.chinawuliu.com.cn/uploadFace/2005819463589.htm.
27. 第三方物流企业的市场环境及竞争战略选择：http：//www.cnexp.net/huoyun_wuliu_yunshu/wuliuziyuan/47233.html.
28. 论第三方物流企业的竞争战略选择：http：//www.studa.net/qiyeyanjiu/070116/16010771.html.
29. 发达国家第三方物流的发展特点：http：//www.863p.com/transportation/transportlogistic/200609/5540.html.
30. 我国第三方物流新进展：http：//qufu.56abc.cn/s/d/300333085/300478117.aspx.